高等职业教育大数据与会计专业数智化教学改革教材

U0753950

成本会计

CHENGBEN KUAIJI

何义山　主编

立信会计出版社
LIXIN ACCOUNTING PUBLISHING HOUSE

图书在版编目（CIP）数据

成本会计 / 何义山主编. -- 上海：立信会计出版
社，2024. 9. -- ISBN 978-7-5429-7692-5

Ⅰ. F234.2

中国国家版本馆 CIP 数据核字第 20248Z0W66 号

策划编辑	赵志梅
责任编辑	赵志梅
美术编辑	吴博闻

成本会计

CHENGBEN KUAIJI

出版发行	立信会计出版社		
地　　址	上海市中山西路 2230 号	邮政编码	200235
电　　话	(021)64411389	传　　真	(021)64411325
网　　址	www. lixinaph. com	电子邮箱	lixinaph2019@126. com
网上书店	http://lixin. jd. com		http://lxkjcbs. tmall. com
经　　销	各地新华书店		

印　　刷	常熟市人民印刷有限公司	
开　　本	787 毫米×1092 毫米	1/16
印　　张	16.75	
字　　数	408 千字	
版　　次	2024 年 9 月第 1 版	
印　　次	2024 年 9 月第 1 次	
书　　号	ISBN 978 - 7 - 5429 - 7692-5/F	
定　　价	49.00 元	

如有印订差错，请与本社联系调换

前　言
FOREWORD

在大数据时代,科学技术的快速发展赋予了成本会计新的使命,提出了新的要求。本教材顺应社会发展的要求,以财政部修订颁布的企业会计准则及其解释和《企业产品成本核算制度(试行)》为依据,以成本核算的通用性为核心,系统讲述了工业企业、批发业企业和零售业企业成本核算与分析的具体理论和方法。本教材旨在全面、系统地介绍成本会计的基本理论、方法和实务操作,以帮助读者深入理解成本会计的概念、原理和技术,掌握成本会计的基本方法和技巧,提高成本管理的能力。与其他同类教材相比,本教材的特点如下。

1. 定位明确,注重科学性、规范性和思想教育

本教材的目的在于为成本会计理论和实务学习者提供一本比较权威的成本会计学习用书。本教材各章配有思政园地,注重思想教育工作。

2. 内容更新及时,体现最新的税收政策、会计政策

我国的税收政策、会计政策不断变化,给企业成本会计核算带来了很大影响。本教材根据最新的税收政策和会计政策进行编写。

3. 案例丰富,实用性和应用性强

针对成本会计核算中的学习难点和重点,本教材设计了较为详细的例题讲解,并配以职业基础知识测试,以加深学生对知识点的理解和掌握,促使学生触类旁通、举一反三。本教材的所有例题和案例都经过反复修改及斟酌,不仅考虑其实用性,而且兼顾其适当性、科学性和规范性,使学生能通过例题和案例更好地理解与掌握成本核算原则和方法。

4. 教学资源丰富

本教材提供了职业基础知识测试,主要包括单项选择题、多项选择题、判断题、计算分析题等多种题型。该配套课后习题的题量较大,可以确保从不同角度

与层面考查学生对成本会计知识点的理解。

5. 高水平、专业化的教材编写团队

本教材的编写团队拥有丰富的成本核算和管理经验。教材主编曾在韩资和美资企业主持成本核算工作，具有注册会计师、注册税务师、资产评估师资格，是浙江省会计学科带头人，长期为企业讲授成本核算与管控专题；副主编长期从事教学一线工作，具有丰富的教学经验，能根据课堂教学中学生的认知特点对教材结构和内容进行不断完善及调整，能够为提高教学效果提供有力保障。

本教材由何义山教授担任主编，由祁舒慧教授、顾爱春教授担任副主编，编写工作由何义山、祁舒慧、顾爱春共同完成。其中，第一章、第二章、第四章、第十一章、第十二章由何义山教授编写；第三章、第九章、第十章由祁舒慧教授编写；第五～第八章由顾爱春教授编写。

本教材可作为高职院校财经类专业的教材使用，也可作为实务工作者的参考用书。感谢各位读者对本教材的喜爱、关心和支持，真诚希望广大读者提出宝贵意见，以便我们进一步修订和完善。

编　者

2024 年 9 月

目　录
CONTENTS

第一章

成本会计发展史

◎ **【学习目标与知识要点】**

学习目标

了解成本意识与成本会计的萌芽,能够判断成本会计发展历史进程中的主要成就表现和特征,了解成本会计的发展趋势,为以后能够更好地学习和从事成本会计工作奠定基础。

知识要点

1. 成本意识和成本会计的萌芽
2. 成本会计的发展
3. 成本会计的发展趋势展望

◎ **【思政园地】**

企业成本会计发展趋势

成本会计是企业管理中不可或缺的一环,它不仅是对企业成本的有效监督和管理,更是企业顺应市场经济规律、实现又好又快发展的重要保障。目前,企业成本会计发展呈现标准统一化和数字化趋势。

一、企业成本会计标准统一化

随着我国社会主义市场经济的发展,企业成本管理成为各大企业关注的焦点。良好的成本管理水平是企业整体管理水平的重要体现。企业成本会计现阶段的趋势是不断朝着标准统一化方向发展。越来越多的企业意识到,只有保障成本会计工作的效率和质量,才能有效监督和管理企业经营过程中的各种问题,这对于企业的发展具有重要意义。特别是在大型企业的快速发展过程中,成本会计的标准往往是根据连锁企业的成本会计管理标准设计的,有利于实现市场范围内的成本会计管理标准的统一,对于成本会计规范化管理具有里程碑意义。企业成本会计标准统一化带来了多项好处。首先,统一的标准可以降低企业间的成本差异,形成公平竞争的环境。其次,标准化的成本会计可以提高决策的科学性和有效性,为企业的战略规划和风险控制提供可靠的依据。最后,统一标准有利于企业间的信息沟通和业务对接,提高了合作的效率和质量。实现企业成本会计标准统一化需要各方加强协作,推动相关标准的制定和推广。同时,企业内部也要加强成本会计管理人员的培训和专业素质提高,确保标准的有效实施和落地。

二、企业成本会计的数字化

随着数字化技术的快速发展和普及,计算机和移动通信设备已经成为人们生活中不可或缺的一部分。在企业成本会计管理中,数字化技术发挥了积极的作用,提高了效率,增加了便利性。首先,数字化技术可以提高成本会计管理的效率。传统的手工记录和处理成本数据的方式往往效率较低且容易出错,数字化技术可以实现数据的自动采集、处理和分析,提高了成本信息的准确性和及时性。企业可以通过数字化系统追踪和记录每一项成本,实时掌握成本变化情况,从而更好地掌握企业运营状况。其次,数字化技术便于生成各种报表和分析,为企业决策和经营提供便利。通过数字化系统,企业可以根据需要灵活生成各类成本报表,如成本分析报表、成本效益报表等,为企业管理层提供全面、准确的成本数据,帮助他们作出决策和制定战略。此外,数字化技术也有助于面对企业多元化发展的挑战。在过去,成本会计分析往往只针对单一的成本进行,随着企业多元化发展,综合性的成本分析变得更加重要。数字化技术可以帮助企业对相关成本综合性分析,寻找最优平衡点,更好地管理和控制成本。最后,数字化技术的发展也为企业成本会计提供了更精准的风险管理和决策数据。企业可以利用数字化系统对成本数据进行深入分析,发现潜在风险并采取相应的措施。数字化技术还能够提供更多的数据和指标,帮助企业作出经营决策,提高企业的竞争力和盈利能力。

参考资料:向丽霞.企业成本会计发展趋势和措施[J].名汇,2023(3):56-58.

第一节　成本意识和成本会计的萌芽

一、成本意识的萌芽

在有组织的人类活动最初形成时,成本因素的考虑就已经以原始而简单的方式显现出来。在早期人类社会的发展中,成本核算与控制的理念和实践是与社会组织及制度结构的逐渐成熟和演变紧密相连的。成本意识在具体层面表现得相对简陋,其核心是一个十分质朴的"节用"观念。在"节用"观念支配下,各种经营和管理活动通常将费用支出的考量与利益问题密切结合。中国古代中央集权框架下所形成的"节用"思想,是成本控制思想的早期表现形式,曾经达到了较高水平,并对后世成本控制的产生与发展具有重要影响。直至汉代以前,以"节用"为核心的费用核算和"节用"思想,大多体现在官厅组织制度建设与官营工商业活动的组织管理之中。这是和国家在整个社会经济中的地位分不开的。这一时期人们只考虑如何节省费用,而无明确的成本概念。根据历史研究,直到王莽时期,人们才开始初步区分成本、费用和盈利的概念。据《汉书·食货志》记载,当时的酒榷之论以及"除其本,计其利,十一分之"和"欲贷以治产业者,均授之,除其费,计所得受息"的说法,表明了王莽时期人们对成本和费用的初步认识。同时,古希腊和古罗马文明也在这一时期尝试性地对成本与费用进行区分。例如,古希腊帕特农神庙建筑费用报表(公元前 5 世纪中叶)已经显示出从费用核算向成本核算的演变;而古罗马农业庄园中的费用核算与控制(公元前 1 世纪)也开始有了简单的成本概念和对成本与费用的区分。这种区分是由于随着社会经济的发展,人们逐渐从关注费用支出转向关注具体的耗费对象。然而,在古代农业社会中,由于缺乏近代意义上的商品生产和商品交换,也缺乏科学区分成本与费用的经济基础和思想基础,所以这个时期的区分并不是科学意义上的区分。[①]

二、成本会计的萌芽

从 14 世纪开始,随着意大利、英国、德国等国家商业的兴起,许多人开始开办营利性企业,从事钱币铸造、书籍印刷、毛织品生产等业务。在英国亨利七世时期(Henry Ⅶ,1485—1509),成本会计得到了明确的发展。当时,许多小毛纺织商不满行会的限制,从城市转向乡村,建立了工业群体,希望通过其他渠道销售产品。当他们的生产和销售活动受到行会的控制时,其没有进行成本核算的必要。但是,随着时间的推移,小型工厂主发现他们不仅要与行会竞争,还要与其他工厂主竞争。因此,准确的成本记录变得非常重要,甚至成为其成功的关键。在那个时期,这些因素推动了成本会计的发展。例如,富格尔家族是中欧著名的家族,曾控制提洛尔和卡里西亚的银矿、铜矿和一个铸造厂。早在 1577 年,其中一个矿的会计记录就包括矿石、钻、矿井和铸造、总费用、熔炼、运输、铁和煤屑贸易等账户。虽然没有证据表明这些会计账户已经体现了现代成本流程意识,但其已经涉及产品成本(cost of production)和主要成本(prime cost)等概念。例如,一个冶炼厂的账户借记冶炼厂营业费用,同时贷记发运货物,其借方列示了 23 个项目,贷方包括 9 类不同的记录。显然,这些都不简单。

当时工业资本主义的发展是成本和费用在观念与方法上发生区分的重要历史动因。这一时期形成这种区分,取决于以下具体条件:其一,由于内外贸易扩大所带来的较为稳定的市场需求,工业生产开始以较为稳定的组织形式进行,从而有了通过内部活动致力于核算与控制产品生产及价值形成的必要。其二,生产经营开始具有持续性,而不像以往的商业冒险活动那样以一次次冒险的结束作为经营活动的终结,由此有了持续进行会计核算和会计分期的需要。其三,比较科学的簿记系统出现,为工业资本主义实行生产控制提供了基本手段。由此,一方面,企业可以通过持续的账簿记录来反映较长时期内的各种费用支出,利用簿记的功能便利地进行费用分类;另一方面,由于利润计算产生了持续考核成本耗费的需要,针对具体对象的费用归集和分配开始出现,从而明确地把成本与费用区分开来。在这个

---

① 资料来源:宋小明. 成本会计发展的九大历史规律[J]. 会计之友,2008(18):14-19.

过程中,以账簿设置和生产流程设计为核心,出现了许多基本的成本核算与控制方式。由于要从控制的目的出发,尽可能详尽地反映各种与生产经营相关的费用,出现了"制造成本""制造费用""管理费用"等概念以及初步的折旧观念。经过对主要材料、辅助材料和其他制造费用的区分,这时已经有了现代企业产品生产成本的雏形。16世纪威尼斯兵工厂的成本控制以及十五六世纪梅迪奇(Medici)纺织企业的成本会计等,反映了这一时期的成本观念及成本会计发展的重要成就。

第二节　成本会计的发展

在人类社会生活中,成本观念具有悠久的历史。然而,具有科学意义的成本观念的形成却是工业社会的产物。它随着工业社会的产生而产生,伴随着工业社会里工厂生产、商品货币经济的演进,乃至市场经济的演进而演进。在现代社会,科学而完善的成本观念进一步支配了成本核算与成本控制的持续发展。成本会计的发展历史可以概括为早期成本会计阶段(1880—1920年)、近代成本会计阶段(1921—1945年)、现代成本会计阶段(1945—1980年)和战略成本会计阶段(1980年至今)四个主要阶段。

一、早期成本会计阶段

系统性的成本会计研究起源于工业革命时期的英国,随着工厂制度的出现而诞生。成本会计理论的初创时期,以1885年梅特卡夫《制造成本》的出版为标志。在这个阶段,成本会计的方式和理论体系开始形成,并逐渐传入美国及其他国家。其后,英、美两国产生了一批具有代表性的成本会计著作,它们大体上继承了马克思劳动价值学说中的科学成本理论,构造了早期以核算为中心的成本会计理论。在这个阶段,成本会计研究者发现了把工厂分类账和总分类账联系起来的方法;对涉及处理和记录工厂原材料的问题进行了深入的研究,包括把原材料价值转移到产品中的问题;对劳动力成本的记录和分摊的问题进行了全面的探讨;开始认真考虑在产品工厂成本中的制造费用项目,初步涉及今天在弹性费用预算中应用广泛的固定成本和变动成本的划分。1919年,美国成立了全国成本会计师联合会,这是世界上第一个成本会计师的团体,标志着成本会计作为一个专业领域得到了认可和发展。其主要成就表现在:①建立了成本核算和管理办法;②建立了工时记录和人工成本计算方法;③建立了间接制造费用分配方法;④确立了制造业产品成本计算方法;⑤大量关于成本会计理论和实践总结的著作出版。

二、近代成本会计阶段

在近代成本会计阶段,成本会计得到了进一步发展和完善。在这个阶段初期,成本会计主要关注的是产品成本的计算和控制。随着工业化的进程和大规模生产的出现,企业开始意识到成本控制的重要性。成本会计的重点逐渐从单纯的成本计算转向了成本控制和管理。

在这个阶段,成本会计的理论体系也得到了进一步的发展和完善。例如,标准成本法、直接成本法和吸收成本法等重要的成本会计方法都是在这个阶段提出的。这些方法的提出,不仅丰富了成本会计的理论体系,也为企业的管理和决策提供了更为准确和全面的成本信息。

此外,这个阶段的成本会计也开始关注到企业的全局和长期的成本问题。例如,全面成本管理、生命周期成本分析和战略成本管理等概念和方法都是在这个阶段提出的。这些新的成本会计理念和方法,不仅有助于企业更好地理解和控制成本,也有助于企业构建长期的竞争优势。

该阶段成本会计的主要成就表现为:①标准成本制度开始实施;②完善了预算控制方法;③成本会计形成了独立的学科。

三、现代成本会计阶段

现代成本会计是在传统成本会计的基础上发展起来的,它不仅继承了传统成本会计的理论和方法,还在物价变动环境下进行了延伸和拓展。现代成本会计更加注重成本核算与生产经营的有效结合,能够及时反映资产价值的变化,并适应经济环境的改变。

在这个阶段,成本会计的发展受到了多种因素的影响,包括科技进步、企业管理理念的变革和市场竞争的加剧等。

在这个时期,企业开始认识到传统的成本会计方法已经无法满足日益复杂的管理需求。因此,成本会计的重点逐渐从单纯的成本计算和控制转向了更为全面的成本管理。这一转变主要体现在以下几个方面:

首先,成本会计的职能得到了扩展。除传统的成本记录和报告外,成本会计师开始参与到企业的决策过程中,为企业的战略规划、预算编制和绩效评估提供支持。

其次,成本会计的方法和技术得到了创新。例如,标准成本法、直接成本法和活动基础成本法等新的成本计算方法被引入,这些方法能够更准确地反映产品或服务的实际成本,帮助企业更好地进行成本控制和价格设定。

再次,成本会计信息系统的建设得到了加强。随着计算机技术的发展,企业开始利用电子数据处理系统来提高成本信息的处理效率和准确性。这些系统的建立,使得成本数据的收集、处理和分析更加迅速和便捷。

最后,成本会计的人员素质要求也提高了。企业开始重视对成本会计师的专业培训和教育,以确保他们能够掌握先进的成本管理理论和实务技能,有效地支持企业的管理决策。

四、战略成本会计阶段

随着全球化和信息技术的发展,成本会计不再仅仅是关注成本的计算和控制,而是更多地参与到企业的战略规划和决策中,帮助企业在竞争中获得优势。

在这一阶段,成本会计不再仅仅是局限于对成本的简单记录和控制,而是转向了更加战略性的角色,强调成本信息在企业战略规划和决策中的重要性。

在20世纪80年代之前,传统的成本会计主要关注产品成本的计算和控制,以及为管理层提供财务报告。然而,随着全球化竞争的加剧和市场环境的快速变化,企业开始意识到仅仅依靠传统的成本会计方法已经无法满足日益复杂的管理需求。因此,会计专业人士和企业管理者开始寻求新的成本管理工具和技术,以便更好地支持企业的战略规划。

战略成本会计阶段的出现,标志着成本会计从一种纯粹的财务管理工具转变为一种战略管理工具。在这个阶段,成本会计的重点转移到了如何利用成本信息来支持企业的长期目标和战略决策。战略成本会计包括成本结构分析、成本驱动因素识别、价值链分析、竞争对手成本结构比较,以及成本优化等多个方面。

此外,战略成本会计还强调了跨部门和跨组织的合作,以实现成本信息的共享和整合。通过这种整合,企业能够更全面地理解成本行为,从而作出更有效的战略决策。例如,企业可以通过对内部流程的成本分析,发现潜在的效率提升点,或者通过对外部市场的分析,找到成本节约的机会。

总之,战略成本会计阶段是一个会计实践与企业管理深度融合的阶段,它强调了成本会计在帮助企业构建长期竞争优势中的关键作用。通过将成本管理与企业战略紧密结合,战略成本会计为企业提供了更为全面和深入的成本信息,从而支持企业在复杂多变的市场环境中作出更加明智和有效的决策。

第三节　成本会计的发展展望

随着经济全球化和信息技术的飞速发展,成本会计作为企业管理中的重要组成部分,其未来的发展呈现出多样化和复杂化的趋势,具体表现在以下几个方面。

一、高度依赖技术整合与自动化

随着人工智能、大数据分析和云计算等技术的不断进步,成本会计将更多地依赖于这些先进技术来提高数据处理的效率和准确性。

技术整合指的是将成本会计系统与其他企业管理系统如 ERP(企业资源计划)、CRM(客户关系管理)、SCM(供应链管理)等进行有效连接。通过这种整合,成本会计可以实时获取来自生产、销售、库存等各个环节的数据,从而使得成本计算更加准确和及时。这种整合不仅提高了数据处理的速度,而且有助于发现成本控制的潜在问题,为管理层提供更为全面的决策支持。

自动化则是利用软件工具和算法来自动执行成本会计的常规任务,如数据收集、成本分配、报表生成等。自动化技术的应用减少了人工操作的错误和时间消耗,提高了成本会计工作的效率和准确性。例如,通过设置自动化的成本分配规则,系统可以自动将间接成本分配到各个产品或服务上,而无须会计人员手动计算。

此外,成本会计的技术整合与自动化还有助于实现更高级的分析功能,如成本预测、预算编制和成本优化等。通过对历史数据的分析和模式识别,企业可以预测未来的成本趋势,从而更好地规划资源配置和成本控制策略。

成本会计的技术整合与自动化是现代企业追求高效、精准成本管理的必然趋势。这不仅能够提升企业的财务透明度和决策质量,还能够帮助企业在激烈的市场竞争中保持竞争优势。

二、实时进行成本管理

实时成本管理是一种现代的财务管理手段,也是成本会计职能拓展的一个方向。它涉及对企业成本的持续监控和分析,以便能够即时地识别成本节约的机会和潜在的超支问题。这种管理方式强调了在经营活动中实时跟踪成本的重要性,确保企业能够快速响应市场变化,优化成本结构,提高经济效益。

在实时成本管理系统中,企业会利用 ERP、大数据分析和云计算等工具,来实现对成本数据的实时收集、处理和分析。通过这些技术手段,企业管理者可以实时获取关键的成本信息,包括但不限于原材料成本、劳动力成本、运营成本和间接费用等。

实时成本管理的优势在于以下几个方面:

(1)提高决策效率。即实时获取成本数据,使得管理者能够迅速作出基于数据的决策,而不是依赖过时或不完整的信息。

(2)增强成本控制。即通过持续监控成本,企业可以及时发现成本异常,采取措施以防止成本失控。

(3)优化资源配置。即实时成本信息有助于企业更好地理解资源消耗情况,从而更有效地分配资源,提高资源使用效率。

(4)提升竞争力。即在市场竞争激烈的环境下,实时成本管理可以帮助企业快速适应市场变化,调整价格策略,保持竞争优势。

(5)风险管理。即通过对成本波动的实时监控,企业可以预测和管理与成本相关的风险,减少不确定性带来的负面影响。

实时成本管理是企业在全球化竞争环境中保持灵活性和盈利能力的关键工具。它不仅有助于企业实现成本最小化,还有助于提高企业整体的经营效率和市场响应能力。通过实施实时成本管理,企业可以更加精准地掌握成本动态,为制定战略和决策提供坚实的数据支持。

三、强化成本会计的战略性角色

成本会计不再仅仅是记录和报告成本的工具,而是成为企业战略规划的关键部分。成本会计师将参与到企业的长远规划中,通过成本分析帮助企业制定竞争策略,优化资源配置。通过精确地分析和解释成本信息,成本会计为企业提供了一个关于如何优化资源分配、提高运营效率和增强市场竞争力的重要视角。

(1)成本会计帮助企业确定产品或服务的实际成本,这对于定价策略的制定至关重要。通过了解成本结构,企业能够设定合理的价格,以确保盈利性并在市场上保持竞争力。此外,成本会计还可以揭示成本节约的机会,使企业能够在不牺牲质量的前提下降低成本。

(2)成本会计对于预算编制和控制同样重要。它提供了一种机制,使企业能够预测未来的成本趋势,从而更好地规划财务资源。通过对实际成本与预算成本的比较,企业可以及时调整其运营策略,以避免超支并确保财务目标的实现。

（3）成本会计还支持企业的战略规划。通过对不同业务活动的成本效益分析，企业可以识别出最有潜力的投资领域，以及可能需要重组或淘汰的业务部分。这种分析有助于企业在长期内作出明智的战略决策，以实现企业可持续的增长和发展。

（4）成本会计还在绩效评估中发挥着关键作用。它为管理层提供了衡量员工、部门和项目绩效的定量基础。通过成本会计提供的数据，企业可以奖励高效率的团队，同时识别出需要改进的领域，从而推动整体的绩效提升。

四、更广泛地进行业务融合

在当今的企业运营中，成本会计不再仅仅是一个独立的财务职能，而是正在逐渐与供应链管理、生产运营、销售以及市场营销等多个业务领域形成更为紧密的融合。这种趋势标志着企业对于成本控制和优化的重视程度在不断提升，同时也反映出了跨部门合作的重要性。

通过将成本会计与供应链管理紧密结合，企业能够更加精确地追踪原材料采购、产品制造到最终交付给客户的全过程成本。这种整合使得成本会计师能够与供应链专家一起分析数据，识别成本节约的潜在机会。例如，企业可通过改进物料采购策略或优化库存管理来降低成本。

在生产运营方面，成本会计的融合有助于企业更深入地了解生产过程中的成本动因。生产运营团队可以与成本会计师合作，共同分析生产效率、设备利用率以及劳动力成本等因素，从而找到提高生产效率和降低单位产品成本的方法。

销售和市场营销部门的融合则允许成本会计参与到定价策略的制定中。通过理解产品的生产成本，结合市场需求和竞争状况，企业可以制定出更具竞争力的价格策略，同时确保利润率的合理性。

此外，市场营销活动的成本效益分析也离不开成本会计的参与。成本会计师可以帮助市场营销团队评估不同营销渠道和活动的成本效益，从而优化营销预算分配，确保每一分投入都能带来最大的回报。

成本会计与其他业务领域的紧密融合，不仅有助于企业全面理解成本产生的各个环节，而且能够实现整体的成本控制和优化。这种跨部门的合作模式，是企业在激烈的市场竞争中保持竞争优势的关键。通过这样的合作，企业能够更加灵活地应对市场变化，实现成本的有效管理和资源的最优配置，从而推动企业的持续发展和盈利能力的提升。

五、融入环境和社会责任成本核算

在现代企业经营环境下，成本会计不仅仅关注企业内部的成本管理和控制，还需要将视角扩展到企业的社会责任层面。这种扩展体现在企业对环境的保护、对社会的贡献以及可持续发展等方面。

环境成本核算是成本会计在环境保护领域的应用，它要求企业在计算产品或服务的成本时，将环境因素考虑在内。环境成本包括企业在其生产过程中产生的废弃物处理成本、排放控制成本和资源消耗成本等。通过将这些环境成本纳入会计核算体系，企业能够更全面地评估其生产活动的真实成本，从而促进企业采取更为环保的生产方式，减少对环境的负面影响。

社会责任成本核算则是将企业的社会行为转化为经济成本的一种做法。社会责任成本涉及企业在履行社会责任时所产生的各种成本，如员工福利成本、社区发展支持成本、慈善捐赠成本等。通过将这些社会责任相关的成本纳入会计核算，企业能够更加清晰地看到其在社会责任方面的投入，同时也能够评价这些投入对企业经济效益的影响。

成本会计环境和社会责任成本核算是现代成本会计体系中不可或缺的一部分。它们不仅可以帮助企业更好地理解和管理自身的成本结构，还促使企业在追求经济效益的同时，更加重视环境保护和社会责任，实现企业的可持续发展。

 **知识点链接**

碳中和成本会计

碳中和成本会计是一种专门针对企业进行碳足迹管理和减排活动的成本核算方法。随着全球气候变化问题的日益严峻，各国政府和企业越来越重视减少温室气体排放，特别是二氧化碳的排放。为了实现碳中和目标，即通过减少碳排放和增加碳汇来平衡企业的碳排放总量，企业需要对其碳排放相关的经济活动进行准确的测量、记录和管理。

碳中和成本会计的核心在于将碳排放成本纳入企业的财务会计体系，以便更好地监控和管理与碳排放相关的成本。碳中和成本包括直接成本，如购买碳信用、投资清洁能源和节能技术的费用，以及间接成本，如因应对气候变化政策而产生的合规成本、潜在的碳税影响和企业声誉风险等。

实施碳中和成本会计的企业需要建立一套完整的碳排放数据收集和管理系统，以确保所有与碳排放相关的数据准确无误。这些数据不仅用于内部决策和成本控制，而且可能用于满足外部报告要求，如向监管机构报告或在企业的可持续发展报告中披露相关信息。

此外，碳中和成本会计还涉及对企业财务和运营决策的影响分析，帮助企业评估不同减排措施的成本效益，从而选择最合适的策略来实现长期的碳中和目标。通过这种方式，企业不仅能够减少对环境的负面影响，还能够提高其在市场上的竞争力和品牌形象，同时向投资者和其他利益相关者展示其对可持续发展的承诺。

职业基础知识测试

一、单项选择题

1. 在成本会计的发展历程中，（　　　）时期的成本会计主要关注的是产品成本的计算和控制。

A. 中世纪手工业时期　　　　　　B. 工业革命时期

C. 20世纪20年代　　　　　　　　D. 信息技术时代

2. 系统性的成本会计研究起源于工业革命时期的（　　　）。

A. 英国   B. 美国   C. 法国   D. 意大利

3. 一般认为现代成本会计阶段的时间段是（　　）。

A. 1880—1920 年   B. 1921—1945 年

C. 1945—1980 年   D. 1980 年至今

4. （　　）阶段的出现,标志着成本会计从一种纯粹的财务管理工具转变为一种战略管理工具。

A. 战略成本会计   B. 早期成本会计

C. 近代成本会计   D. 现代成本会计

5. 1885 年,梅特卡夫（　　）一书出版,标志着成本会计理论进入初创时期。

A.《成本会计》   B.《制造成本》

C.《工厂会计》   D.《成本会计原理和实务》

二、多项选择题

1. 工业资本主义的发展使成本和费用在观念与方法上发生区分,取决于（　　）。

A. 内外贸易扩大所带来的较为稳定的市场需求,使工业生产开始以较为稳定的组织形式进行,从而有了通过内部活动致力于核算与控制产品生产及价值形成的必要

B. 生产经营开始具有持续性,而不像以往的商业冒险活动一样以一次次冒险的结束作为经营活动的终结,由此有了持续进行会计核算和会计分期的需要

C. 比较科学的簿记系统出现,为工业资本主义实行生产控制提供了基本手段

D. 政府立法的强制性规定

2. 一般认为成本会计的发展经历了（　　）阶段。

A. 早期成本会计   B. 近代成本会计

C. 现代成本会计   D. 战略成本会计

3. 近代成本会计阶段的主要成就表现在（　　）。

A. 标准成本制度开始实施   B. 完善了预算控制方法

C. 成本会计形成了独立的学科   D. 成本会计信息系统的建设得到了加强

4. 下列各项中,属于战略成本会计阶段重点的有（　　）。

A. 成本结构的分析   B. 成本驱动因素的识别

C. 价值链分析   D. 竞争对手成本结构的比较

5. 下列各项中,属于成本会计发展展望内容的有（　　）。

A. 对技术整合与自动化依赖程度较低   B. 实时进行成本管理

C. 强化成本会计的战略性角色   D. 融入环境和社会责任成本核算

三、判断题

1. 战略成本会计强调跨部门和跨组织的合作,以实现成本信息的共享和整合。（　　）

2. 在当今的企业运营中,成本会计仅仅是一个独立的财务职能。（　　）

3. 环境成本核算是将企业的社会行为转化为经济成本的一种做法。（　　）

4. 直接成本法和吸收成本法等重要的成本会计方法都是在现代成本会计阶段提出的。

（　　）

第二章

成本会计基础知识

◎ **【学习目标与知识要点】**

学习目标

知道成本的基本概念,理解成本核算程序,为以后能够更好地从事会计核算工作奠定基础。

知识要点

1. 企业成本的概念和内容
2. 成本核算的原则和要求

◎ **【思政园地】**

马克思主义成本理论的作用规律

习近平总书记在党的二十大报告中强调,不断谱写马克思主义中国化时代化新篇章,是当代中国共产党人的庄严历史责任。拥有马克思主义科学理论指导是我们党坚定信仰信念、把握历史主动的根本所在。深入学习马克思关于成本的相关理论,对提升新时期我国社会主义市场经济服务职能意义重大。

马克思的劳动价值理论和关于成本的科学论断,为成本会计乃至经济学科的体系构建提供了重要基础。研究证实,在很长的历史时期内,成本会计的发展仅仅是实务的探索而缺乏明确的理论支持。马克思劳动价值理论的出现,不仅为成本会计实践提供了具体而切实的指导,也为成本会计理论体系构建提供了坚实的基础,为整个会计学的建设指明了方向,它从四个方面对成本会计和会计学成本观念的形成提供了理论基础和现实指导。

第一,马克思劳动价值理论在批判地继承资产阶级古典经济学部分成果的基础上,总结和发展了经济学的成本观念,在揭示剩余价值秘密的同时,第一次明确而完整地揭示了成本的经济内涵,构建了科学的成本理论的现代基础。其具体体现在:一是从性质上看,成本是生产经营活动中劳动耗费的价值度量,体现了成本的可计量性。二是从内容上看,成本是商品价值(C+V+M)的前两部分。商品价值的高低取决于生产该产品的社会必要劳动量,而成本是生产该产品的个别劳动耗费,体现了成本的个别性。三是就本质而论,成本是为了生产一定数量和质量的劳动成果而发生的劳动耗费的价值补偿,体现了成本的可补偿性。这些观点的核心价值,在于揭示了产品成本是人类劳动中必要的活劳动和物化劳动消耗的集合体,是创造产品价值的基础这一实质,从而既显示了成本的本质特征,同时也树立了确定成本构成的基本原则。现代成本理论的科学体系,就是以此为起点,在这一基础之上建立起来的。

第二,马克思劳动价值理论科学地揭示并论证了商品价值的构成为 C+V(即商品成本乃是由不变资本和可变资本的价值转移两部分所构成),对商品流通费用的性质、意义与构成作了深入的分析研究。

第三,马克思劳动价值理论在关于价值和资本周转等问题的研究中,对折旧、固定资产维护修理、流通费用、利息等问题作了科学的分析和论断。这些分析和论断不仅构成成本会计核算与费用处理的基础,而且由于其论述更加具体切实,与成本会计乃至整个会计学理论体系的建设具有更为直接的关系。

第四,与资产阶级古典经济学的成本理论仅仅作为讨论社会财富分配和劳动价值构成时的一种初级形式的副产品不同,马克思劳动价值理论以价值构成为核心,以利润的构成与分割为目标,形成一个科学而完整的理论体系。这一理论体系涉及产品生产成本构成、特殊价值补偿、非生产性费用处理,以及总利润分割等多个方面,不仅决定了成本会计中核算与控制两大职能的定位,而且决定了对会计学中其他问题的正确处理。马克思劳动价值理论对会计理论体系的构建与发展具有永久性的指导意义。

参考资料:宋小明. 成本会计发展的九大历史规律[J]. 会计之友,2008(18):14-19.

第一节　成　本　概　述

一、成本的概念

成本作为一个价值范畴,是归属于特定对象的费用,如采购材料的成本、生产产品的成本、提供劳务的成本等。在不同的经济环境和不同的行业中,人们对成本的内涵有不同的理解。但是,成本的经济内容归纳起来有两点是共同的:一是成本的形成是以某种目标为对象的,目标可以是有形的产品或无形的产品,如新技术、新工艺;也可以是某种服务,如教育、卫生系统的服务目标。二是成本是为实现一定的目标而发生的耗费,没有目标的支出是一种损失,不能叫作成本。根据价值理论,商品的价值由三个部分组成,即生产消耗的生产资料的价值 C、劳动者为自己劳动所创造的价值 V、劳动者为社会创造的价值 M。从理论上讲,成本是商品价值的组成部分,即 C+V。

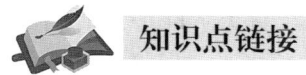 **知识点链接**

广义的成本与狭义的成本

广义的成本是指为实现一定目的而耗费的人力、物力、财力的货币表现,包括产品生产成本和为生产经营产品而发生的经营管理费用。企业为了达到一定的目的都要付出代价,发生各种耗费,这些耗费就是实现目标的成本,因此成本是各项成本计算对象的耗费。比如,企业购买固定资产,支付买价、运杂费、税金等各项资金耗费,把这些资金耗费按成本计算对象归集到所购买的固定资产上,就形成了固定资产的成本;企业生产产品必然要消耗材料、支付生产工人的工资、发生厂房和机器设备折旧的耗费等费用,把这些资金耗费按成本计算对象归集到所生产的产品中就形成了产品生产成本。

狭义的成本是指制造业为生产一定种类和一定数量的产品所发生的各种耗费的货币表现,即产品的生产成本或制造成本。凡是有经济活动和业务活动的地方,就必然有成本。不同企业由于生产经营活动的性质不同,成本的内容也不同,制造业的产品成本是典型的成本概念。

成本会计随社会经济的发展而逐渐形成和发展起来,是特定经济环境下的产物,既受当时经济条件的影响和制约,又服务于经济社会,因此其含义会随社会经济的发展而不断变化。一般认为,成本会计是一种以货币为主要计量单位,对企业的生产、销售、管理等方面的成本进行预测、决策、控制、核算、分析和考核的价值管理活动。

二、成本的分类

为了正确计算产品成本和期间费用,必须对工业企业的生产经营管理费用进行合理的分类,基本分类方法有以下两种。

1. 按经济内容分类

工业企业的生产经营管理费用,按其经济内容不同,可划分为以下九个费用要素:

(1) 外购材料。外购材料是指企业耗用的一切从外部购入的原材物料。

(2) 外购燃料。外购燃料是指企业耗用的一切从外部购入的燃料。

(3) 外购动力。外购动力是指企业耗用的一切从外部购入的动力。

(4) 工资。工资是指企业全部职工的工资。

(5) 职工福利费。职工福利费是指企业实际支付的职工福利费。

(6) 折旧费。折旧费是指企业按照规定的折旧方法计算的固定资产折旧费。

(7) 利息费用。利息费用是指企业应计入经营管理费用的银行借款利息费用减去利息收入后的净额。

(8) 税金。税金是指企业计入经营管理费用的各种税金,包括房产税、车船税、印花税、城镇土地使用税等。

(9) 其他支出。其他支出是指企业发生的不属于以上各要素的费用,如邮电费、差旅费、租赁费等。

将工业企业的生产经营管理费用按其经济内容不同分类,可以了解企业在一定时期内发生哪些费用,数额是多少,从而能够分析各个时期各种费用的结构和水平。但这种分析不能说明生产经营管理费用的用途,因此其无法反映和分析生产耗费是否节约或是否合理。

2. 按经济用途分类

工业企业的各种费用按其经济用途不同分类,可分为生产经营管理费用和非生产经营管理费用两种。

生产经营管理费用又可分为计入产品成本的生产费用和不计入产品成本的经营管理费用。

1）计入产品成本的生产费用

计入产品成本的生产费用按其经济用途不同,可进一步划分为若干个成本项目。企业一般应设立以下三个成本项目:

（1）直接材料。直接材料是指直接用于产品生产,构成产品实体的原材料费用和燃料及动力费用等。

（2）直接人工。直接人工是指直接参加产品生产的生产工人工资及福利费等费用。

（3）制造费用。制造费用是指间接用于产品生产的各项费用,或虽直接用于产品生产,但不能直接计入产品成本,没有专设成本项目的费用。

企业可根据生产特点和管理要求对上述成本项目作适当调整。对于管理上需要单独反映、控制和考核以及在产品成本中所占比重较大的费用,应专设成本项目加以反映。如果废品损失在产品成本中所占比重较大,管理上需要对其进行控制和考核,则应增设"废品损失"成本项目。

2）不计入产品成本的经营管理费用

不计入产品成本的期间费用可按其经济用途不同,划分为销售费用、管理费用和财务费用。期间费用直接结转当期损益,它也是成本反映和监督的内容。

三、成本的作用

成本在经济管理中十分重要,在市场竞争中也发挥着举足轻重的作用。概括起来,成本的作用主要有以下几个方面。

1. 产品成本是补偿生产耗费的尺度

企业为保证再生产的不断进行,生产产品、提供劳务过程中发生的各种耗费,必须从销售产品和提供劳务所取得的收入中得到补偿,而成本就是衡量这一补偿份额大小的量度。成本的高低反映了从销售收入中补偿份额的多少以及企业盈利的多少。如果企业的收入补偿不了生产耗费,再生产就不能按原有规模进行。在产品销售收入和提供劳务收入保持不变的条件下,成本降低,企业实现的利润就多;成本上升,企业实现的利润就少,甚至发生亏损。

2. 产品成本是综合反映企业生产经营管理活动质量的重要指标

企业在生产经营管理中,产品产量大小、产品质量优劣、产品设计好坏、费用开支大小、产品产量增减等情况,都会在产品成本这个指标中体现出来。因此,企业可以通过对成本的计划、控制、监督、考核和分析等来促进企业改善生产经营的管理工作,尽可能降低成本,提高经济效益。

3. 成本是制定产品价格的重要依据

产品价格是产品价值的货币表现。人们不能直接、准确地计算产品的价值,而只能计算产品的成本。产品成本是产品价值的主要组成部分,其高低能反映产品价值量的大小,因而成本是制定产品价格的基础。

4. 产品成本是企业进行生产经营决策的重要依据

在市场经济条件下,市场竞争在很大程度上就是价格竞争。产品成本作为价格的主要组成部分,其高低是企业有无竞争能力的关键,即价格竞争的实际内容就是成本竞争。企业要在市场竞争中处于不败之地,必须先进行正确的生产经营决策,成本就是其中十分重要的依据。

第二节　成本会计的职能

成本会计的职能是指成本会计具有的客观功能。现代成本会计一般具有以下八种职能。

1. 预测职能

成本预测是确定目标成本和选择达到目标成本的最佳途径的重要手段,是进行成本决策和编制成本计划的基础。企业通过成本预测可以寻求降低产品成本、提高经济效益的途径,它可以减少生产经营管理的盲目性。

2. 决策职能

成本决策即在成本预测的基础上,根据市场营销和产品功能分析,挖掘潜力,拟定降低成本、费用的各种方案,并采用一定的专门方法进行可行性研究和技术经济分析,选择最优方案,以确定目标成本。

3. 计划职能

成本计划是根据成本决策所确定的最优方案,具体规定企业在一定时期内为完成生产经营任务所要发生的各种生产耗费,以及为达到产品目标成本所需采取的各种措施。成本计划是成本控制的具体目标,做好成本计划工作,有利于企业员工明确降低成本的目标和挖掘降低成本的潜力。

4. 控制职能

成本控制即根据成本计划(预算),制定各项消耗定额、费用定额、标准成本等,对各项实际发生和将要发生的成本费用进行审核,及时揭示执行过程中的差异,采取措施将成本费用控制在计划、预算之内。

5. 核算职能

成本核算即采用与成本计算对象相适应的成本计算方法,按规定的成本项目,通过一系列的生产费用的归集与分配,作出有关的账务处理,正确划分各种费用界限,从而计算出各种产品的实际总成本和单位成本,并编制成本报表,为成本管理提供客观、真实的成本资料。

6. 分析职能

成本分析是根据成本核算所提供的信息和其他有关资料,将本期实际成本与目标成本、上年实际成本、国内和国外同类产品的成本等进行比较,分析成本水平与构成的变动情况,系统地研究影响成本费用升降的各种因素及其影响程度、成本超支节约的责任或原因,并提出积极建议,以采取有效措施,进一步挖掘增产节约降低产品成本的潜力。

7. 考核职能

成本考核是定期对成本计划及有关指标实际完成情况进行总结和评价。企业应在成本分析的基础上,以各责任者为对象,以其可控制的成本为界限,并按责任的归属来核算和考核责任者的成本指标完成情况,评价其工作业绩并决定其奖惩。

8. 反馈职能

成本反馈是在考核的基础上,将成本数据向企业管理阶层进行反馈,以便作出更科学的修订、补充和完善,为下一个生产周期提供关于实际情况的判断。

上述各项职能相互联系、相互补充,构成一个有机的整体。成本预测是成本决策的前提,成本决策是成本预测的结果;成本计划是成本决策目标的具体化;成本控制是对成本计划的实施进行监督,是保证成本决策目标实现的重要措施;成本分析和考核为之后的预测和决策,以及新编制的成本计划提供依据。

在成本会计的各项职能中,成本核算是最基本的职能,成本会计的其他职能都是在成本核算的基础上进行的。没有成本核算就没有成本会计。

 **知识点链接**

财务会计、成本会计和管理会计的成本职能

成本会计属于财务会计的一个分支,而管理会计则是一门单独的学问。这种关系决定着财务会计、成本会计和管理会计的成本职能有所不同。成本会计中的成本职能是对财务会计成本职能的具体细化,财务会计的成本概念强调成本的计量属性,因此,财务会计中按照外部报表使用者对会计信息的要求来履行成本职能,财务会计的成本职能由会计准则或会计制度来规范,用来解决报表项目的确认问题。管理会计认为成本的内涵是由它所服务的管理目标决定的,即"不同的成本服务于不同的目的",因而成本职能是由它所服务的管理目标决定的。例如,在进行敏感性分析时,基于成本职能的服务目的,成本的内容既包括制造成本,也包括期间费用。

第三节　成本核算的原则和要求

一、成本核算的原则

成本核算是进行成本管理的基础,在现代企业经济管理中发挥着重要的作用。为了搞

好成本核算工作,提高成本核算质量,充分发挥成本核算的作用,企业必须遵循下列原则。

1. 会计主体核算原则

会计主体核算原则要求成本核算应反映企业本身与生产产品有关的各项成本、费用及其他各种耗费。

2. 合法性原则

合法性原则要求计入成本的费用都必须符合法律、法规、制度等的规定,不合规定的费用不能计入成本。

3. 成本分期核算原则

成本分期核算原则要求企业在正常、持续经营的前提下,应将成本核算期间划分成一个个会计期间,分期计算成本。成本核算的分期,必须与会计年度的分月、分季、分年相一致,这样可便于进行利润计算。

4. 权责发生制原则

权责发生制原则要求在成本核算中,成本、费用的确认以成本、费用是否实际发生及是否应由本期负担为标准,而不论其是否已经支付。

5. 一致性原则

一致性原则要求成本核算的方法前后各期保持一致,忌随意更改,以保持企业成本资料的可比性。

6. 及时性原则

及时性原则要求成本核算应及时进行,不得提前或延后;应及时提供有关成本的信息并正确计算盈亏。

7. 受益性原则

受益性原则要求在分配生产费用时,应按照受益对象进行分配,谁受益谁负担,多受益多负担。

8. 重要性原则

重要性原则要求在成本核算时,应区别会计事项的重要程度,采用不同的核算方式:企业应将对成本有重大影响的项目作为重点项目,力求精确;从简处理那些不太重要的琐碎项目。

 **知识点链接**

及时性原则在成本核算中的具体应用

部分企业按月缴纳电费,对当月发生的电费在次月缴纳,并且在取得发票后结转电费成本,造成电费成本与实际发生月不符。在企业正常经营时,每月电费变化不大,这一做法对成本的影响较小;但在生产波动较大时,这一做法会对产品成本产生影响。

很多企业存在"以票抵薪"现象。可能当时经办的管理者和财务人员都十分清楚哪些费用真实存在,哪些费用属于薪酬;但管理层或财务人员发生调整后,就无法分清费用的真实性。这些可能会给企业在未来的税务检查中留下不必要的隐患。

二、成本核算的要求

在成本会计工作中,成本核算是基础,是成本管理的一个重要环节。为了充分发挥成本核算的作用,及时、正确地为有关方面提供有用的成本信息,在成本核算中应贯彻以下要求。

1. 算管结合,算为管用

算管结合,即成本核算应当与企业经营管理相结合。成本核算作为成本管理的组成内容,不应只对企业生产费用进行事后的记录和计算,还应在生产费用发生之前作好审核和控制:审核该项费用是否应该支出,是否符合计划或定额;应该支出的费用,是否应该计入产品成本,是否符合成本开支范围。

算为管用,即成本核算要从管理的要求出发,提供的成本信息应当满足企业经营管的需要。具体而言,如何进行成本核算,计算什么产品的成本,是算得细一些还是粗一些,设置哪些会计科目等,都要考虑管理的要求。在满足管理需要的前提下,还应分清主次、区别对待,主要从细、次要从简,细而有用、简而有理。

2. 正确划分各种费用界限

1) 正确划分生产经营管理费用和非生产经营管理费用的界限

在工业企业日常生产经营管理活动中,用于产品生产和销售、用于组织和管理生产经营活动、用于筹集生产经营所需资金而发生的各种费用属于生产经营管理费用,应计入产品生产成本或期间费用。

购建固定资产、购买无形资产、对外投资等经济活动不是企业日常的生产经营管理活动,其发生的费用属于非生产经营管理费用,不应计入产品生产成本或期间费用。

此外,固定资产盘亏、毁损、报废清理等损失,以及自然灾害等非正常原因造成的财产损失,不是由于日常的生产经营管理活动造成的,都不应计入产品生产成本或期间费用。

2) 正确划分产品生产费用和期间费用的界限

企业在日常生产经营活动中所发生的各种耗费,其用途和列支的项目也是不同的。用于产品生产的费用(包括直接材料、直接人工和制造费用)应计入产品成本。而本月发生的销售费用、管理费用和财务费用作为经营管理费用,应计入期间费用。分清生产费用和经营管理费用,关键在于分清生产成本中的制造费用和期间费用中的销售费用、管理费用之间的界限。因为这些费用中,有的费用名称、性质相同,容易在归属时混淆,如工资、职工福利费、折旧费、修理费等。

3) 正确划分各个月份的费用界限

为了按月分析和考核产品成本和期间费用计划的完成情况,正确计算各月损益,还应将计入产品成本和期间费用的费用,按权责发生制原则,划分为应由本月负担的费用和应由其他各月负担的费用。

应由本月产品成本和期间费用负担的费用,应该全部计入本月产品成本和本月期间费用;本月发生,应由以后各月产品成本和期间费用负担的费用,应该计入预付账款,分摊计入本月和以后各月的成本费用;本月虽然尚未发生,但应由本月产品成本和期间费用负担的费用,应计入其他应付款。

4) 正确划分各种产品的费用界限

工业企业必须分清各种产品成本的界限,应由本月产品成本负担的费用,还必须在各种产品之间进行划分。

凡能分清应由某种产品负担的费用,应直接计入这种产品的成本。

凡由几种产品共同耗用、无法直接分清的费用,则采取适当的分配方法进行分配后分别计入各种产品的成本。

5)正确划分完工产品和在产品的费用界限

工业企业必须分清在产品成本和产成品成本的界限,不得任意压低或提高在产品和产成品的成本。月末,将各项生产费用计入各种产品的成本以后,会有以下三种情况:

(1)某种产品全部完工,其发生的生产费用全部相加,就是该种完工产品的成本。

(2)某种产品未完工,其发生的各种生产费用之和,就是该种产品的月末在产品成本。

(3)如果某种产品既有完工产品,又有尚在加工中的在产品,还必须将为制造该种产品已经发生的生产费用,采用适当的分配方法在完工产品和在产品之间进行分配,以便计算完工产品和月末在产品成本。

正确划分以上五个方面的费用界限,在产品成本核算工作中具有相当重要的作用。费用划分的过程,也就是产品成本的计算和各项期间费用的归集过程,划分过程见图2-1。

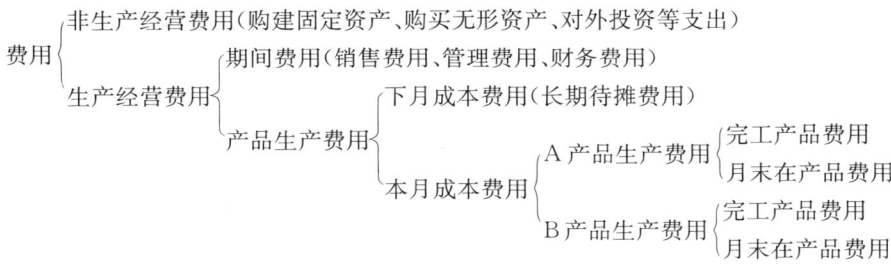

图 2-1　正确划分各种费用

3. 正确确定财产物资的计价和价值结转方法

工业企业拥有的各种财产物质,其价值要随着生产经营过程中的耗费,逐渐地或一次性地转移到产品成本和期间费用中去。因此,对财产物资正确计价并正确结转其价值也是成本核算的要求。财产物资的计价和价值结转对象主要有固定资产、原材料和低值易耗品等。对固定资产来说,计价和价值结转主要涉及固定资产原值的计算方法、折旧方法及固定资产的后续支出等。对原材料和低值易耗品来说,计价和价值结转主要涉及材料采购成本的组成内容、发出材料实际成本的计算确定、低值易耗品和包装物价值的摊销方法等。

为了正确计算成本和费用,对于这些财产物资的计价,企业应在取得时按照实际成本计量,价值结转方法也应结合本企业生产经营特点和管理要求,采用既合理又适用的方法。且各种方法一经确定,不得随意变更,以防止人为调节成本和费用的错误做法发生。

4. 做好成本核算的基础工作

第一,要做好定额的制定和修订工作。企业耗用的材料、燃料、动力、工时消耗和费用开支等,都应制定定额或编制预算,以便在生产费用发生之前就加强审核和控制。制定和修订各种定额是进行成本审核、控制和正确进行核算的前提。

第二,要建立健全原始记录和材料物资的计量、收发、领退和盘点制度。为了正确地进行成本核算,必须建立健全材料物资的计量、收发、领退和盘点制度。对材料物资的收发、领退、半成品的内部转移和产成品的入库等,均应填制相应的凭证;应履行一定的审批手续,并经过计量、验收或交接,防止任意领发和转移。库存的材料、半成品、产成品、车间的在产品和半成品,均应按照规定进行盘点,防止丢失、积压、毁损变质或被贪污盗窃,以保证账实相符,保证成本计算的正确性。

5. 采用适当的成本计算方法

企业应当根据生产经营的特点和管理要求,确定适合本企业的成本核算对象、成本项目和成本计算方法。财产物资的计价和价值结转对象主要有固定资产、原材料和低值易耗品等。对固定资产来说,计价和价值结转主要涉及固定资产原值的计算方法、折旧方法及固定资产的后续支出等。对原材料和低值易耗品来说,计价和价值结转主要涉及材料采购成本的组成内容、发出材料实际成本的计算确定、低值易耗品和包装物价值的摊销方法等。

为了正确计算成本和费用,对于这些财产物资的计价,企业应在取得时按照实际成本计量。价值结转方法也应结合本企业生产经营特点和管理要求,采用既合理又适用的方法,且各种方法一经确定,不得随意变更,以防止人为调节成本和费用的错误做法发生。

第四节 成本核算程序和科目设置

一、成本核算程序

按照成本核算的要求,工业企业成本核算一般包括以下程序。

1. 确定成本计算对象

由于企业生产工艺、管理水平、管理要求和企业规模不同,企业成本计算对象也不相同。制造企业的成本计算对象有产品品种、产品批别和产品生产步骤三种。企业应根据自身生产经营特点和管理要求,选择适合本企业的成本计算对象。

2. 确定成本项目

成本项目是指费用按经济用途划分成的若干项目,一般可确定直接材料、直接人工、制造费用三个成本项目。如果需要,企业可以适当进行调整,还可单设废品损失、停工损失和燃料和动力等成本项目。

3. 确定成本计算期

成本计算期是指每次计算成本的间隔时间,即多长时间计算一次成本。成本计算期一般分为定期和不定期两种。通常在大量大批的情况下,每月都有一定的产品完工,应定期按月计算产品成本,即成本计算期与会计核算期一致。在成批、单件生产的情况下,一般不要求定期按月计算产品成本,而是等一批产品完工后才去计算这批产品的成本,所以成本计算期与生产周期一致。

4. 归集和分配生产费用

首先,必须对支出的费用进行审核和控制,确定该项费用是否应该开支,已开支的费用是否应该计入产品成本。

其次,确定应计入本月产品成本的费用。

最后,将应计入本月产品成本的各种费用在有关产品之间,按照成本项目进行归集和分配。

5. 计算完工产品成本和月末在产品成本

对于月末既有完工产品又有月末在产品的产品,应采用适当的方法,将生产费用在其完工产品和月末在产品之间进行分配,分别求出完工产品和月末在产品的成本。

6. 计算完工产品总成本和单位成本

在产品成本计算过程中,应编制成本计算单,将各完工产品成本从其明细账中转入成本计算单,并计算出单位成本。成本计算单上汇集了所有本月完工产品的总成本和单位成本。

二、成本核算的科目设置

为了便于按照经济用途划分核算生产费用,分别计算各种产品的成本,工业企业一般设置"生产成本——基本生产成本""生产成本——辅助生产成本""制造费用"等成本类科目,进行成本的总分类核算及明细分类核算。

1. "生产成本——基本生产成本"科目

"生产成本——基本生产成本"科目是用来核算企业基本生产车间所发生的各种生产费用和计算基本生产成本的科目。其借方登记企业为进行产品生产而发生的各种费用,贷方登记转出的完工产品成本,余额在借方,表示在产品成本。该科目应按产品品种等成本计算对象设置生产成本——基本生产成本明细账,账内按产品成本项目分设专栏或专行。其格式如表 2-1 和表 2-2 所示。

表 2-1　　　　　　　　生产成本——基本生产成本明细账

产品:水果醋　　　　　　　　2023 年 12 月 31 日

完工数量: 60 000 支

项　　目	直接材料	直接人工	制造费用	合　　计
月初在产品成本	40 000	5 000	2 500	47 500
本月生产费用	107 000	10 600	5 300	122 900
本月合计	147 000	15 600	7 800	170 400
完工产品成本	126 000	14 400	7 200	147 600
单位成本	2.10	0.24	0.12	2.46
月末在产品约当产量	10 000	5 000	5 000	
月末在产品成本	21 000	1 200	600	22 800

表 2-2　　　　　　　　生产成本——基本生产成本明细账

产品：陈醋　　　　　　　　　　　　2023 年 12 月 31 日

完工数量：50 000 支

项　目	月初在产品成本	本月生产费用	本月合计	完工产品成本	单位成本	月末在产品约当产量	月末在产品成本
直接材料	21 500	53 900	75 400	65 000	1.30	8 000	10 400
直接人工	4 420	4 760	9 180	8 500	0.17	4 000	680
制造费用	2 520	6 660	9 180	8 500	0.17	4 000	680
合计	28 440	65 320	93 760	82 000	1.64	—	11 760

表 2-1 和表 2-2 虽然没有标明借方、贷方和余额,但其基本结构不外乎这三部分。其中,月初在产品成本,为"生产成本——基本生产成本"科目月初借方余额,系上月末在产品转来;本月生产费用为"生产成本——基本生产成本"科目本月借方发生额,根据本月各种费用分配表登记;完工产品成本为"生产成本——基本生产成本"科目本月贷方发生额,根据本月完工入库产品的实际成本登记;月末在产品成本为"生产成本——基本生产成本"科目月末借方余额。

2."生产成本——辅助生产成本"科目

"生产成本——辅助生产成本"科目是用来核算企业辅助生产车间所发生的各种生产费用和计算辅助生产所提供的产品或劳务成本的科目。其借方登记为进行辅助生产而发生的各种费用;贷方登记完工入库产品的成本或分配转出的劳务成本,余额在借方,表示辅助生产在产品的成本。该科目应按辅助生产车间和生产的产品、劳务分设辅助生产成本明细账,账中按辅助生产的成本项目或费用项目分设专栏或专行,进行明细核算。

3."制造费用"科目

"制造费用"科目是用来核算企业基本生产车间为生产产品和提供劳务而发生的各项间接费用的科目。其借方登记实际发生的制造费用;贷方登记分配转出的制造费用,月末一般无余额。该科目应按车间设置明细分类账,账内按费用项目设立专栏进行明细核算。

为了归集和结转产品销售费用、管理费用和财务费用,应该分别设立"销售费用""管理费用"和"财务费用"总账科目。

为了归集和分配跨期摊提费用,还应分别设立"预付账款"和"其他应付款"总账科目。企业如果单独核算废品损失和停工损失,还可以增设"废品损失"和"停工损失"总账科目。

 **知识点链接**

<h1 align="center">停工损失和废品损失</h1>

企业发生停工的原因多种多样,如停电、待料、机械故障、机器设备修理、发生非常灾害,以及计划压缩产量等,都可能引起停工。停工损失主要包括在停工时间所支付生产工人工

资、职工福利费应负担的制造费用等。停工可分为计划内停工和计划外停工损失:计划内停工是计划规定停工,计划外停工是各种事故意外造成的。企业在停工期间所发生的计划内停工损失应由开工期间生产的产品负担,计入产品生产成本;计划外的停工损失计入当期损益,即管理费用或营业外支出。

废品损失是指在生产过程中发现的、入库后发现的不可修复废品的生产成本,以及可修复废品的修复费用,扣除回收的废品残料价值和应收赔款以后的损失。废品净损失应该全部由本期完工的同种产品成本负担。

职业基础知识测试

一、单项选择题

1. 构成商品的理论成本是(　　　)。

A. 已耗费的生产成本资料转移的价值

B. 劳动者为自己劳动所创造的价值

C. 劳动者为社会劳动所创造的价值

D. 已耗尽的生产资料转移的价值和劳动者为自己劳动所创造的价值

2. 产品成本的经济实质是(　　　)。

A. 企业在生产经营过程中所耗尽生产资料转移价值的货币表现

B. 劳动者为自己劳动所创造价值的货币表现

C. 劳动者为社会劳动所创造价值的货币表现

D. 企业在生产经营过程中所耗尽的资金的总和

3. 生产经营管理费用的计算对象是(　　　)。

A. 各项期间费用的支出及归集过程

B. 产品生产成本的形成过程

C. 诸会计要素的增减变动

D. 企业生产经营过程中发生的生产成本和期间费用

4. 成本会计的首要职能是(　　　)职能。

A. 核算　　　　　　B. 核算和监督　　　C. 监督　　　　　　D. 计划和考核

5. 成本会计最基本的任务和中心环节是(　　　)。

A. 进行成本预测,编制成本计划

B. 审核和控制各项费用的支出

C. 进行成本核算,提供实际成本的核算资料

D. 参与企业的生产经营决策

6. 正确计算产品成本,应该做好的基础工作是(　　　)。

A. 正确划分各种费用界限　　　　　　B. 确定成本计算对象

C. 建立健全原始记录工作　　　　　　D. 各种费用的分配

7. 工业企业生产经营管理费用中的税金不包括(　　)。

A. 房产税　　　　　B. 车船税　　　　　C. 印花税　　　　　D. 增值税

8. "在分配生产费用时,应按照受益对象进行分配,谁受益谁负担,多受益多负担。"体现成本核算的(　　)原则。

A. 受益性　　　　B. 及时性　　　　C. 重要性　　　　D. 实质重于形式

9. 停工损失不包括(　　)。

A. 在停工时间所支付生产工人工资　　　B. 在停工时间所支付生产工人福利费

C. 在停工时间应负担的制造费用　　　　D. 在停工时间计提的设备折旧费

10. 制造企业一般设置的三项产品成本项目不包括(　　)。

A. 直接材料　　　　B. 直接人工　　　　C. 管理成本　　　　D. 制造费用

11. 归集和分配生产费用的最后一步,是将应计入本月产品成本的各种费用在有关产品之间,按照(　　)进行归集和分配。

A. 成本项目　　　　B. 成本对象　　　　C. 成本要素　　　　D. 成本方法

12. 下列各项中,不属于工业企业成本项目的是(　　)。

A. 直接材料　　　　B. 直接人工　　　　C. 制造费用　　　　D. 折旧费

13. 生产经营管理费用按费用的(　　)分类形成要素费用。

A. 经济内容　　　　B. 经济性质　　　　C. 经济用途　　　　D. 经济实质

14. 下列各项中,不能计入产品成本的费用是(　　)。

A. 企业管理人员的工资及福利费　　　　B. 企业支付的动力费用

C. 生产工人的工资及福利费　　　　　　D. 车间管理人员工资及福利费

15. 在收入既定的情况下,企业产品销售利润多少,主要取决于(　　)的高低。

A. 成本　　　　　B. 价格　　　　　C. 税金　　　　　D. 期间费用

二、多项选择题

1. 成本的主要作用包括(　　)。

A. 补偿生产耗用的尺度

B. 综合反映企业工作质量的重要指标

C. 企业对外报告的主要内容

D. 制定产品价格的重要因素和进行生产经营决策的重要依据

2. 成本会计的核算职能包括(　　)。

A. 提供反映成本现状的核算资料的功能

B. 提供有关预测未来经济活动的成本信息资料的功能

C. 控制有关经济活动的功能

D. 考核有关经济活动的功能

3. 工业企业一般设置(　　)等成本类科目,进行成本的总分类核算及明细分类核算。

A. "生产成本——基本生产成本"　　　　B. "生产成本——辅助生产成本"

C. "制造费用"　　　　　　　　　　　　D. "库存商品"

4. 一般来说,企业应根据(　　　)来确定成本计算对象。

A. 本单位生产经营的特点　　　　　B. 对外报告的需要

C. 本单位生产规模的大小　　　　　D. 本单位成本管理的要求

5. 为了正确计算产品成本,应该做好的基础工作有(　　　)。

A. 正确选择各种分配方法　　　　　B. 定额的制定和修订

C. 建立健全原始记录　　　　　　　D. 制定和修订产品计划价格

三、判断题

1. 废品净损失应该全部归由本期完工的同种产品成本负担。　　　　　　　　(　　　)

2. 为了正确地计算产品成本,应该也可能绝对正确地划分各个会计期间的费用界限。

(　　　)

3. 为了正确地计算产品成本,应该正确地划分各种产品成本的费用界限。(　　　)

4. 企业生产经营活动的原始记录,是进行成本预测、编制成本计划、进行成本核算的依据。　　　　　　　　　　　　　　　　　　　　　　　　　　　　　　　　　　　　　　(　　　)

5. 工资和福利费用是产品成本项目。　　　　　　　　　　　　　　　　　　(　　　)

6. 企业借款的利息支出应该计入产品的生产成本,因为利息支出是产品成本项目。

(　　　)

7. 期间费用包括管理费用、财务费用和制造费用。　　　　　　　　　　　　(　　　)

8. 企业根据实际需要,可以分设为"生产成本——基本生产成本""生产成本——辅助生产成本""制造费用"等科目。　　　　　　　　　　　　　　　　　　　　　　　　(　　　)

9. 制造费用属于间接费用,与产品生产无直接联系,不计入产品成本,可直接计入当期损益。　　　　　　　　　　　　　　　　　　　　　　　　　　　　　　　　　　　　(　　　)

10. 每个企业或车间在计算产品成本时,都应根据生产特点和管理要求来确定适宜的成本计算方法。　　　　　　　　　　　　　　　　　　　　　　　　　　　　　　　　　(　　　)

第三章

材料采购成本的核算

学习目标

知道材料的常见分类及应用举例,明确材料成本的构成内容,能运用实际成本法和计划成本法解决成本核算问题。

知识要点

1. 材料的概念、分类和成本构成
2. 发出材料的计价方法
3. 实际成本核算方式下原材料的账务处理
4. 计划成本核算方式下原材料的账务处理

◎ 【思政园地】

精益生产的核心思想

精益生产(lean production)源于丰田生产方式(Toyota Production System,TPS),是继单件小批量和福特大批量流水线生产方式之后诞生的生产方式。它的基本理念是在产品设计、制造、销售及零部件库存等各个环节消除一切不必要的浪费,它提出的准时化生产(Just In Time,JIT)和自动化等思想改变了日本企业的经营方式,极大地促进了日本制造业的飞速发展,被称为"改变世界的机器",精益管理受到越来越多企业的青睐。精益生产的核心思想主要体现在以下两个方面。

一、以消除浪费为核心思想

精益生产和浪费直接对立。浪费包括很多类型,如闲置的库存、不必要的工序、不必要的运输、超过需求的生产、人员的不必要动作、各种等待等,所有这些日常生产中很少为人们注意但却大量存在的活动(在很多制造流程中甚至超过了90%),不仅不能为企业创造价值,反而增加了成本,这些浪费就是精益生产反对和努力消除的。从企业获取订单到生产过程,再到最后的销售,消除浪费的思想贯穿始终。

沃迈克和琼斯把企业内部的浪费分为两种:①生产中不创造价值,但在现有技术与生产条件下不可避免的作业内容,称为Ⅰ型Muda(没有任何附加价值的作业,在日本被称为Muda),如必要的在线检验、物料运输等;②不创造价值且可以立即去掉的作业内容,称为Ⅱ型Muda,如不必要的等待、多余的动作、不必要的审批等。精益生产审查生产特定产品的所有活动,首先努力消除Ⅱ型Muda,降低成本,然后使产品在整个流程中流动起来。通过连续流动,进一步消灭Ⅰ型Muda,优化流程,并且流动越快,所暴露出的浪费会越多,越有利于精简流程和降低成本。

二、暴露问题并解决问题

精益生产也是一个企业实现业务流程持续改进的过程,与六西格玛实现持续改进类似,这个过程也需要发现企业在流程中存在的问题。在发现问题方面,精益生产特别强调暴露问题,找到引起该问题的根本原因,才能彻底解决问题。例如,在很多企业里,过多的库存量非常普遍,究其原因,可能是由于供应商供货不及时或时间不确定、机器需要较长时间的换模或换线、某台设备经常出故障等。为了保证整个生产,表面上看起来企业不得不增加大量的库存以备不测,即使采用统计分析或经济批量模型求得最佳的批量从而控制库存,也是治标而非治本。从精益生产的角度看,库存是万恶之源,库存不仅占用了资金,消耗了库存管理成本,更重要的是,库存掩盖了问题,使这些问题成为企业的"顽疾"。因此,精益生产要求尽量减少库存,暴露问题,然后调动团队,确定改进项目,找到根本原因,解决问题,持续改进。

参考资料:孙静.质量管理学[M].北京:高等教育出版社,2019:(12):347-349.

第一节 材 料 概 述

材料采购成本是指企业从外部购入原材料等所实际发生的全部支出,包括购入材料支付的买价和采购费用,如材料购入过程中的运输费、装卸费、保险费,运输途中的合理损耗,入库前的整理挑选费等。成本核算实务中一般采用实际成本法和计划成本法进行材料采购成本的核算。

一、材料的概念

材料是生产经营过程中的劳动对象,是企业生产经营中不可缺少的物质。材料作为被加工的劳动对象,在生产经营中起着不同的作用:有的被劳动者用来进行加工,构成产品的实体;有的虽不构成产品实体,但有助于产品的形成;有的在生产经营中作为机物料被消耗。尽管材料在生产经营过程中所起的作用不同,但它们具有共同的特点:一次性地参加生产经营、经过一个生产周期就要全部消耗掉或改变其原有的实物形态；其价值随着其实物的消耗，一次性地全部转移到产品价值中去，通过产品销售，材料价值得到一次性补偿。

二、材料的分类

企业的材料按其在生产经营过程中的作用不同，一般可分为以下几种。

1. 原料及主要材料

原料及主要材料是指经过加工后能够构成产品主要实体的各种原料和主要材料。原料是指没有经过加工的材料，如纺纱用的原棉、制糖用的甘蔗、冶炼用的铁矿石等。主要材料是指经过加工过的材料，如织布用的棉纱，机器制造用的钢材等。

2. 外购半成品

外购半成品（外购件或外协件）是指从外部购入，需经本企业进一步加工或装配的已加工过的原材料，如织布厂外购的棉纱、汽车制造厂外购的轮胎等。外购半成品也可归入原料及主要材料，而不单设一类。

3. 辅助材料

辅助材料是指直接用于生产，在生产中起辅助作用，不构成产品主要实体的各种材料。按其在生产中所起作用的不同，辅助材料又可分为以下几种：

（1）加入产品实体与主要材料相结合，使主要材料发生变化，或给予产品某种性能的辅助材料，如染料、油漆、催化剂等。

（2）被劳动工具消耗的辅助材料，如维护机器设备用的润滑油和防锈剂等。

（3）为创造正常劳动条件而消耗的辅助材料，如清洁工作地点的各种用具等。

4. 燃料

燃料是指工艺技术过程或非工艺技术过程中用来燃烧并取得热能的各种材料，包括固体燃料、液体燃料和气体燃料等。

5. 修理用备件

修理用备件（备品备件）是指专为修理本企业机器设备和运输工具所用的各种备品备件，如轴承、齿轮等。一般修理用零件可归入辅助材料。

6. 包装材料

包装材料一般包括纸张、麻绳、铁皮等，包装材料也可归入辅助材料。

三、材料的成本构成

企业取得材料应当按照成本计量。材料成本包括采购成本及自制材料的成本等。

1. 采购成本

企业外购材料的采购成本，包括购买价款、相关税费、运输费、装卸费、保险费，以及其他可归属于材料采购成本的费用。下面主要介绍购买价款、相关税费，以及其他可归属于材料采购成本的费用。

（1）购买价款是指企业购入材料的发票账单上所列明的价款，但不包括按照规定可以抵扣的增值税进项税额。

（2）相关税费是指企业购买材料发生的进口关税、消费税、资源税和不能抵扣的增值税进项税额，以及相应的教育费附加等应计入材料采购成本的税费。

 **知识点链接**

运输费、装卸费、仓储费增值税处理

如果增值税一般纳税人在购买材料的过程中因应支付运输费、装卸费、仓储费而取得了增值税专用发票，则发票上注明的增值税进项税额可以抵扣，并应将不含增值税的运输费、装卸费、仓储费计入材料采购成本。

如果增值税一般纳税人取得的是增值税普通发票，则进项税额不能抵扣，而应将其计入材料采购成本（即按增值税普通发票价税合计额计入材料成本）。

（3）其他可归属于材料采购成本的费用是指采购成本中除上述各项外的可归属于材料采购的费用，如在材料采购过程中发生的仓储费、包装费、运输途中的合理损耗、入库前的挑选整理费用（包括挑选整理中发生的工、费支出和挑选整理过程中所发生的数量损耗，并扣除回收的下脚废料价值）等。运输途中的合理损耗，是指商品在运输过程中，因材料性质、自然条件及技术设备等因素，所发生的自然的或不可避免的损耗。例如，汽车运输煤炭等过程中的自然散落和易挥发产品在运输过程中的自然挥发等。

【例 3-1】　某企业为增值税一般纳税人，当月购入材料 900 千克，每千克不含税价格为 50 元，运输途中发生合理损耗 30 千克，入库前发生挑选整理费用 1 000 元。不考虑其他因素，该批材料的入账成本为（　　）元。

A. 44 500　　　　B. 45 000　　　　C. 43 500　　　　D. 46 000

【答案】　D

【答案解析】　外购存货入账成本包括购买价款、运输费用和其他可归属于存货采购成本的费用，其中，运输途中发生的合理损耗需要计入存货采购成本，即存货入账成本为 46 000 元（900×50＋1 000）。

 **知识点链接**

合理损耗及入库前的挑选整理费用

运输途中的合理损耗，是指商品在运输过程中因材料性质、自然条件及技术设备等因素，所发生的自然的或不可避免的损耗。例如，汽车在运输煤炭、化肥等过程中的自然散落和易挥发产品在运输过程中的自然挥发等。

运输中的合理损耗发生时，只是相应减少存货的数量，存货总成本不变，因此，它仅仅提高了材料的单位成本，不影响存货的总成本。

入库前的挑选整理费用包括挑选整理中发生的工、费支出和挑选整理过程中所发生的数量损耗，并扣除回收的下脚废料价值。

2. 自制材料的成本

企业自制原材料,其成本包括耗用的直接材料、直接人工和制造费用等各项实际支出。

【例 3-2】 下列各项中,应计入企业存货成本的有(　　　)。

A. 存货在加工过程中发生的直接人工

B. 为特定客户设计产品的可直接认定的设计费用

C. 购买存货时所支付的进口关税

D. 存货在采购运输中发生的定额内合理损耗

【答案】 ABCD

【答案解析】 存货成本包括采购成本、加工成本和其他成本。存货在加工过程中发生的直接人工属于存货的加工成本,选项 A 当选;企业为特定客户设计产品所发生的、可直接确定的设计费用应计入存货的成本,属于存货的其他成本,选项 B 当选;购买存货时支付的进口关税属于存货的采购成本,选项 C 当选;存货采购运输中发生的定额内合理损耗属于存货的采购成本,选项 D 当选。

3. 不应计入材料成本,而应在其发生时计入当期损益的费用

(1)非正常消耗的直接材料、直接人工和制造费用,应在发生时计入当期损益,不应计入材料成本。比如,由于自然灾害而发生的直接材料、直接人工和制造费用。因为这些费用的发生无助于使该材料达到目前场所和状态,故不应计入材料成本,而应确认为当期损益。

(2)仓储费用是指企业在材料采购入库后发生的储存费用,应在发生时计入当期损益。但是,在生产过程中为达到下一个生产阶段所必需的仓储费用应计入材料成本。

(3)不能归属于使材料达到目前场所和状态的其他支出,应在发生时计入当期损益,不得计入存货成本。

 **知识点链接**

是否计入材料成本的各种情况

是否计入材料成本的各种情况总结如表 3-1 所示。

表 3-1　　　　　　　　　　　　是否计入材料成本的各种情况总结

序号	情　况	是否计入材料成本
1	进口存货而支付的关税	√
2	自然灾害等原因造成的材料的净损失	×(计入营业外支出)
3	为特定客户设计产品发生的可直接确定的设计费	√(除此以外,正常产品设计费通常计入当期损益)
4	生产产品过程中发生的制造费用	√
5	采购材料在运输途中的合理损耗	√

（续表）

序号	情　况	是否计入材料成本
6	材料采购过程中的保险费	√
7	材料入库前的挑选整理费	√
8	材料采购过程中的运输费用	√
9	材料采购过程中的装卸费	√
10	材料入库后发生的储存费用（不包括在生产过程中为达到下一个阶段所必需的存储费用）	×（计入管理费用）
11	材料在上述购买、运装卸等过程中,取得增值税专用发票等合法扣税凭证,而支付的增值税进项税额	×［计入应交税费——应交增值税（进项税额）］
12	材料在上述购买、运装卸等过程中,未取得增值税专用发票等合法扣税凭证,因取得增值税普通发票而支付的增值税进项税额	√

四、发出材料的计价方法

企业发出材料的计价方法直接影响发出材料成本、结存材料成本和经营成果的计算结果,选择并采用合理科学的计价方法是合理准确计算成本和经营成果的基础。企业应当根据各类材料的实物流转方式、材料的性质、企业管理的要求等实际情况,合理地选择发出材料成本的计算方法,以合理确定当期发出材料的成本。对于性质和用途相同的材料,企业应当采用相同的成本计价方法来确定发出材料的成本。

在实务中,企业发出的材料既可以按实际成本核算,也可以按计划成本核算。比如,采用计划成本核算,会计期末应调整为实际成本。在实际成本核算方式下,企业应当采用的发出材料成本的计价方法有个别计价法、先进先出法、月末一次加权平均法和移动加权平均法。

【例3-3】　在实际成本核算方式下,企业可以采用发出存货成本的计价方法有（　　　　）。

A. 个别计价法　　　　　　　　　B. 先进先出法

C. 月末一次加权平均法　　　　　D. 移动加权平均法

【答案】　ABCD

【答案解析】　企业发出的存货如果采用实际成本核算,可以采用的发出存货成本的计价方法包括个别计价法、先进先出法、月末一次加权平均法和移动加权平均法等。

1. 个别计价法

个别计价法是指假设材料具体项目的实物流转与成本流转一致,按照各种材料逐一辨认各批发出材料和期末材料所属的购进批别或生产批别,分别按其购入或生产时所确定的单位成本计算各批发出材料和期末材料成本的一种方法。这种方法将每一种材料的实际成本作为计算发出材料成本和期末材料成本的基础。

个别计价法的优缺点及适用范围见表3-2。

表3-2 个别计价法的优缺点及适用范围

优点	成本计算准确,符合实际情况
缺点	在材料收发频繁的情况下,其分辨发出成本的工作量较大
适用范围	一般不能替代使用的材料、为特定项目专门购入或制造的材料,以及提供的劳务,如珠宝、名画等贵重物品

2. 先进先出法

先进先出法是指以先购入的材料应先发出(销售或耗用)这样一种材料实物流动假设为前提,对发出材料进行计价的一种方法。采用这种方法时,先购入的材料成本在后购入材料成本之前转出,据此确定发出材料和期末材料的成本。

先进先出法具体如下:收入材料时,逐笔登记收入材料的数值、单价和金额;发出材料时,按照先进先出的原则,逐笔登记材料的发出成本和结存金额。

先进先出法的优缺点及适用范围如表3-3所示。

表3-3 先进先出法的优缺点及适用范围

优点	可以随时结转存材料发出成本
缺点	比较烦琐;在材料收发业务较多,且材料单价不稳定时,其工作量较大
适用范围	物价基本稳定,材料收发业务频率不高

先进先出法,在物价持续上升时,期末材料成本接近于市价,而发出成本偏低,会高估企业当期利润和库存材料价值;反之,在物价持续下降时,会低估企业材料价值和当期利润。

3. 月末一次加权平均法

月末一次加权平均法是指以本月全部购进材料数量加上月初材料数量作为权数,去除本月全部购进材料成本加上月初材料成本,计算出材料的加权平均单位成本,以此为基础计算本月发出材料的成本和期末结存材料的成本的一种方法。其计算公式如下:

$$加权平均单位成本 = \frac{(期初库存材料实际成本 + 本期购入材料实际成本)}{(期初库存材料数量 + 本期购入材料数量)}$$

$$本月发出材料成本 = 本月发出材料数量 \times 加权平均单位成本$$

$$月末库存材料成本 = 月末库存材料数量 \times 加权平均单位成本$$

或:

月末库存材料成本 = 月初库存材料成本 + 本期购入材料成本 - 本月发出材料成本

月末一次加权平均法的优缺点及适用范围如表3-4所示。

表 3-4　　　　　　　　　　　　月末一次加权平均法的优缺点及适用范围

优点	可以简化成本计算工作
缺点	由于月末一次计算加权平均单价和发出材料成本,故其不便于进行材料成本的日常管理与控制
适用范围	各期材料成本变动不大,材料品种较少,收发次数较少,且前后收入、材料单位成本相差较大的企业

【例 3-4】　企业采用月末一次加权平均法计算发出材料成本,在本月有材料入库的情况下,物价上涨时,当月月初发出材料的单位成本小于月末发出材料的单位成本。　（　　　）

【答案】　×

【答案解析】　采用月末一次加权平均法计算发出存货成本,企业只需在月末计算加权平均单价和发出存货成本,因此,当月发出存货单位成本相同,即月初与月末发出存货单位成本相等。本题表述错误。

4. 移动加权平均法

移动加权平均法是指以每次购进材料的成本加上原有结存材料的成本的合计额,除以每次购进材料数量加上原有结存材料的数量的合计数,据以计算加权平均单位成本,作为在下次购进材料前计算各次发出材料成本依据的一种方法。其计算公式如下:

$$材料单位成本 = \frac{（原有结存材料成本 + 本次购入材料的成本）}{（原有结存材料数量 + 本期购入材料数量）}$$

本次发出材料成本 = 本次发出材料数量 × 本次发出材料前材料的单位成本

本月月末结存材料成本 = 月末结存材料数量 × 本月月末材料单位成本

或:

本月月末结存材料成本 = 月初结存材料成本 + 本月收入材料成本 - 本月发出材料成本

移动加权平均法的优缺点及适用范围见表 3-5。

表 3-5　　　　　　　　　　　移动加权平均法的优缺点及适用范围

优点	能够使企业管理层及时了解材料的结存情况,计算的平均单位成本以及发出和结存的材料成本比较客观
缺点	由于每次购进材料都要计算一次平均单位成本,计算工作量较大,故对收发材料较为频繁的企业不太适用
适用范围	成本简单、收发次数较少的材料

第二节　实际成本法核算

材料的日常收入、发出及结存既可以采用实际成本核算,也可以采用计划成本核算。采用实际成本核算,对于材料的收入、发出及结存,无论总分类核算还是明细分类核算,均按照实际成本计价,不存在成本差异的计算与结转等问题,具有方法简单、核算程序简便易行等优点。但是采用实际成本核算,日常不能直接反映材料成本的节约或超支情况,不便于对材料等及时实施监督管理,不便于反映和考核材料物资采购、储存及其耗用等业务对经营成果的影响。因此,这种方法通常适用于材料收发业务较少、监督管理要求不高的企业。在会计实务工作中,材料收发业务较多,监督管理复杂且要求较高、计划成本资料较为健全、准确的企业,一般可以采用计划成本进行材料收入、发出的核算。

一、实际成本核算方式下会计科目的设置

企业采用实际成本核算,主要应设置的会计科目有"原材料""在途物资""应付账款"等。

"原材料"科目核算企业库存各种材料的收入、发出与结存情况。其借方登记入库材料的实际成本,贷方登记发出材料的实际成本,期末余额在借方,反映企业库存材料的实际成本。

"原材料"科目应按照材料的保管地点(仓库),材料的类别、品种和规格等设置明细账进行明细核算。

"在途物资"科目核算企业采用实际成本(进价)进行材料、商品等物资的日常核算,价款已付尚未验收入库的各种物资(即在途物资)的采购成本。其借方登记企业购入的在途物资的实际成本,贷方登记验收入库的在途物资的实际成本,期末余额在借方,反映企业在途物资的采购成本。"在途物资"科目应按照供应单位和物资品种设置明细账进行明细核算。

"应付账款"科目核算企业因购买材料、商品或接受劳务等经营活动应支付的款项。其贷方登记企业因购买材料、商品或接受劳务等尚未支付的款项,借方登记支付的应付账款,期末余额一般在贷方,反映企业尚未支付的应付账款。"应付账款"科目应按照债权人设置明细科目进行明细核算。

二、实际成本核算方式下原材料的账务处理

1. 购入材料

由于支付方式不同,原材料入库的时间与付款的时间可能一致,也可能不一致,在账务处理上也是不同的。实际成本核算方式下企业购入材料的账务处理如表3-6所示。

表 3-6　　　　　　　实际成本核算方式下企业购入材料的账务处理

序号	业　务	账务处理
1	材料已验收入库,货款已支付或已开出、承兑商业汇票	借:原材料 　　应交税费——应交增值税(进项税额) 　贷:银行存款/应付票据等

（续表）

序号	业　务	账务处理
2	货款已经支付或已开出、承兑商业汇票,材料尚未到达或尚未验收入库	借：在途物资 　　应交税费——应交增值税（进项税额） 　　贷：银行存款/应付票据等 材料验收入库： 借：原材料 　　贷：在途物资
3	材料已经验收入库,货款尚未支付	借：原材料 　　应交税费——应交增值税（进项税额） 　　贷：应付账款
提示	发票账单未到难以确定实际成本时,期末应按照暂估价值先入账,在下月月初,用红字冲销原暂估入账金额,待收到发票账单后再按照实际金额记账 即对于材料已到达并已验收入库,但发票账单等结算凭证未到,货款尚未支付的采购业务,应于期末按材料的暂估价值： 借：原材料 　　贷：应付账款——暂估应付账款 下月月初,用红字冲销原暂估入账金额,以便下月付款或开出、承兑商业汇票后,按正常程序处理： 借：原材料 　　应交税费——应交增值税（进项税额） 　　贷：银行存款/应付票据等
4	货款已经预付,材料尚未验收入库	（1）预付账款时： 借：预付账款 　　贷：银行存款 （2）材料入库时： 借：原材料 　　应交税费——应交增值税（进项税额） 　　贷：预付账款 （3）补付货款时： 借：预付账款 　　贷：银行存款

【例 3-5】　甲公司购入 C 材料一批,增值税专用发票上注明的价款为 500 000 元,增值税额为 65 000 元,款项已用转账支票付讫,材料已验收入库。甲公司为增值税一般纳税人,采用实际成本进行材料日常核算,应编制会计分录如下：

借：原材料——C 材料　　　　　　　　　　　　　　　　　　　　　　500 000
　　应交税费——应交增值税（进项税额）　　　　　　　　　　　　　 65 000
　　贷：银行存款　　　　　　　　　　　　　　　　　　　　　　　　　　565 000

上述业务属于发票账单与材料同时到达的采购业务,企业材料已验收入库,因此,应通过"原材料"科目核算,对于增值税专用发票上注明的可抵扣的进项税额,应借记"应交税费——应交增值税(进项税额)"科目。

【例 3-6】 甲公司以银行汇票 1 808 000 元购入 D 材料一批,增值税专用发票上注明的价款为 1 600 000 元,增值税额为 208 000 元,材料已验收入库。甲公司为增值税一般纳税人,采用实际成本进行材料日常核算,应编制会计分录如下:

借:原材料——D 材料	1 600 000
应交税费——应交增值税(进项税额)	208 000
贷:其他货币资金——银行汇票	1 808 000

2. 发出材料

在实际成本核算方式下,企业发出材料成本的计价方法包括个别计价法、先进先出法、月末一次加权平均法和移动加权平均法等。实际成本核算方式下企业发出材料的账务处理如表 3-7 所示。

表 3-7　　　　　　　　实际成本核算方式下企业发出材料的账务处理

序号	业　务	账务处理
1	生产、经营领用材料,应当按照领用材料的用途和实际成本	借:生产成本(直接材料成本) 　　制造费用(间接材料成本) 　　销售费用(销售部门或环节消耗) 　　管理费用(管理部门或环节消耗) 　　研发支出(研发环节消耗) 　　委托加工物资(发出加工材料)等 　贷:原材料
2	出售材料结转成本	借:其他业务成本 　贷:原材料
3	发出委托外单位加工的材料	借:委托加工物资 　贷:原材料

企业各生产单位及有关部门领用的材料具有种类多、业务频繁等特点。为了简化核算,企业可以在月末根据"领料单"或"限额领料单"中有关领料的单位、部门等进行归类,编制"发料凭证汇总表",据以编制记账凭证、登记入账。关于发出材料实际成本的确定方法,企业可以从上述个别计价法、先进先出法、月末一次加权平均法、移动加权平均法等方法中进行选择。计价方法一经确定,企业不得随意变更。如需变更,企业应在附注中予以说明。

【例 3-7】 甲公司库存材料采用实际成本法核算,按先进先出法计算发出材料成本。2024 年 3 月 1 日,结存 B 材料 3 000 千克,每千克实际成本为 10 元;3 月 4 日和 3 月 20 日,分别购入该材料 9 000 千克和 6 000 千克,每千克实际成本分别为 11 元和 12 元;3 月 10 日和 3 月 25 日,分别发出 B 材料 10 500 千克和 6 000 千克,全部用于生产车间生产产品。B 材料 3 月份发出和结存成本计算结果如下:

3 月 10 日发出 B 材料成本 = 3 000 × 10 + 7 500 × 11 = 112 500(元)

3月25日发出B材料成本＝(9 000－7 500)×11＋4 500×12＝70 500(元)

3月份发出B材料成本合计＝112 500＋70 500＝183 000(元)

3月份结存B材料成本合计＝(6 000－4 500)×12＝18 000(元)

甲公司根据计算结果,编制会计分录如下:

(1) 3月10日,发出B材料时:

借:生产成本——基本生产成本　　　　　　　　　　　　　　　　　　　　112 500

　　贷:原材料——B材料　　　　　　　　　　　　　　　　　　　　　　　　112 500

(2) 3月25日,发出B材料时:

借:生产成本——基本生产成本　　　　　　　　　　　　　　　　　　　　70 500

　　贷:原材料——B材料　　　　　　　　　　　　　　　　　　　　　　　　70 500

第三节　计划成本法核算

一、计划成本核算方式下的会计科目设置

采用计划成本核算材料,材料的收入、发出及结存,无论是总分类核算还是明细分类核算,均按照计划成本计价。企业应设置的会计科目有“原材料”“材料采购”“材料成本差异”等。材料实际成本与计划成本的差异,通过“材料成本差异”科目核算。月末,企业计算本月发出材料应负担的成本差异并进行分摊,根据领用材料的用途计入相关资产的成本或者当期损益,从而将发出材料的计划成本调整为实际成本。

采用计划成本核算材料,“原材料”科目的借方登记入库材料的计划成本,贷方登记发出材料的计划成本,期末余额在借方,反映企业库存材料的计划成本。

“材料采购”科目借方登记采购材料的实际成本,贷方登记入库材料的计划成本。借方金额大于贷方金额表示超支,从“材料采购”科目贷方转入“材料成本差异”科目的借方;贷方金额大于借方金额表示节约,从“材料采购”科目借方转入“材料成本差异”科目的贷方;期末如为借方余额,反映企业在途材料的实际采购成本。

“材料成本差异”科目反映企业已入库各种材料的实际成本与计划成本的差异,其借方登记超支差异及发出材料应负担的节约差异,贷方登记节约差异及发出材料应负担的超支差异。期末如为借方余额,反映企业库存材料的实际成本大于计划成本的差异(即超支差异);如为贷方余额,反映企业库存材料实际成本小于计划成本的差异(即节约差异)。

原材料按计划成本核算,设置的主要会计科目及对应关系如图3-1所示。

二、计划成本核算方式下原材料的账务处理

1. 购入材料

在计划成本核算方式下,企业购入材料的账务处理如表3-8所示。

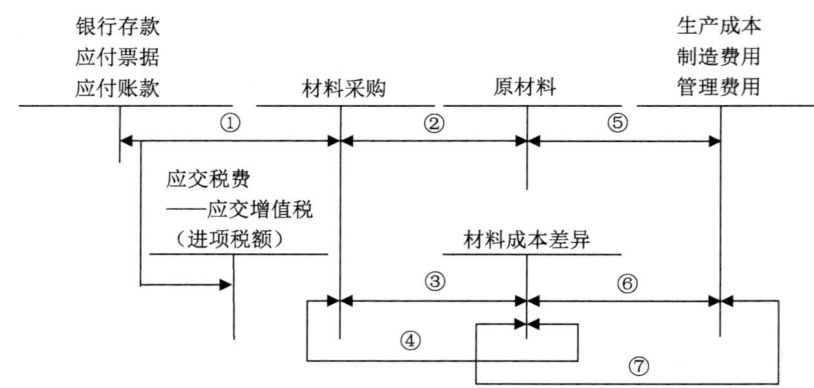

图 3-1　原材料按计划成本核算所设置的主要会计科目及对应关系

　　注：①采购材料结算货款和增值税额；②原材料验收入库按计划成本入账；③超支差异由"材料采购"科目贷方结转记入"材料成本差异"科目的借方；④节约差异由"材料采购"科目的借方结转记入"材料成本差异"科目的贷方；⑤发出原材料；⑥结转发出原材料的超支差异，将生产成本等调整为实际成本；⑦结转发出原材料的节约差异，将生产成本等调整为实际成本。

表 3-8　　　　　　　　　　计划成本核算方式下企业购入材料的账务处理

序号	业务	账务处理
1	货款已经支付，同时材料验收入库	借：材料采购 　　应交税费——应交增值税（进项税额） 　　　贷：银行存款 同时： 借：原材料 　　　贷：材料采购 结转材料成本差异时： 借：材料采购 　　　贷：材料成本差异 或进行相反的业务处理
	说明： 实务中"材料成本差异"科目，既可以逐笔结转，也可以月末一次结转 在计划成本法下，购入的材料无论是否验收入库，都要先通过"材料采购"科目进行核算，以反映企业所购材料的实际成本，从而与"原材料"科目相比较，计算确定材料成本差异	
2	货款已经支付，材料尚未验收入库	借：材料采购 　　应交税费——应交增值税（进项税额） 　　　贷：银行存款

（续表）

序号	业　务	账务处理
3	货款尚未支付,材料已经验收入库	借:材料采购 　　应交税费——应交增值税(进项税额) 　　贷:应付票据(应付账款) 同时: 借:原材料 　　贷:材料采购 结转材料成本差异: 借:材料采购 　　贷:材料成本差异 或进行相反的业务处理
提示		对于尚未收到发票账单的收料凭证,月末应按计划成本暂估入账: 借:原材料等 　　贷:应付账款——暂估应付账款 下月月初,用红字予以冲回: 借:原材料(红字) 　　贷:应付账款——暂估应付账款(红字)。 企业购入验收入库的材料,按计划成本: 借:原材料 　　贷:材料采购 按实际成本大于计划成本的差异: 借:材料成本差异 　　贷:材料采购 按实际成本小于计划成本的差异: 借:材料采购 　　贷:材料成本差异 在实务中,企业也可以集中在月末一次性对本月已付款或已开出并承兑商业汇票的入库材料汇总核算,记入"原材料"科目,同时结转材料成本差异

【例3-8】　乙公司为增值税一般纳税人,购入 L 材料一批,增值税专用发票上注明的价款为 3 000 000 元,增值税额为 390 000 元,发票账单已收到,计划成本为 3 200 000 元,材料已验收入库,全部款项以银行存款支付。乙公司采用计划成本进行材料日常核算,编制会计分录如下:

借:材料采购——L 材料　　　　　　　　　　　　　　　　　　　　　　　　3 000 000

　　应交税费——应交增值税(进项税额)　　　　　　　　　　　　　　　　　390 000

　　　　贷:银行存款　　　　　　　　　　　　　　　　　　　　　　　　　　3 390 000

同时：

借：原材料——L材料 3 200 000

  贷：材料采购——L材料 3 200 000

结转材料成本差异时：

借：材料采购——L材料 200 000

  贷：材料成本差异——L材料 200 000

2. 发出材料

在计划成本核算方式下，企业发出材料的账务处理如表3-9所示。

表3-9 计划成本核算方式下企业发出材料的账务处理

序号	业务	账务处理

1	生产、经营领用材料，应当按照领用材料的用途和计划成本	借：生产成本
		  制造费用
		  销售费用
		  管理费用
		  贷：原材料

2	出售材料结转成本	借：其他业务成本 贷：原材料
3	发出委托外单位加工的材料	借：委托加工物资 贷：原材料

在实务中，为了简化核算，企业平时发出原材料不编制会计分录其通常在月末，根据领料单等编制"发料凭证汇总表"结转发出材料的计划成本，按计划成本分别记入"生产成本""制造费用""销售费用""管理费用""其他业务成本""委托加工物资"等科目，贷记"原材料"科目，同时结转材料成本差异。

根据《企业会计准则第1号——存货》的规定，企业日常采用计划成本核算的，发出的材料成本应由计划成本调整为实际成本，通过"材料成本差异"科目进行结转，按照所发出材料的用途，分别记入"生产成本""制造费用""销售费用""管理费用""其他业务成本""委托加工物资"等科目，发出材料应负担的成本差异应当按期（月）分摊，不得在季末或年末一次计算。年度终了，企业应对材料成本差异率进行核实调整。

材料成本差异率的计算公式如下：

$$\text{本月材料成本差异率} = \left(\text{月初结存材料的成本差异} + \text{本月验收入库材料的成本差异}\right) \div \left(\text{月初结存材料的计划成本} + \text{本月验收入库材料的计划成本}\right) \times 100\%$$

本月发出材料应负担的成本差异 ＝ 本月发出材料的计划成本 × 本月材料成本差异率

如果企业的材料成本差异率各期之间是比较均衡的，也可以采用期初材料成本差异率分摊本期的材料成本差异。其计算公式如下：

期初材料成本差异率＝期初结存材料的成本差异÷期初结存材料的计划成本×100％

发出材料应负担的成本差异＝发出材料的计划成本×期初材料成本差异率

【例3-9】 乙公司为增值税一般纳税人，根据"发料凭证汇总表"的记录，某月L材料的消耗(计划成本)为：基本生产车间领用2 000 000元、辅助生产车间领用600 000元、车间管理部门领用250 000元、企业行政管理部门领用50 000元。乙公司采用计划成本进行材料日常核算，编制会计分录如下：

借：生产成本——基本生产成本	2 000 000
——辅助生产成本	600 000
制造费用	250 000
管理费用	50 000
贷：原材料——L材料	2 900 000

【例3-10】 承[例3-8]和[例3-9]，乙公司为增值税一般纳税人，某月月初结存L材料的计划成本为1 000 000元，成本差异为超支30 740元；当月入库L材料的计划成本为3 200 000元，成本差异为节约200 000元。则：

材料成本差异率＝(30 740－200 000)÷(1 000 000＋3 200 000)×100％＝－4.03％

基本生产成本应分摊的材料成本差异节约额＝2 000 000×4.03％＝80 600(元)

辅助生产成本应分摊的材料成本差异节约额＝600 000×4.03％＝24 180(元)

制造费用应分摊的材料成本差异节约额＝250 000×4.03％＝10 075(元)

管理费用应分摊的材料成本差异节约额＝50 000×4.03％＝2 015(元)

结转发出材料的成本差异，乙公司应编制会计分录如下：

借：材料成本差异——L材料	116 870
贷：生产成本——基本生产成本	80 600
——辅助生产成本	24 180
制造费用	10 075
管理费用	2 015

职业基础知识测试

一、单项选择题

1. 甲公司为增值税一般纳税人，向乙公司销售一批商品，商品价款为20万元，增值税额为2.6万元；以银行存款支付代垫运费1万元，代垫保险费0.09万元，上述业务均已开具增值税专用发票，全部款项尚未收到。不考虑其他因素，甲公司应收账款的入账金额为( )万元。

A. 21.09　　　　B. 22.6　　　　C. 23.69　　　　D. 20

2. 下列各项中，不应计入企业存货采购成本的是( )。

A. 商品采购人员的差旅费

B. 支付的进口关税

C. 为达到下一生产阶段所必需的仓储费

D. 入库前的挑选整理费

3. 某企业为增值税小规模纳税人，购入原材料一批，所取得的增值税专用发票上注明的价款为 300 000 元，增值税额为 39 000 元，运输途中发生非合理损耗 500 元，材料已经验收入库。不考虑其他因素，该批材料的入账价值为(   )元。

　　A. 338 500　　　　B. 339 000　　　　C. 300 000　　　　D. 299 500

4. 某企业为增值税一般纳税人。该企业购入一批原材料，取得的增值税专用发票上注明的价款为 150 万元，增值税额为 19.5 万元；另支付运费 1 万元，增值税额为 0.09 万元。不考虑其他因素，该批原材料的入账成本为(   )万元。

　　A. 151　　　　　B. 170.59　　　　C. 169.5　　　　　D. 170.5

5. 某企业为增值税一般纳税人，本期购入一批商品 100 千克，进货价格为 100 万元，商品验收时发现短缺 25%，其中合理损失 15%，另 10% 的短缺无法查明原因。不考虑其他因素，该批商品的单位成本为(   )万元。

　　A. 1　　　　　　B. 1.4　　　　　C. 1.2　　　　　D. 1.25

6. 某企业采用先进先出法核算发出存货成本。2023 年 11 月，期初结存 M 材料 100 千克，每千克实际成本为 30 元；11 日，购入 M 材料 260 千克，每千克实际成本为 23 元；21 日，发出 M 材料 240 千克。不考虑其他因素，该企业发出 M 材料的成本为(   )元。

　　A. 5 986.67　　　B. 7 200　　　　C. 5 520　　　　　D. 6 220

7. 企业采用实际成本核算原材料，对于货款已付但尚未验收入库的在途材料，应记入的会计科目是(   )。

　　A.“在途物资”　　B.“原材料”　　C.“周转材料”　　D.“材料采购”

8. 某企业采用计划成本核算材料。2023 年 8 月 1 日，购入材料一批，取得的经税务机关认证的增值税专用发票上注明的价款为 30 万元，增值税额为 3.9 万元，计划成本为 32 万元。8 月 3 日，材料运达并验收入库。不考虑其他因素，下列关于材料入库的会计处理中，正确的是(   )。

A. 借：原材料　　　　　　　　　　　　　　　　320 000

　　贷：材料采购　　　　　　　　　　　　　　　　30 000

　　　　材料成本差异　　　　　　　　　　　　　　20 000

B. 借：原材料　　　　　　　　　　　　　　　　300 000

　　　　材料成本差异　　　　　　　　　　　　　　20 000

　　贷：材料采购　　　　　　　　　　　　　　　320 000

C. 借：原材料　　　　　　　　　　　　　　　　300 000

　　　　材料成本差异　　　　　　　　　　　　　　20 000

　　　　贷：在途物资　　　　　　　　　　　　　　320 000

D. 借：原材料　　　　　　　　　　　　　　　　300 000

　　贷：在途物资　　　　　　　　　　　　　　　300 000

9. 某工业企业为增值税小规模纳税人,其原材料采用计划成本核算,A 材料计划成本为每吨 20 元。该企业本期购进 A 材料 6 000 吨,收到的增值税专用发票上注明的价款总额为 102 000 元,增值税额为 13 260 元。另发生运杂费 1 400 元,途中保险费用 359 元。原材料运抵企业后验收入库原材料 5 995 吨,运输途中发生合理损耗 5 吨。不考虑其他因素,则购进 A 材料的成本差异为(　　)元。

　　A. 4 640 　　　　　B. −2 881 　　　　　C. 18 000 　　　　　D. 17 900

10. 某企业原材料采用计划成本核算,月初结存材料计划成本为 30 万元,材料成本差异为节约 2 万元。当月购入材料的实际成本为 110 万元,计划成本为 120 万元,发出材料的计划成本为 100 万元。不考虑其他因素,该企业月末结存材料的实际成本为(　　)万元。

　　A. 49 　　　　　B. 44 　　　　　C. 50 　　　　　D. 46

二、多项选择题

1. 下列各项中,应计入存货成本的有(　　)。

A. 委托加工物资收回后用于连续生产应税消费品(非金银首饰)的由受托方代收代缴的消费税

B. 委托加工物资收回后直接对外销售时由受托方代收代缴的消费税

C. 一般纳税人购进原材料可抵扣的增值税进项税额

D. 为特定客户设计产品所发生的、可直接认定的产品设计费

2. 某企业采用计划成本进行材料日常核算,下列各项中,应通过"材料成本差异"科目借方核算的有(　　)。

A. 发出材料应负担的超支差异　　　　B. 发出材料应负担的节约差异

C. 入库材料的超支差异　　　　　　　D. 入库材料的节约差异

3. 下列各项中,不会引起企业期末存货账面价值变动的有(　　)。

A. 已确认销售收入但尚未发出商品

B. 已发出商品但尚未确认销售收入

C. 已收到发票账单并付款但尚未收到材料

D. 发出原材料交由其他方代为加工

4. 可以计入产品成本的损耗情形包括(　　)。

A. 入库前的合理损耗　　　　　　　　B. 入库前的非合理损耗

C. 加工过程中产生的合理损耗　　　　D. 产品完工入库后的合理损耗

5. 原材料的发出计价方法主要包括(　　)。

A. 先进先出法　　　B. 后进先出法　　　C. 个别计价法　　　D. 一次加权平均法

三、判断题

1. 采购入库后的仓储费应计入管理费用。　　　　　　　　　　　　　　　　(　　)

2. 企业发生的产品设计费应计入存货成本。　　　　　　　　　　　　　　　(　　)

3. 购入材料在运输途中发生的合理损耗应从材料采购成本中扣除。　　　　　(　　)

4. 月末货到单未到的入库材料应按暂估价入账,并于下月初作相反分录予以冲回。

　　　　　　　　　　　　　　　　　　　　　　　　　　　　　　　　　　(　　)

5. 采用先进先出法核算发出存货成本的,在物价持续下降时,期末存货成本接近市价,而发出成本偏低,利润偏高。　　　　　　　　　　　　　　　　　　　　　　　　（　　）

6. 原材料采用实际成本核算的,无论其是否验收入库,都要先通过"在途物资"科目进行核算。　　　　　　　　　　　　　　　　　　　　　　　　　　　　　　　　（　　）

7. 原材料采用计划成本核算的,本期发出材料应负担的成本差异应按期（月）分摊结转。　　　　　　　　　　　　　　　　　　　　　　　　　　　　　　　　　　　　（　　）

四、计算分析题

1. 某企业采用先进先出法核算原材料。2024年3月1日,库存甲材料500千克,实际成本为3 000元;3月5日,购入甲材料1 200千克,实际成本为7 440元;3月8日,购入甲材料300千克,实际成本为1 830元;3月10日,发出甲材料900千克。

要求:不考虑其他因素,填写表3-10,计算该企业发出的甲材料实际成本。

表3-10　　　　　　　　　　　　　甲材料计算　　　　　　　　　　　　金额单位:元

日　期	摘要	数量（千克）	总成本	发出的实际成本
3月1日				
3月5日				
3月8日				
3月10日				

2. 某企业采用月末一次加权平均法核算发出材料成本。2024年6月1日,结存乙材料200件,单位成本35元;6月10日,购入乙材料400件,单位成本40元;6月20日,购入乙材料400件,单位成本45元;当月,发出乙材料600件。

要求:不考虑其他因素,结合表3-11,计算该企业6月发出乙材料的成本。

表3-11　　　　　　　　　　　　　乙材料计算　　　　　　　　　　　　金额单位:元

日　期	摘要	数量（件）	单位成本	总成本
6月1日				
6月10日				
6月20日				
月末采用月末一次加权平均法计算结果				

第四章

产品生产成本核算

◎ **【学习目标与知识要点】**

学习目标

掌握材料费用、职工薪酬、制造费用及辅助生产费用核算方法和账务处理,理解并区别停工损失与废品损失的核算范围,进而掌握生产费用在完工产品与在产品之间的分配方法和适用条件,为更好地从事会计核算工作奠定基础。

知识要点

1. 辅助生产费用分配方法
2. 生产费用在完工产品与在产品之间的分配方法

◎ **【思政园地】**

ERP 环境下的制造业成本核算的创新对策

ERP 在企业发展过程中具有十分重要的作用,在社会发展的全新时期,人们对制造业产品质量、生产成本及人工等要素也有了更高的关注度。在 ERP 环境下,相关制造企业需要有效整合采购、销售成本核算及生产等流程,并要有效共享财务数据资源。在具体操作层面,企业应注意以下几点要求。

一、坚持以成本战略为主导,采用主次分明的管理模式

在 ERP 环境下,相关制造企业需要对传统成本核算方法进行创新,并结合新的发展要求合理制定出全新的成本管理体系。具体来说,制造企业需要将管理会计和财务会计进行有效结合,并采用采购预算、销售及生产等控制方法。在全新的经济战略背景下,ERP 作为一种新型管理模式,需要企业在成本核算过程中合理协调与控制物力和人力,并要有效落实成本战略,对主次分明的管理模式进行创建。

二、制定科学的分配人工标准

相关制造企业在对ERP产品制造成本核算体系进行建立时,需要对各产品特性进行研究。例如,对某一产品进行生产时的岗位人工数和工时定额等。而针对非自动化产品生产模式,在生产该产品时,企业需要准确核定具体的工人数量、产品生产时间。ERP系统可以结合产品生产时的生产工时、数量和工人数,对产品本期总工时进行计算。此外,企业还可以采用产品本期总工时占全部产品的计算方法,对本期总工时比例进行明确,并对本月的全部人工费用进行合理分配。

三、将价值链作为主要成本核算的对象

在制造企业的整体经营活动中,需要有效贯穿价值链,同时在企业内部和企业之间也有相应的价值链存在。在ERP环境下,制造企业间的竞争不仅包括了生产、销售等部门竞争,而且还需要涉及客户、供应商等各环节的竞争。所以,此供应链不仅是一条物料链,同时也是一条增值链,相关制造企业间的竞争,主要是对价值链进行竞争的一个动态过程。制造企业需要以价值链作为相应的成本核算对象,对实际成本数据进行获取,并采取有效策略加以应对。

四、对成本会计核算流程进行重组

在ERP环境下,制造企业想要长期稳定发展,一方面需要有效扩大自身生产经营规模,提高产品附加值,另一方面还需要对企业成本管理进行科学控制,从而使企业自身的利润空间得到提高。随着社会的快速发展,制造企业的成本核算工作也有了更高要求,如果相关企业仍采用传统核算流程,则无法满足新时代发展需求。针对传统会计核算进行分析,多数业务的起点为会计凭证,容易忽略相关非经济事项信息,进而导致许多生产经济信息无法合理优化资源。所以,需要有效重组成本会计核算流程,通过ERP信息系统对物流、信息流及资金流等信息进行集成,多角度地对这些信息进行监督,从而有效控制成本会计信息。

五、将成本静态与动态相结合

在ERP环境下的制造企业,可以通过作业成本法的运用,在产品成本当中准确核算原材料、人工和制造等费用,实现成本静态和动态的有机结合,从而对作业单一的标准成本与实际成本投入的差异进行真实反映。成本的静态集成方法主要是指在投入生产过程中,需要对产品初始物料单以及工艺流程进行准确分析,从而对审计生产成本费用系数进行明确,并通过累加对不同作业标准成本进行获取。而成本的动态集成方法则是在实际生产中有效监控各个流程环节数据,并获取相关业务数据,在企业成本管理过程中汇总集成相关数据。相关人员可以通过ERP系统核算实际成本,从而有效提升成本核算效率。对此,相关制造企业需要有效结合静态和动态集成方法,从而为成本核算工作提供参考依据,促进企业自身的健康发展。

参考资料:柴壮.ERP环境下制造业成本核算探究[J].大众投资指南,2022(10):162-163.

第一节　材料费用的核算

一、材料费用核算概述

1. 材料的分类

材料按其在生产过程中的用途不同,可分为原材料及主要材料、辅助材料、外购半成品、燃料、修理用备件、周转材料等。

2. 科目设置

企业应相应设置"原材料""燃料""周转材料"(也可分设"周转材料——包装物""周转材料——低值易耗品")等科目。

3. 材料的计量与计价

1)材料消耗的原始记录

领用材料的原始凭证主要有领料单、限额领料单、领料登记表、退料单等。

2)材料消耗量的计算

发出材料数量的确定方法有永续盘存制(又称为账面结存制)和实地盘存制两种。在永续盘存制下,材料的购入、发出、结存均逐笔登记入账。其计算公式如式(4-1)所示。

$$期末结存量 = 期初结存量 + 本期购入量 - 本期消耗量 \qquad (4-1)$$

在实地盘存制下,平时只登记材料的购入,发出不入账,当期材料消耗量通过期末盘点后倒轧。其计算公式如式(4-2)所示。

$$本期耗用量 = 期初结存量 + 本期购入量 - 期末结存量 \qquad (4-2)$$

3)消耗材料的计价

第一,材料按计划成本计价。

科目设置:"原材料""材料采购""材料成本差异"。

材料实际成本、计划成本与成本差异的计算如式(4-3)至式(4-6)所示。

$$发出材料的实际成本 = 发出材料的计划成本 + 发出材料应负担的成本差异 \qquad (4-3)$$

$$发出材料的计划成本 = 材料实际消耗量 \times 单位计划成本 \qquad (4-4)$$

$$材料的成本差异率 = \frac{月初结存材料的成本差异 + 本月收入材料的成本差异}{月初结存材料的计划成本 + 本月收入材料的计划成本} \times 100\%$$

$$\qquad (4-5)$$

$$发出材料应负担的成本差异 = 发出材料的计划成本 \times 材料成本差异率 \qquad (4-6)$$

第二,材料按实际成本计价。

科目设置:"原材料""在途物资"。

材料一般分批分次购入,其单价并不一致。发出材料的成本可采用先进先出法、全月一次加权平均法、移动加权平均法、个别认定法等方法计算确定。

二、材料费用的分配核算

材料费用的分配就是按照材料用途把费用计入相关产品的成本中去。材料费用的分配方法主要有按质量、体积比例分配、按定额耗用量比例分配、按定额费用比例分配等。

1. 按质量、体积比例分配

在材料费用的耗用与产品质量或体积的相关性比较大的情况下,材料费用应按产品的质量比例或体积比例分配。其计算公式如式(4-7)和式(4-8)所示。

材料费用分配率＝各种材料实际费用总额÷各种产品的质量(或体积)之和　(4-7)

某种产品分配负担的材料费用＝该种产品的质量(或体积)×材料费用分配率(4-8)

【例4-1】 假定A、B两种产品领用主要材料483千克,每千克计划单价100元,共计48 300元。A产品的实际产量为20件,每件质量为150千克,B产品实际产量为30件,每件质量为400千克,现按产品质量比例分配A、B两种产品共同耗用的材料费用如表4-1所示。

表4-1　　　　　　　　　共同耗用的材料费用的分配

2023年3月31日　　　　　　　　　　　　　　金额单位:元

产品	实际产量(件)	单位产品质量(千克)	总质量(千克)	分配率	分配费用
①	②	③	④＝②×③	⑤＝⑥÷④	⑥＝④×⑤
A	20	150	3 000	3.22	9 660
B	30	400	12 000	3.22	38 640
合计			15 000		48 300

注:材料消耗量分配率＝48 300÷15 000＝3.22

2. 按定额耗用量比例分配

在材料消耗定额比较准确的情况下,原料和主要材料费用也可以按照产品的材料定额消耗量的比例进行分配。消耗定额是指单位产品可以消耗的数量限额;定额消耗量是指一定产量下按照消耗定额计算的可以消耗的数量。其计算公式如式(4-9)、式(4-10)和式(4-11)所示。

定额耗用量＝产品产量×单位产品消耗定额　　　　　　(4-9)

单位产品费用定额＝单位产品消耗定额×材料的计划单价　　(4-10)

定额费用＝产品产量×单位产品费用定额

或:　　　　　　＝定额耗用量×材料的计划单价　　　　　(4-11)

直接用于产品生产、有助于产品形成的辅助材料,如果是直接计入费用,应该直接记入各种产品成本的"直接材料"项目。但在一般情况下,辅助材料属于几种产品共同耗用的间接计入费用,需要采用间接分配的方法进行分配。对于耗用在原料和主要材料上的辅助材料,如油漆、染料、电镀材料等,应按原料和主要材料耗用量的比例进行分配;对于与产品产量直接有联系的辅助材料,如某些包装材料,可按产品产量比例进行分配。在辅助材料消耗定额比较准确的情况下,也可按照产品定额消耗量或定额费用的比例分配辅助材料费用。

按材料定额消耗量比例分配材料费用的计算如式(4-12)至式(4-15)所示。

$$\text{某种产品材料定额消耗量} = \text{该种产品实际产量} \times \text{单位产品材料消耗定额} \qquad (4\text{-}12)$$

$$\text{材料消耗定额分配率} = \text{材料实际消耗量} \div \text{各种产品材料定额消耗量之和} \qquad (4\text{-}13)$$

$$\text{某种产品应分配的材料数量} = \text{该种产品的材料定额消耗量} \times \text{材料消耗量分配率}$$
$$(4\text{-}14)$$

$$\text{某种产品应分配的材料费用} = \text{该种产品应分配的材料数量} \times \text{材料单价} \qquad (4\text{-}15)$$

【例4-2】 假定 A、B 两种产品领用主要材料 483 千克,每千克计划单价 100 元,共计 48 300 元。A 产品的实际产量为 20 件,单位消耗定额为 80 千克;B 产品实际产量为 30 件,单位消耗定额为 100 千克。现按定额耗用量比例分配 A、B 两种产品共同耗用的材料费用如表 4-2 所示。

表 4-2 共同耗用的材料费用的分配

2023 年 3 月 31 日   金额单位:元

产品	实际产量(件)	单位消耗定额(千克)	总定额耗用量(千克)	分配率	分配费用
①	②	③	④=②×③	⑤=⑥÷④	⑥=④×⑤
A	20	80	1 600	10.5	16 800
B	30	100	3 000	10.5	31 500
合计			4 600		48 300

注:材料费用分配率=48 300÷4 600=10.5。

3. 按定额费用比例分配

在各种产品共同耗用原材料的种类较多的情况下,为了进一步简化分配计算工作,可以按照各种材料的定额费用比例分配材料实际费用。

费用定额和定额费用是消耗定额和定额消耗量的货币表现,其计算公式如式(4-16)和式(4-17)所示。

$$\text{单位产品费用定额} = \text{单位产品消耗定额} \times \text{材料的计划单价} \qquad (4\text{-}16)$$

$$\text{定额费用} = \text{产品产量} \times \text{单位产品费用定额}$$

或:
$$= \text{定额耗用量} \times \text{材料的计划单价} \qquad (4\text{-}17)$$

按定额费用分配的计算如式(4-18)、式(4-19)和式(4-20)所示。

$$\text{某种产品某种材料定额费用} = \text{该种产品实际产量} \times \text{单位产品该种材料费用定额} \qquad (4\text{-}18)$$

$$\text{材料费用分配率} = \text{各种材料实际费用总额} \div \text{各种产品各种材料定额费用之和} \qquad (4\text{-}19)$$

$$某种产品分配负担的材料费用 = 该种产品各种材料定额费用之和 \times 材料费用分配率 \qquad (4-20)$$

【例 4-3】 假定甲、乙两种产品领用 A、B 两种主要材料,共计 59 950 元。本月投产甲产品 200 件,乙种产品 100 件。甲产品的消耗定额为:A 材料 5 千克,B 材料 8 千克;乙产品的材料消耗定额为:A 材料 7 千克,B 材料 9 千克。A、B 两种材料的计划单价分别为 10 元和 15 元,分配计算如表 4-3 所示。

表 4-3

共同耗用材料费用分配表

2023 年 3 月 31 日

金额单位:元

产品	实际产量(件)	单位产品费用定额	总定额费用	分配率	分配费用
①	②	③	④=②×③	⑤=⑥÷④	⑥
甲	200	170	34 000	1.1	37 400
乙	100	205	20 500	1.1	22 550
合计			54 500		59 950

注:材料费用分配率=59 950÷54 500=1.1。

三、材料费用的账务处理

凡属产品生产直接耗用的材料费用,应尽可能直接计入有关产品的成本,直接记入"基本生产成本"科目的"直接材料"项目。

凡是几种产品共同耗用的材料费用,在领用时无法确定每种产品的耗用量,则需要按照一定的标准在各种产品之间进行分配,然后分别记入各有关产品的"直接材料"项目;对于生产车间中几种产品共同耗用的辅助材料、机物料等,不能视为直接材料费用,对这部分费用,先按照车间或部门归集,记入"制造费用"科目,再分配计入有关产品成本;对用于产品销售及组织和管理生产经营活动的材料费用,记入"销售费用"科目和"管理费用"科目有关的费用项目;对于建造固定资产的材料费用,记入"在建工程"科目等。

在实际工作中,原材料费用的分配是通过原材料费用分配表进行的。这种分配表应根据领退料凭证和有关资料编制。其中,退料凭证的数额可以从相应的领料凭证的数额中扣除。

【例 4-4】 现列举誉城公司原材料费用分配情况,如表 4-4 所示。

表 4-4

原材料费用分配表

誉城公司

2023 年 3 月

单位:元

应借科目		成本费用项目	直接计入	分配计入(分配率1.1)		原材料费用合计
				定额费用	分配金额	
生产成本	基本生产成本	甲产品	直接材料	82 000	34 000	37 400	119 400
		乙产品	直接材料	56 000	20 500	22 550	78 550
		小计		138 000	54 500	59 950	197 950

（续表）

应借科目		成本费用项目	直接计入	分配计入（分配率1.1）		原材料费用合计
				定额费用	分配金额	
生产成本	辅助生产成本 机修车间	直接材料	19 000			19 000
	运输车间					
	小计		19 000			19 000
制造费用	基本生产车间	机物料	6 100			6 100
	机修车间	机物料	3 200			3 200
	运输车间	机物料	1 000			1 000
	小计		10 300			10 300
销售费用		包装费	2 510			2 510
管理费用		其他	1 680			1 680
在建工程		材料费	3 210			3 210
合计			174 700		59 950	234 650

间接计入材料费用分配率＝59 950÷54 500＝1.1

根据表4-4，可编制会计分录如下：

```
借：生产成本——基本生产成本——甲产品                              119 400
                        ——乙产品                               78 550
    生产成本——辅助生产成本——机修车间                              19 000
    制造费用——基本生产车间                                         6 100
           ——机修车间                                            3 200
           ——运输车间                                            1 000
    销售费用                                                     2 510
    管理费用                                                     1 680
    在建工程                                                     3 210
    贷：原材料                                                              234 650
```

第二节　职工薪酬的核算

职工薪酬是企业为获得职工提供的服务而给予的各种形式的报酬及其他相关支出，是企业的成本费用。进行职工薪酬的核算，应审核企业应付给职工的各项薪酬是否符合国家有关规定，同时对发生的薪酬进行合理分配。

一、职工薪酬的组成

具体而言，职工薪酬主要包括以下几方面的内容。

1. 职工工资、奖金、津贴和补贴

职工工资、奖金、津贴和补贴是指按照国家统计局《关于职工工资总额组成的规定》列支的薪酬项目，包括计时工资、计件工资、支付给职工的超额劳动报酬和增收节支的劳动报酬，为了补偿职工特殊或额外的劳动消耗和因其他特殊原则支付给职工的津贴，以及为了保证职工工资水平不受物价影响支付给职工的物价补贴等。企业在职工因病、工伤、产假、计划生育假、婚丧假、事假、探亲假、定期休假、停止学习、执行国家或社会义务等特殊情况下，按照计时工资或计件工资标准等一定比例支付的工资，也属于职工工资范畴，在职工休假或缺勤时，不应当从工资中扣除。

2. 职工福利费

职工福利费是指企业为职工集体提供的福利，如生活困难职工补助等。

3. 社会保险费和公积金

社会保险费是指企业按照国家规定的基准和比例计算，向社会保险经办机构缴纳的医疗保险金、基本养老保险金、失业保险金、工伤保险费和生育保险费，以及根据《企业年金办法》《企业年金基金管理办法》等相关规定，向有关单位（企业年金基金账户管理人）缴纳的补充养老保险费。此外，以商业保险形式提供给职工的各种保险待遇也属于企业提供的职工薪酬。

住房公积金是指企业按照国家《住房公积金管理条例》规定的基准和比例计算，向住房公积金管理机构缴存的住房公积金。

4. 工会经费和职工教育经费

工会经费和职工教育经费是指企业根据国家规定的基准和比例，基于改善职工文化生活、提高职工业务素质的目的，从成本费用中提取的，用于开展工会活动、职工教育及职业技能培训的经费。

5. 非货币性福利

非货币性福利包括企业发放给职工的自产产品或其他有形资产、向职工提供的无偿使用自己拥有的资产使用权（如提供给企业高级管理人员的汽车使用权、住房使用权等）、为职工无偿提供商品或类似医疗保健等服务等。

6. 其他相关支出

其他职工薪酬包括辞退福利以及长期职工薪酬等。

在进行职工薪酬费用核算时，应划清工资总额组成与非工资总额组成的界限。例如，为生产工人购买劳动保护用品的支出属于劳动保护费，应作为制造费用计入产品成本。又如，职员出差的伙食补助和误餐补助，以及职工市内交通补助（属于差旅费），应作为期间费用开支。这些款项有的虽然随同工资发给职工，但都不属于工资总额的组成内容，不应计入工资费用。

二、职工薪酬的分配核算

职工薪酬费用的分配是指将企业职工的工资、福利等薪酬，作为一种费用，按照一定的标准将其分配计入各种产品成本、期间费用。

直接进行产品生产的生产工人薪酬,专门设有"直接人工"成本项目。其中,计件工资属于直接计入费用,应根据职工薪酬结算凭证直接计入某种产品成本的这一成本项目;计时工资一般属于间接计入费用,应按产品的生产工时(实际工时)比例,分配计入各有关产品成本的这一成本项目;奖金、津贴和补贴,以及特殊情况下支付的工资等,一般也属于间接计入费用,可按生产工时等比例,分配计入各有关产品成本的这一成本项目。

分配计算的公式如式(4-21)和式(4-22)所示。

生产薪酬费用分配率＝各种产品生产薪酬总额÷各种产品生产工时之和　　　(4-21)

某种产品应分配的生产薪酬＝该种产品生产工时×生产薪酬费用分配率　　　(4-22)

如果取得各种产品的实际生产工时数据比较困难,但各种产品的单件工时定额比较准确,则可以按产品的定额工时比例分配薪酬费用。其分配计算的公式如式(4-23)、式(4-24)和式(4-25)所示。

某种产品耗用的定额工时＝该种产品投产量×单位产品工时定额　　　(4-23)

生产薪酬费用分配率＝各种产品薪酬总额÷各种产品定额工时之和　　　(4-24)

某种产品应分配的生产薪酬＝该种产品定额工时×生产薪酬费用分配率　　　(4-25)

【例4-5】　誉城公司基本生产车间A、B两种产品,应付生产工人薪酬(包括计时工资、奖金、津贴和补贴)28 000元,规定按生产工时比例分配,这两种产品的生产工时为A产品500小时,B产品300小时,应分配计算如下:

生产薪酬费用分配率＝28 000÷(500＋300)＝35(元/小时)

A产品应分配生产薪酬＝500×35＝17 500(元)

B产品应分配生产薪酬＝300×35＝10 500(元)

三、职工薪酬的账务处理

直接进行产品生产的工人薪酬设有"直接人工"成本项目,应单独地记入"生产成本——基本生产成本"总账科目和所属明细账的借方。

直接进行辅助生产而设有"直接人工"成本项目的生产工人薪酬、间接进行基本生产和辅助生产而没有专项成本项目的职工薪酬、专设的销售部门人员薪酬、行政管理部门人员薪酬、用于固定资产购建工程的薪酬,以及应计入管理费用的长期病假人员薪酬等,则应分别记入"生产成本辅助生产成本""制造费用""销售费用""管理费用"和"在建工程"等总账科目和所属明细账的借方,已分配的薪酬总额,应记入"应付职工薪酬"科目的贷方。

企业应当设置应付职工薪酬明细账,按照职工类别分设账页,按照薪酬的组成内容分设专栏,根据"工资单"或"工资汇总表"进行登记。

薪酬费用的分配应通过职工薪酬费用分配表进行。

【例4-6】　以誉城公司为例,根据各车间、部门的薪酬费用分配表和全厂薪酬结算单等资料,汇总编制全厂薪酬费用分配表(又称薪酬费用分配汇总表),如表4-5所示。

表 4-5　　　　　　　　　　薪酬费用分配汇总表

誉城公司　　　　　　　　　　　2023 年 3 月　　　　　　　　　　单位：元

应借科目		成本或费用项目	生产工人薪酬	其他人员薪酬	薪酬合计
生产成本	基本生产成本	A 产品 直接人工	17 500		17 500
		B 产品 直接人工	10 500		10 500
		小计	28 000		28 000
	辅助生产成本	辅助生产车间 直接人工	19 500		19 500
制造费用		基本生产车间 薪酬		9 960	9 960
		辅助生产车间 薪酬		6 500	6 500
		小计		16 460	16 460
管理费用		行政管理部门 薪酬		13 100	13 100
		长期病假人员 薪酬		2 646	2 646
		小计		15 746	15 746
合计					79 706

根据表 4-5，应编制会计分录如下：

借：生产成本——基本生产成本——A 产品　　　　　　　　　　　17 500

　　　　　　　　　　　　　　——B 产品　　　　　　　　　　　10 500

　　生产成本——辅助生产成本　　　　　　　　　　　　　　　　19 500

　　制造费用——基本生产车间　　　　　　　　　　　　　　　　 9 960

　　　　　　——辅助生产车间　　　　　　　　　　　　　　　　 6 500

　　管理费用　　　　　　　　　　　　　　　　　　　　　　　　15 746

　　贷：应付职工薪酬　　　　　　　　　　　　　　　　　　　　　　79 706

第三节　辅助生产费用的核算

一、辅助生产费用概述

辅助生产是指主要为基本生产车间、企业行政管理部门等单位提供服务而进行的产品生产和劳务供应，有时也对外销售和供应。企业通常设立专门的辅助生产车间来组织辅助产品的生产和劳务的供应。

辅助生产车间发生的费用应由各受益的车间部门负担。辅助生产车间提供的产品和劳务绝大部分是为基本生产车间生产产品服务的，对外销售的很少。因此，辅助生产产品和劳务成本的高低，影响着基本生产产品成本和经营管理费用，只有辅助生产产品和劳务的成本确定以后，才能计算和确定基本生产的产品成本。正确、及时地归集辅助生产费用，计算辅助生产成本,分配辅助生产费用,对于正确、及时地计算基本生产成本和归集经营管理费用,节约费用、降低成本,具有重要的意义。

 **知识点链接**

辅助生产费用核算的特点

　　辅助生产费用的核算包括辅助生产费用的归集和辅助生产费用的分配两个方面。辅助生产费用按照辅助生产车间,以及产品和劳务类别归集的过程,也是辅助生产产品和劳务成本计算的过程。辅助生产费用的归集是为辅助生产费用的分配作准备,只有先把辅助生产费用归集起来,才能够对其进行分配。辅助生产费用的分配是指按照一定的标准和方法,将辅助生产费用分配到各受益单位或产品的过程。分配的及时性和准确性影响基本生产产品成本、经营管理费用及经营成果核算的及时性和准确性。辅助生产费用分配的核算是辅助生产费用核算的关键。

二、辅助生产费用的分配核算

　　分配辅助费用的方法很多,主要有直接分配法、交互分配法、代数分配法、计划成本分配法和顺序分配法。

　　无论采用何种分配方法,当期发生的全部辅助生产费用都要分配完毕,即“生产成本——辅助生产成本”科目无期末余额。

1. 直接分配法

　　直接分配法是指不考虑各辅助生产车间之间相互提供劳务或产品的情况,将各种辅助生产费用直接分配给辅助生产以外的各受益单位的一种方法。

　　直接分配法下费用分配率的计算式如式(4-26)所示。

$$\text{费用分配率} = \frac{\text{待分配的辅助生产费用}}{\text{接受分配的各外部单位耗用劳务数量之和}} \qquad (4\text{-}26)$$

　　【例 4-7】　假定誉城机械设备厂设有供水和供电两个辅助生产车间,主要为企业基本生产车间和行政管理部门提供服务。2023 年 9 月,供电车间本月发生的费用为 7 100 元,供水车间本月发生的费用为 32 361 元。该企业辅助生产车间发生的间接费用直接记入“生产成本——辅助生产成本”科目,各辅助生产车间提供的劳务及其消耗情况见表 4-6,采用直接分配法分配辅助生产费用。

表 4-6　　　　　　　　誉城机械设备厂辅助生产车间费用资料

2023 年 8 月

受益部门		供电数量(度)	供水数量(m^3)
辅助生产车间	供电		1 350
	供水	3 200	

(续表)

受益部门	供电数量(度)	供水数量(m³)
基本生产车间	16 150	8 594
行政管理部门	1 600	652
合计	20 950	10 596

采用直接分配法分配辅助生产费用如表4-7所示。

表4-7　　　　　　　辅助生产费用分配表(直接分配法)

2023年8月　　　　　　　　　　金额单位：元

项目		供电车间(度)	供水车间(m³)	合计
待分配辅助生产费用		7 100	32 361	39 461
供应辅助生产以外的劳务量		17 750	9 246	—
费用分配率(单位成本)		0.4	3.5	—
基本生产车间	耗用数量	16 150	8 594	
	分配金额	6 460	30 079	36 539
行政管理部门	耗用数量	1 600	652	
	分配金额	640	2 282	2 922
合计		7 100	32 361	39 461

其费用分配率的计算根据式(4-26)计算如下：

电费分配率＝7 100÷(20 950−3 200)＝0.40(元/度)

水费分配率＝32 361÷(10 596−1 350)＝3.5(元/m³)

采用直接分配法，各辅助生产费用只进行对外分配，且只分配一次，计算工作量最小。但其分配结果不够准确，只宜在辅助生产内部相互不提供劳务、产品或提供的劳务和产品不多，及不进行费用的交互分配对辅助生产成本和企业产品成本影响不大的情况下采用。

2. 交互分配法

交互分配法是指先根据各辅助生产车间、部门相互提供的劳务或产品的数量和交互分配前的费用分配率(单位成本)，进行第一次交互分配；再将各辅助生产车间、部门交互分配后的实际费用(即交互分配前的费用加上交互分配转入的费用，减去交互分配转出的费用)、对外提供劳务或产品的数量，在辅助生产车间、部门以外的各受益单位中进行分配的一种方法。

【例4-8】 按[例4-7]中的资料列示交互分配法的辅助生产费用分配如表4-8所示。

表 4-8 　　　　　　　　　　　　　辅助生产费用分配(交互分配法)

2023 年 8 月　　　　　　　　　　　　　　　　　　　　　金额单位：元

项目			交互分配			对外分配		
辅助生产车间名称			供电	供水	合计	供电	供水	合计
待分配费用			7 100.00	32 361.00	39 461.00			
劳务供应量			20 950.00	10 596.00				
费用分配率			0.338 9	3.054 0				
辅助车间耗用	辅助生产成本	供电车间 数量(度)		1 350.00				
		供电车间 金额		4 122.90	4 122.90			
		供水车间 数量(m³)	3 200.00					
		供水车间 金额	1 084.48		1 084.48			
		金额小计			5 207.38			
基本车间	制造费用	数量(度)				16 150.00	8 594.00	
		金额				9 224.53	27 254.84	36 479.37
管理部门	管理费用	数量(度)				1 600.00	652.00	
		金额				913.89	2 067.74	2 981.63
分配金额合计						10 138.42	29 323.58	39 461.00

分析：在上列辅助生产费用分配表中,交互分配的费用分配率,是根据待分配的辅助生产费用除以供应劳务的总数量计算求出的。

对内(交互)分配率计算如下：

电费分配率＝7 100÷20 950＝0.338 9(元/度)

水费分配率＝32 361÷10 596＝3.054(元/m³)

对外分配率计算如下：

电费分配率(单位成本)＝(7 100＋4 122.9－1 084.48)÷(20 950－3 200)

＝0.571 2(元/度)

水费分配率(单位成本)＝(32 361＋1 084.48－4 122.9)÷(10 596－1 350)

＝3.171 38(元/m³)

对外分配的费用分配率,根据对外分配费用除以对外供应劳务数量计算求出。

一方面,交互分配法由于辅助生产内部相互之间提供劳务全部进行了交互分配,提高了分配结果的准确性；另一方面,由于各种辅助生产费用都要计算两个费用分配率,进行两次分配,该分配方法增加了计算工作量。同时,由于交互分配的费用分配率是根据交互分配以前的待分配费用计算的,不是各辅助生产的实际单位成本,分配结果也不是很准确。

3. 代数分配法

代数分配法是指先根据解联立方程的原理,计算辅助生产劳务或产品的单位成本,再根据各受益单位(包括辅助生产内部和外部各单位)耗用的数量和单位成本分配辅助生产费用的一种方法。

【例 4-9】 将[例 4-7]中的资料按代数分配法分配辅助生产费用。

假设 x 为每度电的成本，y 为每立方米水的成本，建立联立方程式如下：

$$7\,100 + 1\,350 \times y = 20\,950 \times x$$

$$32\,361 + 3\,200 \times x = 10\,596 \times y$$

解得 $x = 0.546\,3$，$y = 3.219\,1$。

根据上列计算结果，编制代数分配法的辅助生产费用分配表如表 4-9 所示。

表 4-9　　　　　　　　　　辅助生产费用分配表(代数分配法)

2023 年 8 月　　　　　　　　　　　　　金额单位：元

项　目			供电车间	供水车间	合计
待分配辅助生产费用			7 100.00	32 361.00	39 461.00
劳务供应总量			20 950.00	10 596.00	
实际单位成本			0.546 3	3.219 1	
辅助生产车间	供电车间	数量(度)		1 350.00	
		金额		4 345.79	4 345.79
	供水车间	数量(m³)	3 200.00		
		金额	1 748.16		1 748.16
	小计				6 093.95
基本生产车间		数量(度)	16 150.00	8 594.00	
		金额	8 822.75	27 664.95	36 487.70
管理部门		数量(度)	1 600.00	652.00	
		金额	847.08	2 098.85	2 945.93
合计			11 417.99	34 109.59	45 527.58

注：表 4-9 中实际分配辅助生产费用合计 45 527.58 元与待分配费用 39 461 元不等，是由于辅助生产车间之间交互分配费用转账引起的。

采用代数分配法，分配结果相对准确。但在分配以前要解联立方程组，如果辅助生产车间、部门较多，则未知数较多，计算工作比较复杂。因此，这种方法适合计算工作已经实现电算化的企业采用。

4. 计划成本分配法

计划成本分配法又称内部结算价格分配法，是指按照计划成本将费用在各辅助生产车间进行分配和调整的一种方法。具体来说，就是根据各辅助生产车间为各受益车间和部门提供服务的数量，先按照计划单位成本分配给各受益车间和部门(包括受益的其他辅助生产车间)，再将各辅助生产车间发生的实际费用，加上其他辅助生产车间分配来的费用同按计划单位成本计算的分配数之间的差额，对辅助生产车间以外的受益单位进行追加分配，或将其差额全部计入企业管理费。

【例4-10】 将[例4-7]中的资料按计划成本分配法分配辅助生产费用。假设每度电的计划成本为0.6元,每立方米水的计划成本为3元,辅助生产成本差异全部计入管理费用。按计划成本分配法的辅助生产费用分配表如表4-10所示。

表4-10 　　　　　　　　辅助生产费用分配表(计划成本分配法)

2023年8月　　　　　　　　　　　　　　　　全额单位:元

项目			供电车间		供水车间		合计
			数量(度)	金额	数量(m³)	金额	
待分配费用				7 100		32 361	39 461
劳务供应量			20 950		10 596		
计划单位成本				0.6		3	
按计划成本分配	辅助生产车间	供电			1 350	4 050	4 050
		供水	3 200	1 920			1 920
		小计		1 920		4 050	5 970
	基本生产车间		16 150	9 690	8 594	25 782	35 472
	管理部门		1 600	960	652	1 956	2 916
	计划成本合计		12 570		31 788		44 358
辅助生产成本实际额			11 150		34 281		45 431
辅助生产成本差异			−1 420		2 493		1 073

注:表4-10中供电车间生产成本实际额为111 50元(7 100+4 050),供水车间生产成本实际额为34 281元(32 361+1 920)。

"在上列实际成本中,由于分配转入的费用(即4 050元与1 920元)是按计划单位成本计算的,因而这种实际成本不是完全的实际成本。"

采用按计划成本分配法,各种辅助生产费用只分配一次,而且劳务的计划单位成本是已经确定的,不必单独计算费用分配率,减轻了核算工作量。采用此种分配法,辅助生产的成本差异一般全部计入管理费用,各受益单位所负担的劳务费用都不包括辅助生产成本差异因素,因而该方法还便于考核和分析各受益单位的成本,有利于分清企业内部各单位的经济责任。但是采用这种分配方法,辅助生产劳务的计划单位成本必须比较准确且稳定才行。

5. 顺序分配法

顺序分配法是指各辅助生产车间之间的费用按照辅助生产车间受益多少的顺序依次排列,受益少的排列在前,先将费用分配出去并不再参加以后的费用分配,受益多的排列在后,后将费用分配出去的一种方法。这里受益的多少按照金额大小来确定。采用顺序分配法时,分配率的计算公式如下:

先分配的费用分配率(单位成本)=待分配的辅助生产费用总额÷辅助生产供应总量

$$
\begin{pmatrix} 后分配的费用 \\ 分配率(单位成本) \end{pmatrix} = \begin{pmatrix} 待分配的辅助 & + & 由其他辅助生产 \\ 生产费用总额 & & 车间分配来的费用 \end{pmatrix} \div
$$

$$
\begin{pmatrix} 辅助生产 & - & 先分配的辅助生产 \\ 供应总量 & & 部门耗用的劳务量 \end{pmatrix}
$$

【例 4-11】 将[例 4-7]中的资料按顺序分配法分配辅助生产费用。采用顺序分配法的辅助生产费用分配表如表 4-11 所示。

表 4-11　　　　　　　　　　　辅助生产费用分配表(计划成本分配法)

2023 年 8 月

金额单位:元

供水数量单位:m³

供电数量单位:度

项目	待分配费用	劳务供应量	分配率	分配金额					
				供电车间		基本生产车间		管理部门	
				数量	金额	数量	金额	数量	金额
供水车间	32 361	10 956	3.054 00	1 350	4 123	8 594	26 246.74	652	1 991.26
供电车间	11 223	17 750	0.632 28			16 150	10 211.35	1 600	1 011.65
合计					4 123		36 458.09		3 002.91

由表 4-11 可以很容易地算出,供水车间消耗供电车间提供电力的总费用为 1 280 元(3 200×0.4),供电车间消耗供水车间提供的水费总额为 4 725 元(1 350×3.5)。所以,供水车间受益少应先参加分配。水费分配率和电费分配率的计算公式如下:

水费分配率=32 361÷10 596=3.054(元/m³)

电费分配率=(7 100+4 123)÷(20 950-3 200)=0.632 28(元/度)

三、辅助生产费用的账务处理

1. 科目设置

为了对辅助生产车间的费用进行核算,企业应设立"生产成本——辅助生产成本"科目。该科目一般应按辅助生产车间设置明细账,若有需要,在车间下再按产品或劳务种类设三级明细账,账中按照成本项目或费用项目设立专栏进行明细核算。辅助生产发生的各项生产费用,应记入该科目的借方进行归集。

如果对辅助生产部门的制造费用单独核算,则需要设置"制造费用"科目,用来单独核算辅助生产部门的制造费用。

2. 辅助生产费用归集的账务处理

(1)设置"制造费用——辅助生产车间"科目。在生产成本——辅助生产成本明细账中设有专门成本项目的辅助生产费用,如原材料费用、动力费用、职工薪酬费用等,应记入生产成本——辅助生产成本总账和所属明细账相应成本项目的借方,其中,直接计入费用应直接记入,间接计入费用需分配记入:对于未专设成本项目的辅助生产费用,先通过"制造费用——辅助生产车间"科目归集,然后再从该科目的贷方直接转入(若为一种产品或劳务)或分配转入(若为多种产品劳务)"生产成本——辅助生产成本"科目的借方。

(2)不设置"制造费用——辅助生产车间"科目,生产成本——辅助生产成本总账和明细账内按成本费用项目设置专栏。发生的各种辅助生产费用,可直接记入或间接分配记入生产成本——辅助生产成本总账及所属明细账的相应成本费用项目。

3. 辅助生产费用分配的账务处理

辅助生产费用分配应作相应的会计处理,由基本生产车间生产的产品负担并专设成本项目的费用,直接记入"生产成本——基本生产成本"科目,由基本生产车间生产的产品负担并未专设成本项目的费用,记入"制造费用"科目,由其他辅助生产车间负担的费用,则应记入相应的"生产成本——辅助生产成本"科目。

4. 案例解析

上述四种辅助费用分配方法的账务处理如下:

(1)直接分配法。根据上述辅助生产费用分配表,应编制会计分录如下:

借:制造费用	36 539
管理费用	2 922
贷:生产成本——辅助生产成本——供电车间	7 100
——供水车间	32 361

(2)交互分配法。第一次分配(相互分配),应编制会计分录如下:

借:生产成本——辅助生产成本——供电车间	4 122.90
——供水车间	1 084.48
贷:生产成本——辅助生产成本——供水车间	4 122.90
——供电车间	1 084.48

第二次分配(对外分配),应编制会计分录如下:

借:制造费用	36 479.37
管理费用	2 981.63
贷:生产成本——辅助生产成本——供电车间	10 138.42
——供水车间	29 322.58

(3)代数分配法。根据上述辅助生产费用分配表,应编制会计分录如下:

借:生产成本——辅助生产成本——供电车间	4 345.79
——供水车间	1 748.16
制造费用	36 487.70
管理费用	2 945.93
贷:生产成本——辅助生产成本——供电车间	11 417.99
——供水车间	34 109.59

(4)计划分配法。根据上述辅助生产费用分配表,应编制会计分录如下:

借：生产成本——辅助生产成本——供电车间　　　　　　　　　　　　　4 050
　　　　　　　　　　　　　　　　——供水车间　　　　　　　　　　　　　1 920
　　制造费用　　　　　　　　　　　　　　　　　　　　　　　　　　　　35 472
　　管理费用　　　　　　　　　　　　　　　　　　　　　　　　　　　　 2 916
　　贷：生产成本——辅助生产成本——供电车间　　　　　　　　　　　12 570
　　　　　　　　　　　　　　　　　——供水车间　　　　　　　　　　　31 788

借：管理费用　　　　　　　　　　　　　　　　　　　　　　　　　　　 1 073
　　生产成本——辅助生产成本——供电车间　　　　　　　　　　　　 1 420
　　贷：生产成本——辅助生产成本——供水车间　　　　　　　　　　　 2 493

（5）顺序分配法。分配水费时,应编制会计分录如下：

借：生产成本——辅助生产成本——供电车间　　　　　　　　　　 4 123.00
　　制造费用　　　　　　　　　　　　　　　　　　　　　　　　26 246.74
　　管理费用　　　　　　　　　　　　　　　　　　　　　　　　 1 991.26
　　贷：生产成本——辅助生产成本——供水车间　　　　　　　　32 361.00

分配电费时：

借：制造费用　　　　　　　　　　　　　　　　　　　　　　　　10 211.35
　　管理费用　　　　　　　　　　　　　　　　　　　　　　　　 1 011.65
　　贷：生产成本——辅助生产成本——供电车间　　　　　　　　11 223.00

第四节　制造费用的核算

一、制造费用的内容

　　制造费用是指工业企业为生产产品（或提供劳务）而发生的,应计入产品成本但没有专设成本项目的各项生产费用。制造费用的内容比较复杂,通常除直接材料、直接人工等直接费用外,其他各种构成产品成本的费用几乎都是制造费用。

　　制造费用的费用项目一般应该包括职工薪酬、折旧费、办公费、差旅费、水电费、租赁费、机物料消耗、劳动保护费、保险费、季节性和修理期间停工损失等。为了使各期成本、费用资料可比,制造费用项目一经确定,不应随意变更。

二、制造费用的分配核算

　　制造费用分配的方法一般分为按生产工人工资分配法、按生产工人工时分配法、按机器工时分配法、按耗用原材料的数量或成本分配法、按直接成本（原材料、燃料、动力、生产工人工资及应提取的福利费之和）分配法、按产品产量分配法和按年度计划分配率分配法,具体采用哪一种分配方法,由企业自行决定。分配方法一经确定,不得随意变更。如需变更,应当在会计报表附注中加以说明。

在成本核算实务中,制造费用的分配标准一般如下:

(1)直接人工工时,即各受益对象所耗费的生产工人工时数,可以是实际工时,也可以是定额工时。

(2)直接人工成本,即各受益对象所发生的直接人工成本数。

(3)机器工时,即各受益对象所消耗的机器工时数,可以是实际工时,也可以是定额工时。

(4)直接材料成本或数量,即各受益对象所耗用的直接材料成本或数量。

(5)直接成本,即各受益对象所耗用的直接材料成本和直接人工成本之和。

(6)标准产量,即将各产品实际产量换算成标准产量,以各产品的标准产量数作为分配标准。

最常见的分配标准包括直接人工实际工时比例分配法、机器工时比例分配法和直接人工成本比例分配法。

1. 直接人工实际工时比例分配法

直接人工实际工时比例分配法是按照各种产品所用生产工人实际工时的比例分配制造费用的一种方法。其分配的计算如式(4-27)和式(4-28)所示。

$$制造费用分配率=制造费用总额÷各种产品生产工人工时总数 \qquad (4-27)$$
$$某种产品应负担的制造费用=该产品的生产工时数×分配率 \qquad (4-28)$$

【例4-12】 誉城公司某基本生产车间同时生产A、B两种产品,本期发生制造费用144 000元,A产品生产工人工时为72 000小时,B产品生产工人工时为48 000小时,A、B产品各自应分配的制造费用计算如下:

制造费用分配率=144 000÷(72 000+48 000)=1.2(元/小时)

A产品应分配的制造费用=72 000×1.2=86 400(元)

B产品应分配的制造费用=48 000×1.2=57 600(元)

按照直接人工实际工时比例分配法编制的制造费用分配表,如表4-12所示。

表4-12   制造费用分配表

车间:基本生产车间   金额单位:元

应借科目	生产工人工时(小时)	分配率	分配金额
生产成本——基本生产成本——A产品	72 000	1.2	86 400
——B产品	48 000	1.2	57 600
合计	120 000		144 000

按照直接人工实际工时比例分配制造费用,可以使产品负担制造费用的多少与劳动生产率的高低联系起来,是较为常见的一种分配方法。但是,如果生产单位生产的各种产品的工艺过程机械化程度差异较大,采用生产工时作为分配标准,会使工艺过程机械化程度较低的产品(耗用生产工时多)负担过多的制造费用,导致分配结果不合理。这种方法适用于机械化程度较低,或生产单位内各种产品机械化生产程度大致相同的单位。

2. 机器工时比例分配法

机器工时比例分配法是以各种产品生产所用机器设备的运转时间的比例作为分配标准分配制造费用的一种方法。其分配的计算如式(4-29)和式(4-30)所示。

$$制造费用分配率＝制造费用总额÷各种产品耗用机器工时之和 \qquad (4-29)$$
$$某种产品应负担的制造费用＝该产品的生产耗用机器工时数×分配率 \qquad (4-30)$$

【例4-13】 誉城公司某基本生产车间生产C、D两种产品，共同发生制造费用为36 000元，C产品耗用机器工时数为4 800小时，D产品耗用机器工时数为4 200小时。C、D产品各自应分配的制造费用计算如下：

制造费用分配率＝36 000÷(4 800＋4 200)＝4(元/小时)

C产品应分配的制造费用＝4 800×4＝19 200(元)

D产品应分配的制造费用＝4 200×4＝16 800(元)

这种方法适合于对机械化、自动化程度较高的车间制造费用的分配。因为机械化、自动化程度低的产品，一般要比机械化、自动化程度高的产品耗用的机器工时多，制造费用负担了过多的机器设备折旧和修理费用。对机械化、自动化程度较高的车间的制造费用分配采用机器工时的标准比较合理。

3. 直接人工成本比例分配法

直接人工成本比例分配法是以直接计入各种产品成本的生产工人实际工资的比例作为分配标准分配制造费用的一种方法。其分配的计算如式(4-31)和式(4-32)所示。

$$制造费用分配率＝制造费用总额÷各种产品生产工人工资总额 \qquad (4-31)$$
$$某种产品应负担的制造费用＝该产品的生产工人工资总额×分配率 \qquad (4-32)$$

【例4-14】 誉城公司某基本生产车间同时生产甲、乙两种产品，本期共发生制造费用900 000元，本期甲产品生产工人工资为760 000元，乙产品生产工人工资740 000元，甲、乙产品各自应分配的制造费用如下：

制造费用分配率＝900 000÷(760 000＋740 000)＝0.6

甲产品应分配的制造费用＝760 000×0.6＝456 000(元)

乙产品应分配的制造费用＝740 000×0.6＝444 000(元)

生产工人工资资料比较容易取得，因此采用这种标准进行分配比较简便。但是这种方法使用的前提是各种产品生产的机械化程度或需要生产工人的操作技能大致相同。否则，机械化程度低(用工多，生产工人工资费用高)的产品，或需要生产工人操作技能高的产品，也负担较多的制造费用，显然是不合理的。

 **知识点链接**

选取制造费用分配标准原则

(1) 共有性，即各应承担制造费用的对象都具有该分配标准的资料。

(2) 比例性，即分配标准与制造费用之间存在客观的因果比例关系，分配标准总量的变化与制造费用总额的多少有较为密切的依存关系。

（3）易得性，即各受益对象所耗用分配标准的资料较为容易取得。

（4）可计量性，即各受益对象所耗用标准的数量可以客观计量。

（5）稳定性，即使用的分配标准相对稳定，不宜经常变动，便于对各期间的成本进行比较分配。

三、制造费用的账务处理

1. 制造费用归集的账务处理

（1）生产车间发生的机物料消耗，借记"制造费用"科目，贷记"原材料"等科目。

（2）发生的生产车间管理人员的工资等职工薪酬，借记"制造费用"科目，贷记"应付职工薪酬"科目。

（3）生产车间计提的固定资产折旧，借记"制造费用"科目，贷记"累计折旧"科目。

（4）生产车间支付的办公费、修理费、水电费等，借记"制造费用"科目，贷记"银行存款"等科目。

（5）发生季节性的停工损失，借记"制造费用"科目，贷记"原材料""应付职工薪酬""银行存款"等科目。

（6）将制造费用分配计入有关的成本核算对象，借记"生产成本——（基本生产成本/辅助生产成本）""劳务成本"科目，贷记"制造费用"科目。

（7）季节性生产企业制造费用全年实际发生数与分配数的差额，除其中属于为下一年开工生产作准备的可留待下一年分配外，其余部分实际发生额大于分配额的差额，借记"生产成本——基本生产成本"科目，贷记"制造费用"科目；实际发生额小于分配额的差额，作相反的会计分录。

注意：如果辅助生产的制造费用是通过"制造费用"科目单独核算，则应比照基本生产车间制造费用核算；如果辅助生产的制造费用不通过"制造费用"科目单独核算，应将其全部记入"生产成本——辅助生产成本"科目。

【例 4-15】 誉城公司基本生产一车间 2023 年 6 月发生以下费用：

（1）发生的工资费用 20 000 元。

（2）固定资产应计提折旧费 30 000 元，应摊销租赁费 11 200 元。

（3）用转账支票购买办公用品 2 800 元。

（4）28 日，以银行存款支付基本生产一车间水电费（日常用水和照明用电）9 300 元，一车间管理部门本月一般耗用供电、供水车间水电费 2 600 元。

（5）耗用辅助生产材料 35 000 元。

（6）摊销保险费 2 680 元。

（7）28 日，以银行存款为基本生产一车间支付其他费用 3 902 元。

（8）月末，将本月基本生产一车间发生的制造费用 11 337 元进行结转，转入"生产成本——基本生产成本"科目。

誉城公司的账务处理如下：

（1）月末，根据职工费用分配汇总表，编制会计分录如下：

借：制造费用——基本生产一车间   20 000
    贷：应付职工薪酬   20 000

（2）月末，根据固定资产折旧及租赁费用分配表，编制会计分录如下：

借：制造费用——基本生产一车间   41 200
    贷：累计折旧   30 000
      长期待摊费用   11 200

（3）购买办公用品时，根据付款的原始凭证，编制会计分录如下：

借：制造费用——基本生产一车间   2 800
    贷：银行存款   2 800

（4）根据付款的原始凭证和辅助生产费用分配表，编制会计分录如下：

借：制造费用——基本生产一车间   11 900
    贷：银行存款   9 300
      生产成本——辅助生产成本   2 600

（5）月末根据材料费用分配表，编制会计分录如下：

借：制造费用——基本生产一车间   35 000
    贷：原材料   35 000

（6）月末根据长期待摊费用分配表，编制会计分录如下：

借：制造费用——基本生产一车间   2 680
    贷：长期待摊费用   2 680

（7）根据付款的原始凭证编制会计分录如下：

借：制造费用——基本生产一车间   3 902
    贷：银行存款   3 902

（8）月末，结转制造费用时，编制会计分录如下：

借：生产成本——基本生产成本   117 482
    贷：制造费用——基本生产一车间   117 482

2. 制造费用分配的账务处理

制造费用不论采用以上哪一种分配方法，分配的过程在实务中均是通过制造费用分配表来进行核算的。

1）基本生产车间“制造费用”分配的账务处理

在“制造费用——基本生产×车间”科目的借方先归集基本生产车间的全部制造费用以后，再分配结转基本生产的制造费用，借记“生产成本——基本生产成本”科目，贷记“制造费用——基本生产×车间”科目，并据以登记相应的明细账。例如，分配由基本生产成本负担的制造费用，一方面，要登记相关的产品成本明细账的“制造费用”成本项目；另一方面，要登记相关的制造费用明细账。

2）辅助生产车间"制造费用"分配的账务处理

关于辅助生产车间"制造费用"分配的核算，请详见本章第三节的内容。

通过上述制造费用的归集和分配，制造费用总账和所属明细账都应没有月末余额。

第五节　生产损失的核算

生产损失是指企业在产品生产过程中由于生产原因而发生的不能形成正常产出的损失。

生产损失一般包括以下几方面：

（1）因制造了不合格产品而造成的报废损失和修复费用。

（2）因管理不善造成的在产品盘亏、毁损损失。

（3）因生产设备发生故障被迫停工而造成的停工损失。

（4）因原材料损耗或工艺原因使生产过程中的材料、人工超常消耗而造成的损失等。

本节主要介绍废品损失和停工损失核算。

一、废品损失核算

1. 废品损失的含义

废品损失包括在生产过程中发现的、入库后发现的各种废品的报废损失和修复费用。废品的报废损失是指不可修复废品的实际成本减去回收材料和废料价值后的净损失。废品的修复费用是指可以修复的废品在返修过程中所发生的修理费用。

应该注意的是，以下内容不应包括在废品损失范围内：

（1）产品入库后由于管理不善造成的产品变质、毁坏。这是由于管理的原因造成的，所以这部分损失要计入管理费用，不作为废品损失核算。

（2）产品虽未达到质量标准，但可降价出售造成的降价损失。这部分产品并没有增加成本，只是减少了收入，它表现为销售损益，通过减少收入来解决，不作为废品损失核算。

（3）产品销售后实行"三包"的费用。"三包"发生的费用，按现行制度，也计入管理费用，不作为废品损失核算。

2. 废品损失的账务处理

需要单独核算废品损失的工业企业，在会计科目中应增设"废品损失"科目，在生产成本——基本生产成本明细账中增设"废品损失"成本项目。该科目按车间设立明细账，账内按产品品种分设专栏，进行明细核算。其借方登记不可修复废品的生产成本和可修复废品的修复费用。其中不可修复废品的生产成本，应根据不可修复废品损失计算表，借记"废品损失"科目，贷记"生产成本——基本生产成本"科目；可修复废品的修复费用，应根据修复过程中耗用费用的分配表，借记"废品损失"科目，贷记"原材料""应付职工薪酬""制造费用"等科目。废品残料的回收价值和应收的赔款,应从"废品损失"科目的贷方转出,借记"原材料""其他应收款"等科目,贷记"废品损失"科目。"废品损失"科目上述借方发生额大于贷方发生的差额,就是废品损失,应分配转由本月各种产品的成本负担,借记"生产成本——基本生产成本"科目,贷记"废品损失"科目。结转后,"废品损失"科目应无期末余额。

【例 4-16】 誉城公司某车间生产甲种产品 1 000 件,生产过程中发现其中 20 件为不可修复废品。该产品成本明细账所记合格品和废品共同发生的生产费用为:直接材料 10 000 元、直接人工 5 400 元、制造费用 6 000 元,合计 21 400 元。原材料是在生产开始时一次投入的。生产工时为:合格品 2 950 小时、废品 50 小时,合计 3 000 小时。成品回收的残料计价 70 元,应由过失人赔偿 40 元。

原材料为一次投入,应按合格品数量 980 件(1 000—20)和废品数量 20 件的比例进行分配;其他费用按生产工时比例分配。

根据上述资料,不可修复废品损失计算如表 4-13 所示。

表 4-13　　　　　不可修复废品损失计算表(按实际成本计算)　　　　金额单位:元

项目	数量(件)	直接材料	生产工时(小时)	直接人工	制造费用	成本会计
生产费用合计	1 000	10 000	3 000	5 400	6 000	21 400
费用分配率		10		1.8	2	—
废品生产成本	30	300	50	90	100	490
减残料价值		50				50
废品报废损失		150		54	60	264

直接材料分配率=10 000÷1 000=10(元/件)
直接人工分配率=5 400÷3 000=1.8(元/小时)
制造费用分配率=6 000÷3 000=2(元/小时)
根据表 4-13 及有关凭证,编制会计分录如下:
(1)结转成本时:

借:废品损失——甲产品　　　　　　　　　　　　　490
　　贷:生产成本——基本生产成本——甲产品(直接材料)　　300
　　　　　　　　　　　　　　　　　(直接人工)　　90
　　　　　　　　　　　　　　　　　(制造费用)　　100

(2)回收废品残料价值时:

借:原材料　　　　　　　　　　　　　　　　　70
　　贷:废品损失——甲产品　　　　　　　　　　　70

应收过失人赔偿时:

借：其他应收款   40

    贷：废品损失——甲产品   40

将废品净损失 380 元(490—70—40)，转入同种合格品的成本时：

借：生产成本——基本生产成本——甲产品(废品损失)   380

    贷：废品损失——甲产品   380

【例 4-17】 誉城公司本月生产甲产品 3 000 件，在生产过程中发现了 30 件可修复废品。在修复过程中，耗用直接材料 600 元、直接人工 960 元、制造费用 640 元。经查，应由责任人赔偿 150 元。有关账务处理如下：

（1）发生修复费用时：

借：废品损失——甲产品   2 200

    贷：原材料   600

        应付职工酬   960

        制造费用   640

（2）确定应收赔款时：

借：其他应收款   150

    贷：废品损失——甲产品   150

（3）结转废品净损失时：

借：生产成本——基本生产成本——甲产品——废品损失   2 050

    贷：废品损失——甲产品   2 050

如果企业在生产过程中发生的废品很少，损失数额也比较小，为了简化核算工作，也可以不单独核算废品损失。在不单独核算废品损失的企业中，不设立"废品损失"会计科目和成本项目，只在回收废品残料时，借记"原材料"科目，贷记"生产成本——基本生产成本"科目，并从所属有关产品成本明细账的"原材料"成本项目中扣除残料价值。"生产成本——基本生产成本"科目和所属有关产品成本明细账归集的完工产品总成本，除以扣除废品数量以后的合格品数量，即为合格产品的单位成本。

 **知识点链接**

不可修复废品损失归集和分配的核算

进行不可修复废品损失的归集，先应计算废品报废时已经发生的生产成本，再扣除废品残值，计算废品报废损失，最后扣除过失人赔款，即为废品净损失。相关计算公式为：

不可修复废品的报废损失＝不可修复废品的生产成本－不可修复废品残值

不可修复废品的净损失＝不可修复废品的报废损失－应收过失人赔款

或：

$$= \frac{不可修复废品}{的生产成本} - \frac{不可修复}{废品残值} - \frac{应收过失人}{赔款}$$

二、停工损失核算

1. 停工损失的含义

停工损失是指生产车间或车间内某个班组在停工期间发生的各项费用,包括停工期内应负担的生产工人工资和福利费等薪酬费用、所耗用的燃料和动力费,以及应负担的制造费用。由过失单位或保险公司负担的赔款,应从停工损失中扣除。为了简化核算工作,停工不满一个工作日的,一般不计算停工损失。列入停工损失核算范围的情况主要有以下四种:

(1)由于停电、停水、待料等原因发生的停工损失。

(2)由于机器设备发生故障或进行大修理所造成的停工损失。

(3)由于自然灾害造成的停工损失。

(4)由于计划减产造成的停工损失。

季节性生产企业在停工期内的费用,应当采用待摊、预提的方法。开工期内的生产成本负担,不作为停工损失。

2. 停工损失的账务处理

需要单独核算停工损失的工业企业,在会计科目中应增设"停工损失"科目,在生产成本——基本生产成本明细账中增设"停工损失"成本项目。"停工损失"科目应按车间设立明细账,账内按成本项目分设专栏或专行,进行明细核算。停工期间发生、应计入停工损失的各种费用,都应在该科目的借方归集,借记"停工损失"科目,贷记"应付职工薪酬""制造费用"等科目。单独核算停工损失的企业,在编制各种费用分配表时,应将属于停工损失的费用记入"停工损失"成本项目;而在制造费用的费用项目中,则可不再设立"修理期间停工损失"成本项目。

在"停工损失"科目借方归集的停工损失中,应取得赔偿的损失,以及应计入营业外支出的损失,应从该科目的贷方,分别转入"其他应收款"和"营业外支出"科目的借方;应计入产品成本的损失,则应从该科目的贷方,转入"生产成本——基本生产成本"科目的借方。

对于记入"生产成本"科目的停工损失,如果车间只生产一种产品,则将停工损失直接转入该种产品成本;如果车间生产两种以上的产品,还需要先将停工损失在各种产品中进行分配,分配后再分别计入各种产品成本。分配方法与制造费用的分配相同。通过上述归集和分配,"停工损失"科目应无月末余额。

如果企业停工损失较少发生,也可以不设置"停工损失"科目。对于停工期间发生的费用,可区别情况,直接记入"制造费用"或"营业外支出"等科目,以便分别反映。

第六节　期间费用的核算

一、管理费用核算

管理费用是指企业为组织和管理生产经营活动而产生的各种费用。管理费用包括公司经费、工会经费、待业保险费、劳动保险费、董事会费、聘请中介机构费、咨询费、诉讼费、业务招待费、技术转让费、职工教育经费等。相关的会计分录如下：

借：管理费用——明细科目
　　贷：银行存款/累计摊销/应付职工薪酬等

期末，须将"管理费用"科目余额结转至"本年利润"科目：

借：本年利润
　　贷：管理费用——明细科目

结转后，"管理费用"科目无余额。

【例 4-18】　誉城公司行政部门本月发生招待费 500 元，差旅费 1 200 元，工资薪酬支出 6 000 元，全部以银行转账支付，应编制会计分录如下：

借：管理费用——招待费　　　　　　　　　　　　　　　　　　　　　500
　　　　　　——差旅费　　　　　　　　　　　　　　　　　　　　1 200
　　　　　　——工资　　　　　　　　　　　　　　　　　　　　　6 000
　　贷：银行存款　　　　　　　　　　　　　　　　　　　　　　　7 700

二、财务费用核算

财务费用是指企业为筹资生产经营所需资金而发生的费用，包括应当作为期间费用的利息支出（减利息收入）、汇兑损失（减汇兑收益），以及相关的手续费等。

企业发生各项财务费用时，相关会计分录如下：

借：财务费用——明细科目
　　贷：银行存款/长期借款等

发生利息收入、汇兑收益时，作相反的会计分录如下：

借：银行存款/长期借款等
　　贷：财务费用——明细科目

期末，应将发生的相关财务费用结转至"本年利润"科目。

【例 4-19】　誉城公司支付 2023 年 3 月借款利息 5 000 元，该借款本金为 100 万元，年利息为 6%，按月结算利息，期限为 8 个月；发生跨行转账手续费 1 000 元。誉城公司应编制会计分录如下：

借：财务费用——利息支出　　　　　　　　　　　　　　　　　　　5 000
　　　　　　——手续费　　　　　　　　　　　　　　　　　　　　1 000
　　贷：银行存款　　　　　　　　　　　　　　　　　　　　　　　6 000

三、销售费用核算

销售费用是指企业在销售商品过程中发生的各项费用，包括广告费、展览费，以及企业专设销售机构的职工工资和职工福利费、业务费等经营费用。

企业发生各项销售费用时,应编制会计分录如下:

借:销售费用
　　贷:库存现金/银行存款/应付职工薪酬等

结转销售费用时,应编制会计分录如下:

借:本年利润
　　贷:销售费用——明细科目

【例4-20】 誉城公司于2023年3月发生广告费8 000元、展架费1 600元,全部以现金结算。誉城公司应编制会计分录如下:

借:销售费用——广告费　　　　　　　　　　　　　　　　　　8 000
　　　　　　——展架费　　　　　　　　　　　　　　　　　　1 600
　　贷:库存现金　　　　　　　　　　　　　　　　　　　　　　9 600

 **知识点链接**

管理费用核算范围变化

财政部《关于印发〈增值税会计处理规定〉的通知》(财会〔2016〕22号)规定,全面试行营业税改征增值税后,"营业税金及附加"科目名称调整为"税金及附加"科目,该科目核算企业经营活动发生的消费税、城市维护建设税、资源税、教育费附加及房产税、城镇土地使用税、车船使用税、印花税等相关税费,利润表中的"营业税金及附加"项目调整为"税金及附加"项目。这意味着房产税、车船税、城镇土地使用税、印花税不在"管理费用"科目核算。

第七节 完工产品与在产品费用分配核算

一、在产品概述

1. 在产品含义和特点

在产品是指没有完成全部生产过程、不能作为商品销售的产品,包括正在车间加工中的在产品、正在返修的废品和已经完成一个或几个生产步骤但还需要继续加工的半成品(包括未经验收入库的产品和等待返修的废品)。在产品不包括对外销售的自制半成品。对某个车间或生产步骤而言,在产品只包括该车间或该生产步骤正在加工中的那部分在产品。企业的在产品一般具有以下特点:

(1)流动性大。工业生产中,从原材料投入,到产成品产出,中间往往经过若干道生产工序。减少在产品在各道工序间的停留时间与损耗,可减少在产品资金占用,降低生产损耗。

（2）完工程度不同。期末停留在各个工序的在产品往往处于不同的加工程度,因而每道工序的在产品体现出了不同的完工程度。

（3）种类繁多。一般情况下,在产品的品种规格繁多,这一点在装配式生产企业表现得尤为突出。

（4）成本计算复杂。在产品具有品种规格多、流动性大、各个加工步骤的完成程度不同等特点,导致其成本计算较为复杂。

2. 在产品数量的核算

在产品数量的核算是进行在产品成本计算的基础。在产品数量的核算,同其他物资数量的核算一样,应同时具备账面核算资料和实际盘点资料。企业计算在产品成本时,应当根据在产品实际盘存数量确定期末在产品结存数量,但对于在产品品种多、数量大、每月都要组织在产品实地盘点确有困难的企业,难以对在产品进行盘点的企业,以及可实施盘点但成本费用过高的企业,从重要性原则出发,可以直接根据在产品账面核算资料中所登记的结存数来计算在产品成本。

在实务中,车间对在产品收发结存的日常核算,通常通过在产品收发结存账来进行。这种账又叫作在产品台账,应分车间或生产步骤、生产工序、产品品种和在产品名称予以设立,反映车间各种在产品的收入、发出和结存情况。

二、完工产品与在产品之间费用的分配方法

月末如果既有完工产品又有在产品,产品成本明细账中归集的月初在产品生产成本与本月发生的成本之和,则应当在完工产品与月末在产品之间,采用适当的分配方法,进行分配和归集,以计算完工产品和月末在产品的成本。

月初在产品成本、本月发生的生产费用、本月完工产品成本和月末在产品成本四者之间的关系可用式(4-33)表示。

月初在产品成本＋本月发生的生产费用＝本月完工产品成本＋月末在产品成本

(4-33)

1. 不计算在产品成本法

产品每月发生的成本全部由完工产品负担,其每月发生的成本之和即为每月完工产品成本。这种方法适用于月末在产品数量很少的产品。

【例4-21】某食品加工企业采用不计算在产品成本法进行产品的成本计算。某月该企业共发生生产费用29 074元,其中,原材料费用19 036元,直接人工费用6 780元,制造费用3 258元,本月企业完工产品100千克,月末在产品数量很小,故忽略不计。

要求:计算企业当月完工产品的总成本和单位成本。

由于该企业采用不计算在产品成本法进行产品的成本计算,本月企业发生的全部生产费用即为完工产品的总成本。

本月完工产品总成本＝19 036＋6 780＋3 258＝29 074(元)

其中,直接材料项目总成本为19 036元,直接人工项目总成本为6 780元,制造费用项目总成本为3 258元。

2. 在产品按固定成本计价法

各月月末在产品的成本固定不变,某种产品本月发生的生产成本就是本月完工产品的成本。但在年末,在产品成本不应再按固定不变的金额计价,否则会使按固定金额计价的在产品成本与其实际成本出现较大差异,影响产品成本计算的正确性。这种方法适用于月末在产品数量较多、但各月变化不大的产品,或月末在产品数量很少的产品。

【例 4-22】 某企业主要生产 A 产品,其生产较为稳定,各月月末在产品数量平稳,变动不大,故企业采用在产品按固定成本计算法计算 A 产品成本。经测定,企业各月月末在产品总固定成本为 9 800 元,其中直接材料 5 000 元,直接人工 3 200 元,制造费用 1 600 元。本月月初在产品 90 件,本月投产 800 件,本月完工 805 件。本月发生生产费用 144 900 元,其中直接材料 84 525 元,直接人工 40 250 元,制造费用 20 125 元。

要求:将生产费用在本月完工产品和月末在产品之间进行分配。

企业采用在产品按固定成本计算法,月初、月末在产品成本相同,均为 9 800 元,故本月完工产品总成本为 144 900 元,月末在产品成本为 9 800 元。

本月完工产品总成本为 144 900 元。其中,直接材料项目总成本 84 525 元,直接人工项目总成本 40 250 元,制造费用项目总成本 20 125 元。

月末在产品总成本为 9 800 元。其中,直接材料项目成本 5 000 元,直接人工项目成本 3 200 元,制造费用项目成本 1 600 元。

3. 在产品按所耗直接材料成本计价法

月末在产品只计算其所耗直接材料成本,不计算直接人工等加工成本。这种方法适用于各月月末在产品数量较多、各月在产品数量变化也较大,直接材料成本在生产成本中所占比重较大且材料在生产开始时一次就全部投入的产品。

【例 4-23】 假定某产品的直接材料费用比重较大,在产品只计算直接材料费用。该种产品月初在产品直接材料为 9 400 元,本月发生直接材料 28 000 元,直接人工 2 600 元,制造费用 2 300 元,完工产品 840 件,月末在产品 160 件。原材料在生产开始时一次投入。试计算该产品直接材料成本费用。

原材料是在生产开始时一次投入的,因而不论是完工产品还是在产品,也不论在产品完工程度大小,每件完工产品和在产品所耗直接材料的数量相等,直接材料费用可以按完工产品和在产品的数量分配,如表 4-14 所示。

表 4-14　　月末在产品按所耗直接材料成本计价法成本计算分配表　　金额单位:元

成本项目	费用合计	费用分配表	完工产品成本(数量 840 件)	月末在产品成本(数量 160 件)
直接材料	37 400	37.4	31 416	5 984
直接人工	2 600		2 600	0
制造费用	2 300		2 300	0
合计	42 300		36 316	5 984

直接材料费用分配率=(9 400+28 000)÷(840+160)=37.4

完工产品直接材料费用=840×37.4=31 416(元)

月末在产品直接材料费用(即月末在产品成本)=160×37.4=5 984(元)

4. 约当产量比例法

应将月末在产品数量先按照完工程度折算为相当于完工产品的产量,即约当产量,再按照完工产品产量与月末在产品约当产量的比例分配计算完工产品成本和月末在产品成本。这种方法适用于月末在产品数量较多,各月在产品数量变化也较大,且生产成本中直接材料成本和直接人工等加工成本的比重相差不大的产品。

【例4-24】 假定某种产品本月完工180件,月末在产品50件。在产品完工程度为40%。月初在产品和本月发生的直接人工费用共16 000元。分配计算如下:

月末在产品约当产量=50×40%=20(件)

直接人工费用分配率=16 000÷(180+20)=80(元/件)

完工产品负担直接人工费用=180×80=14 400(元)

月末在产品负担直接人工费用=20×80=1 600(元)

5. 在产品按定额成本计价法

月末在产品成本按定额成本计算,该种产品的全部成本(如果有月初在产品,包括月初在产品成本在内)减去按定额成本计算的月末在产品成本,余额作为完工产品成本;每月生产成本脱离定额的节约差异或超支差异全部计入当月完工产品成本。这种方法适用于各项消耗定额或成本定额比较准确、稳定,且各月末在产品数量变化不是很大的产品。这种方法的计算公式如式(4-34)、式(4-35)和式(4-36)所示。

月末在产品成本=月末在产品数量×在产品单位定额成本　　　　(4-34)

完工产品总成本=(月初在产品成本+本月发生生产成本)-月末在产品成本

(4-35)

完工产品单位成本=完工产品总成本÷产成品产量　　　　(4-36)

【例4-25】 假设甲、乙产品的月末在产品采用按定额成本计价的方法核算。甲产品单价直接材料费用定额为60元(原材料在生产开始时一次投入),在产品工时定额为100小时;乙产品单价直接材料费用定额为50元,在产品工时定额为40小时。其他有关资料及月末在产品定额成本的计算结果如表4-15所示。

表4-15　　　　　　　　月末在产品定额成本计算表　　　　金额单位:元

产品名称	在产品数量(件)	直接材料定额费用	定额工时(小时)	燃料及动力(单位工时定额2.1)	直接人工(单位工时定额1.5)	制造费用(单位工时定额2)	定额成本合计
甲产品	28	1 680	2 800	5 880	4 200	5 600	17 360
乙产品	16	800	640	1 536	1 088	1 280	4 704
合计		2 480	3 440	7 416	5 288	6 880	22 064

6. 定额比例法

产品的生产成本在完工产品与月末在产品之间按照两者的定额消耗量或定额成本比例分配。这种方法适用于各项消耗定额或成本定额比较准确、稳定,但各月末在产品数量变动较大的产品。

【例4-26】 假定某产品月初在产品费用为:直接材料85 000元,燃料及动力15 400元,直接人工5 800元,制造费用12 400元,合计118 600元;本月生产费用为:直接材料112 000元,燃料及动力23 640元,直接人工8 460元,制造费用26 350元,合计170 450元;完工产品的定额直接材料152 000元,定额燃料及动力36 000元,定额工时10 000小时;月末在产品的定额直接材料48 000元,定额燃料及动力14 000元,定额工时5 500小时。在完工产品与月末在产品之间,直接材料和燃料及动力费用按各定额费用比例分配,其他各项费用按定额工时比例分配。

根据上述资料,分配计算如表4-16所示。

表4-16　　　　　　　　　完工产品与月末在产品费用分配表　　　　　　　金额单位:元

成本项目			直接材料	材料及动力	直接人工	制造费用	合计
①	月初在产品成本		85 000	15 400	5 800	12 400	118 600
②	本月生产费用		112 000	23 640	8 460	26 350	170 450
③=①+②	生产费用累计		197 000	39 040	14 260	38 750	289 050
④=③÷(⑤+⑦)	费用分配率		0.985	0.780 8	0.92	2.5	—
⑤	完工产品成本	定额	152 000	36 000	10 000	10 000	
⑥=⑤×④		实际	149 720	28 108.8	9 200	25 000	212 028.8
⑦	月末在产品成本	定额	48 000	14 000	5 500	5 500	
⑧=⑦×④		实际	47 280	10 931.2	5 060	13 750	77 021.2

 **知识点链接**

几种存货的区分

存货按照经济用途可以分为以下几类:

(1) 原材料。它是指企业在生产过程中经加工改变其形态或性质并构成产品主要实体的各种原料及主要材料、辅助材料、燃料、修理用备料、包装材料、外购半成品等。

(2) 在产品。它是指在企业尚未加工完成,需要进一步加工且正在加工的在制品。

(3) 半成品。它是指企业已完成一定生产过程的加工任务,已验收合格入库,但需要进一步加工的中间产品。

(4) 产成品。它是指企业已完成全部生产过程并验收合格入库,可以按照合同规定的条件送交订货单位,或可以作为商品对外销售的产品。

（5）商品。它是指商品流通企业外购或委托加工完成验收入库后用于销售的各种商品。

（6）周转材料。它是指企业能够多次使用、逐渐转移其价值仍保持原有形态，不确认为固定资产的材料，如包装物和低值易耗品等。

（7）委托代销商品。它是指企业委托其他单位代销的商品。

职业基础知识测试

一、单项选择题

1. 直接用于产品生产并构成该产品实体的原材料费用，应记入（   ）科目。

A. "生产成本——基本生产成本"　　　B. "制造费用"

C. "管理费用"　　　　　　　　　　　D. "销售费用"

2. 企业行政管理部门人员的工资费用，应记入（   ）科目。

A. "营业外支出"　　　　　　　　　　B. "销售费用"

C. "其他业务成本"　　　　　　　　　D. "管理费用"

3. 在材料费用的耗用与产品的质量或体积相关性比较大的情况下，材料费用的分配可采用（   ）。

A. 定额耗用量比例分配法　　　　　　B. 产品产量比例分配法

C. 产品质量比例分配法　　　　　　　D. 产品材料定额成本比例分配法

4. 辅助生产费用交互分配法中的第一次交互分配是在（   ）之间进行分配。

A. 各受益单位　　　　　　　　　　　B. 辅助生产车间以外的受益单位

C. 各受益的基本生产车间　　　　　　D. 各受益的辅助生产车间

5. 下列辅助生产费用分配法中，不在辅助生产单位之间分配费用的方法是（   ）。

A. 直接分配法　　　　　　　　　　　B. 交互分配法

C. 代数分配法　　　　　　　　　　　D. 计划成本分配法

6. 如果辅助生产车间规模不大，制造费用不多，为了简化核算，其制造费用可直接计入（   ）。

A. 制造费用　　　B. 辅助生产成本　　　C. 基本生产成本　　　D. 管理费用

7. 辅助生产费用分配采用计划成本分配法计算出的辅助生产成本的差异，为简化核算，可全部计入（   ）。

A. 辅助生产成本　　　B. 制造费用　　　C. 基本生产成本　　　D. 管理费用

8. 在各受益对象之间分配的辅助生产费用是（   ）。

A. 本期发生的费用　　　　　　　　　B. 起初在产品成本

C. 期末在产品成本　　　　　　　　　D. 生产费用合计数

9. 采用辅助生产费用分配的交互分配法，对外分配的费用总额是（   ）。

A. 交互分配前的费用

B. 交互分配前的费用加上交互分配转入的费用

C. 交互分配前的费用减去交互分配转出的费用

D. 交互分配前的费用加上交互分配前转入的费用,减去交互分配转出的费用

10. 企业核算的费用损失,一般是指(   )。

A. 辅助生产车间的废品损失

B. 基本生产车间的废品损失

C. 基本生产车间和辅助生产车间的废品损失

D. 产品销售后发生的废品损失

11. 废品净损失分配转出时,应借记(   )科目。

A. "废品损失"   B. "生产成本——基本生产成本"

C. "管理费用"   D. "制造费用"

12. 下列各个项目中,属于废品损失的项目是(   )。

A. 不可修复废品的生产成本   B. 入库后保管不善造成的损失

C. 不合格品的降价损失   D. 出售以后发现的废品损失

13. 先将在产品数量按照完工程度折算为约当产量,再按照完工产品数量和在产品约当产量的比例,分配完工产品成本与月末在产品成本的方法称为(   )。

A. 约当产量法   B. 定额比例法

C. 在产品按所耗原材料费用计价法   D. 固定成本计价法

14. 在产品按所耗原材料费用计价法适用于(   )的产品。

A. 产品成本中原材料费用比重较大   B. 原材料分工序投入

C. 原材料在生产开始时一次性投入   D. 原材料随着生产进度陆续投入

15. 某企业生产产品经过两道工序,各工序的工时定额为 30 小时和 40 小时,则第二道工序在产品的完工程度为(   ),假设各道工序完工进度为 50%。

A. 68%   B. 69%   C. 70%   D. 71%

16. 企业定额管理基础较好,各项耗用定额或费用定额比较准确、稳定,且各月月末在产品数量变化不大的企业,在产品计算可采用(   )。

A. 定额成本法   B. 约当产量法

C. 原材料费用法   D. 定额比例法

17. "停工损失"科目的余额可能结转到(   )科目。

A. "管理费用"   B. "营业外支出"

C. "生产成本——辅助生产成本"   D. "制造费用"

18. "制造费用"最常见的分配标准是(   )。

A. 直接人工实际工时比例分配法   B. 定额比例法

C. 约当产量法   D. 定额成本法

19. 下列各项中,不属于职工薪酬内容的是(   )。

A. 职员出差的伙食补助和误餐补助   B. 工会经费和职工教育经费

C. 职工福利费   D. 职工工资、奖金、津贴和补贴

20. 发出材料的成本可采用(　　)计算确定。

A. 毛利率法　　　　B. 售价金额法　　　C. 先进后出法　　　D. 个别计价法

二、多项选择题

1. 期间费用包括(　　)。

A. 制造费用　　　　B. 财务费用　　　　C. 管理费用　　　　D. 销售费用

2. 下列各项目中,属于成本项目的有(　　)。

A. 直接材料费　　　B. 燃料及动力费　　C. 直接人工费　　　D. 废品损失费

3. 计入产品成本的各种材料费用,按其用途分配,应记入(　　)科目的借方。

A. "生产成本——基本生产成本"　　　　B. "管理费用"

C. "制造费用"　　　　　　　　　　　　D. "销售费用"

4. 生产车间发生的计入产品成本的其他费用支出有(　　)。

A. 劳动保护费　　　B. 利息支出　　　　C. 固定资产修理费　D. 水电费

5. 辅助生产车间发生的固定资产折旧费,可能借记(　　)科目。

A. "制造费用"　　　　　　　　　　　　B. "生产成本——辅助生产成本"

C. "生产成本——基本生产成本"　　　　D. "管理费用"

6. 辅助生产费用的分配方法有(　　)。

A. 直接分配法　　　B. 交互分配法　　　C. 代数分配法　　　D. 计划成本分配法

7. 辅助生产分配法中,考虑到辅助生产单位之间交互分配的方法有(　　)。

A. 直接分配法　　　B. 交互分配法　　　C. 代数分配法　　　D. 计划成本分配法

8. 采用代数分配法分配辅助生产费用时,分配结转辅助生产费用的会计分录中对应的借方科目主要有(　　)。

A. "生产成本——辅助生产成本"　　　　B. "生产成本——基本生产成本"

C. "制造费用"　　　　　　　　　　　　D. "管理费用"

9. 废品损失包括(　　)。

A. 不可修复废品的净损失　　　　　　　B. 销售退回废品的生产成本

C. 废品的修复费用　　　　　　　　　　D. 保管不善产生的废品损失

10. 下列各项中,属于职工薪酬范围的是(　　)。

A. 职工福利费　　　　　　　　　　　　B. 工会经费和职工教育经费

C. 非货币性福利　　　　　　　　　　　D. 职工市内交通补助

三、判断题

1. 企业按月计提的固定资产折旧费用,应该全部计入产品成本。　　　　　　　　(　　)

2. 在一般情况下,企业在本期投产的产品往往能在本期完工,本期完工的产品一定全部都是由本期投产的。　　　　　　　　　　　　　　　　　　　　　　　　　　(　　)

3. 几种产品共同耗用一种材料的情况下,材料费用应采用材料定额成本比例分配法进行分配。　　　　　　　　　　　　　　　　　　　　　　　　　　　　　　　　(　　)

4. 辅助生产车间发生的制造费用,一般情况下,可直接记入辅助生产车间的"生产成本"科目。　　　　　　　　　　　　　　　　　　　　　　　　　　　　　　　(　　)

5. 辅助生产费用的交互分配法,先进行辅助生产车间的交互分配,再进行对外分配。

（　　）

6. 采用直接分配法分配辅助生产费用,既简单又比较准确。 （　　）

7. 辅助生产费用按代数分配法分配,其结果最为准确。 （　　）

8. 采用计划分配率分配制造费用,实际与预定计划分配额的差异,年终可调整记入"管理费用"科目。

（　　）

9. 采用交互分配法,交互分配以后各辅助生产单位的待分配费用,应分配给全部受益对象。

（　　）

10. 采用直接分配法,辅助生产单位之间相互提供的劳务,不相互分配费用。 （　　）

11. 在产品成本按年初固定成本计算,意味着企业本年度每个月月末在产品成本均相等。

（　　）

12. 对于各项消耗定额或费用定额比较准确的,各月月末在产品数量变化较大的产品,月末在产品可按定额成本法计算。

（　　）

13. 在产品的约当产量是指期末在产品按其完工程度折算的数量。 （　　）

四、计算分析题

1. 资料:誉城公司设有供水和供电两个辅助生产车间,为全厂提供劳务。2023年6月,各辅助生产车间发生的费用及劳务量,如表4-17所示。

表4-17　　　　　　　　　　　辅助生产车间发生的费用及劳务量　　　　　　　金额单位:元

受益单位		供水车间		供电车间	
		劳务量(吨)	费用额	劳务量(度)	费用额
基本生产车间	甲产品	600		2 880	
	乙产品	960		1 680	
	一般耗用	720		2 160	
辅助生产车间	供水车间			3 000	
	供电车间	1 200			
行政管理部门		360		960	
合计		3 840	5 280	10 680	4 608

要求:据上述资料,采用直接分配法分配辅助生产费用,编制会计分录,并将计算结果填入辅助生产成本分配表(表4-18)。

表4-18　　　　　　　　　　　　　辅助生产成本分配表　　　　　　　　　金额单位:元

受益单位	供水车间			供电车间			合计
	数量(吨)	分配率	金额	数量(度)	分配率	金额	
待分配费用							

（续表）

受益单位		供水车间			供电车间			合计
		数量（吨）	分配率	金额	数量（度）	分配率	金额	
基本生产车间	甲产品							
	乙产品							
	一般耗用							
行政管理部门								
合计								

2. 资料：2023 年 6 月，正源公司有关制造费用归集和分配资料如表 4-19 所示。8 月，生产甲产品 6 000 件，乙产品 2 000 件。

表 4-19　　　　　　　　　　　　　　制造费用归集和分配资料　　　　　　　　　金额单位：元

车间	第一生产车间	
项目	甲产品	乙产品
生产工人工时	31 000	19 000
机器工时	5 200	2 700
生产工人薪酬	37 600	23 200
全年计划产量（件）	70 000	30 000
工时定制	4	6
全年计划制造费用	865 200	
8 月份制造费用	75 600	

要求：分别采用直接人工工时比例法、直接人工成本比例法、机器工时比例法进行制造费用分配的计算，并编制相应的会计分录。

3. 资料：艾力特公司铸造车间在产品质量检验中，发现 15 件 A 铸件硬度不够，在技术上已无法修复，予以报废。相关支出为：本月生产 A 铸件 4 000 件，其中，合格品生产工时 120 000 小时，废品工时 5 000 小时。A 产品生产成本明细账所列合格品和废品的全部生产费用为：直接材料 200 000 元，直接人工 126 000 元，制造费用 72 000 元，共计 398 000 元，废品残料回收入库价值 1 500 元。该铸件所需原料在生产开工时一次全部收入。

要求：计算不可修复废品的生产成本，确认废品损失，编制相应的会计分录和不可修复废品损失计算表（表 4-20）。

表 4-20　　　　　　　　　　　　　　不可修复废品损失计算表　　　　　　　　　金额单位：元

项目	数量（件）	直接材料	生产工时	直接人工	制造费用	成本合计
生产费用总额						
费用分配率						

（续表）

项目	数量(件)	直接材料	生产工时	直接人工	制造费用	成本合计
废品成本						
残值价值						
废品损失						

4. 资料：中信公司生产 A 产品需顺序经过三道工序连续加工才能完成，在产品在每个工序的完工程度均为 60%，具体资料如表 4-21 所示。

表 4-21　　　　　　　　　　　　　工时及在产品数量表

项目	一工序	二工序	三工序	合计
工时定额(小时)	25	35	45	100
在产品数量(件)	180	150	170	500

要求：计算填列各工序在产品完工率及全部在产品约当产量，编制约当产量计算表（表 4-22）。

表 4-22　　　　　　　　　　　　　约当产量计算表　　　　　　　　　数量单位：件

项目	一工序	二工序	三工序	合计
加工程度				
约当产量				

5. 春华机械公司本月生产 A 产品，月初在产品和本月生产费用，如表 4-23 所示。

表 4-23　　　　　　　　　　　　　产品成本计算表　　　　　　　　　单位：元

产品名称：A 产品	产品成本项目			
摘要	直接材料	直接人工	制造费用	合计
月初在产品成本	7 680	3 750	5 250	16 680
本月生产费用	86 400	30 000	51 000	167 400
生产费用合计	94 080	33 750	56 250	184 080
完工产品成本				
月末在产品成本				

A 产品本月完工产品 600 件，月末在产品 200 件，有关定额资料，如表 4-24 所示。

表 4-24　　　　　　　　　　　　　　　定额资料　　　　　　　　　　　　　金额单位：元

项目	原材料单件定额成本	单件定额工时（小时）
完工产品	90	100
月末在产品	50	75

人工费每小时 1 元，制造费用每小时 2 元。

要求：用定额成本法将生产费用在完工产品和月末在产品之间分配。

第五章

品种法成本核算

学习目标

根据企业的生产类型、工艺特点和管理要求,合理选定产品成本计算对象,确定产品成本计算期;运用品种法计算完工产品成本和单位成本,编制成本计算单,填制记账凭证,登记"生产成本"明细账和"制造费用"明细账。

知识要点

1. 判断品种法的适用情况
2. 熟练编写各要素费用、辅助生产费用、制造费用、成本计算单等分配表
3. 熟练编写记账凭证并登记各成本明细账

◎ **【思政园地】**

持续改进品种法成本核算方法

《2001 中国企业成本管理方法调查》指出,在成本核算方法调查中有 57.1％的企业采用了品种法,41.5％的企业使用了分步法,而使用分批法的企业只占了 5.7％。相比之下,运用品种法核算在当时占据主流地位,这些企业大多分布在机械、石油、农垦、化工等行业中。在当时选择品种法较多的原因很大程度上是因为该方法比较简单易操作,还有另外一种可能就是当时中国的大型企业生产工艺不太烦琐,符合品种法的使用特点,因此选择品种法能使核算方法简单化。品种法对于许多行业而言是一种比较基础的产品成本核算方法,有一些需要采用分步法计算的企业仍然分品种计算成本。另外,分批法所占份额较少也能从侧面看出我国当时消费比较趋同,消费个性不够,生产组织比较简单。

但是随着经济的发展,企业的生产工技术和组织形式有了很大的改变,大规模大批量类型的生产企业已经不再在市场上占据龙头地位,小批单件多种类型的企业也如雨后春笋般涌现。再者,近年来我国的低碳经济之路的国策推出也昭示了我国重工业企业走上转型之路。为了推动产业升级实现可持续发展,企业转型是必然的,同时,单一的品种法过于简单,已经不能适应企业的广泛需要,因此科学、合理地对成本核算品种法进一步探索与更新也是无可争议的事实。随着决策预算,以及控制在企业日常生产经营活动中的地位不断提高,企业必须对产品成本法进行深度探索。因此,企业可从自身需求出发,在采用品种法进行成本核算时,可以将其与一些辅助成本核算方法相结合,如约当产量法和品种法相结合、作业成本法与品种法相结合、定额成本法与品种法相结合等等。企业应当根据自身特点和管理方式来选择成本计算的方法,不能生搬硬套,应灵活调整。

参考资料:刘美辰,李雪.产品成本核算品种法应用探索[J].合作经济与科技,2023(2):145-147.

第一节　品种法概述

一、品种法的概念

产品成本计算的品种法是以产品的品种作为成本计算对象,以此归集生产费用,计算产品成本的一种方法。品种法是最基本的产品成本计算方法。采用品种法既不要求按照产品批次计算成本,也不要求按照产品生产步骤计算成本。

此外,不论是何种生产类型、采用何种生产工艺、实现何种成本管理要求,最终都必须计算出每种产品的成本。因此,按产品品种计算产品成本是进行产品成本核算的最基本、最起码的要求。

二、品种法的特点

1. 以产品品种作为成本计算对象

采用品种法要按照产品品种开设生产成本明细账,账内设置成本项目归集生产费用。如果企业只生产一种产品,发生的生产费用全都是直接计入费用,可能直接记入生产成本明细账有关成本项目,而不存在在各种产品间分配费用问题。如果企业生产两种及以上的产品,那么直接费用可以直接记入相关品种明细账,间接费用就需要按照某种标准分配记入相关品种明细账。

2. 按月作为产品成本计算期

采用品种法的企业,其工业生产是连续不断进行的,不可能在产品全部完工后才计算成本。因此,其成本是定期按月进行的。

3. 月末一般要在完工产品与月末在产品之间分配生产费用

在按月计算产品成本时,如果月末没有在产品,那么在生产成本明细账中归集的生产费用就是完工产品的成本;如果月末有在产品,那么在生产成本明细账中归集的生产费用需要采用一定方法在完工产品与在产品间分配。

三、品种法的适用范围

品种法主要适用于大量大批单步骤生产企业。在这种企业中,产品的生产工艺过程不能、不需要划分生产步骤,或不需要按生产步骤计算产品成本,如发电等。另外,在大量大批多步骤生产下,如果管理上不要求按步骤计算产品成本(如制砖、小型水泥厂等),则可以采用品种法。此外,企业的辅助生产,如供水、供电、供气、模具等车间,也可以采用品种法计算产品或劳务成本。

 **知识点链接**

产品成本计算基本的方法

根据工业企业不同的生产特点及管理要求,对其产品成本计算的对象、分期和完工产品与月末在产品间生产费用分配的要求也不同。根据产品成本计算对象不同,我们可以划分出不同的产品成本计算方法。

1. 品种法

品种法是以产品品种为成本计算对象,归集产品在生产过程中发生的生产费用,计算产品成本的一种方法。采用这种方法时,成本管理不要求分批,也不要求分步计算产品成本,其一般适用于单步骤的大量大批生产,如发电、采掘、供水、铸造等,也可以用于管理上不需要分步计算成本的多步骤的大量大批生产,如水泥生产等。企业内部的辅助生产车间也可以用品种法计算提供劳务(辅助产品)的成本。

2. 分批法

分批法是以产品的批别(分批不分步)或订单为成本计算对象来归集生产费用、计算产品成本的方法。分批法既适用于简单生产,也适用于平行加工复杂生产,如重型机械、船舶生产等。

3. 分步法

分步法是按照产品的成本计算步骤设置成本明细账,归集生产费用、计算产品成本的一种方法。其适用于大量大批且管理上要求分步计算产品的复杂生产企业,如冶金企业、纺织机械制造企业等。

这三种方法是计算产品成本必不可少的方法。各种方法的基本特点如表5-1所示。

表 5-1 成本计算的基本方法及特点

成本计算方法	生产组织方式	生产工艺特点	管理要求	成本计算对象	生产费用在完工产品与在产品间分配	成本计算期
品种法	大量大批生产	单步骤生产或多步骤生产	无分步、分批要求	产品品种	根据情况分配	月

（续表）

成本计算方法	生产组织方式	生产工艺特点	管理要求	成本计算对象	生产费用在完工产品与在产品间分配	成本计算期
分批法	单件小批生产	单步骤生产或多步骤生产	不要求分步，但要求分批	产品批别或订单	一般无需分配	生产周期或月
分步法	大量大批生产	多步骤生产	要求分步	生产步骤	需要分配	月

第二节　生产费用的归集、分配与核算

采用品种法的成本计算程序具体包括以下步骤：①开设生产成本——基本生产成本明细账（或产品成本计算单）；②分配发生的各种要素费用；③分配辅助生产车间制造费用（如果辅助车间设置"制造费用"科目）；④分配辅助车间生产费用；⑤分配基本车间制造费用；⑥确定当月各产品的全部生产费用；⑦计算完工产品总成本与单位成本。

如果没有月末在产品，则本月所归集的全部生产费用就是本月完工产品总成本，以完工产品总成本除以完工产品的数量计算出完工产品的单位成本。如果有月末在产品，则采用适当的分配方法，将生产费用在完工产品和月末在产品之间进行分配，先确定月末在产品成本，再确定本月完工产品的总成本，进而计算各种产品的单位成本，并依据计算结果编制完工产品成本汇总表。品种法实务操作流程如图5-1所示。

【例5-1】　丽水锦宏桌椅制造有限公司（以下简称锦宏桌椅）是一家生产经营桌椅企业，主要生产和销售的产品是木制桌子、木制椅子，生产组织方式是大量大批多步骤生产，中间半成品不要求计算成本，因此选择采用品种法进行成本核算。原材料随生产进度逐步投料，月末按生产工时比例分配完工产品和在产品成本，加工费用发生比较均衡，月末在产品完工程度为50%。基本生产车间生产工人的职工薪酬（如职工工资、社会保险、住房公积金等）按生产工时比例法在产品间分配，制造费用按生产工时比例法在产品间分配。

该公司设有一个基本生产车间，两个辅助生产车间（修理车间和供水车间）。2024年3月，有关产品生产的材料如表5-2至表5-11所示。

表5-2　　　　　　　　　　　　月初在产品盘存情况表　　　　　　　　　　　单位：件

产品名称	在产品数量			
	一工序	二工序	三工序	合计
木制桌子	80	20	100	200
木制椅子	60	100		160

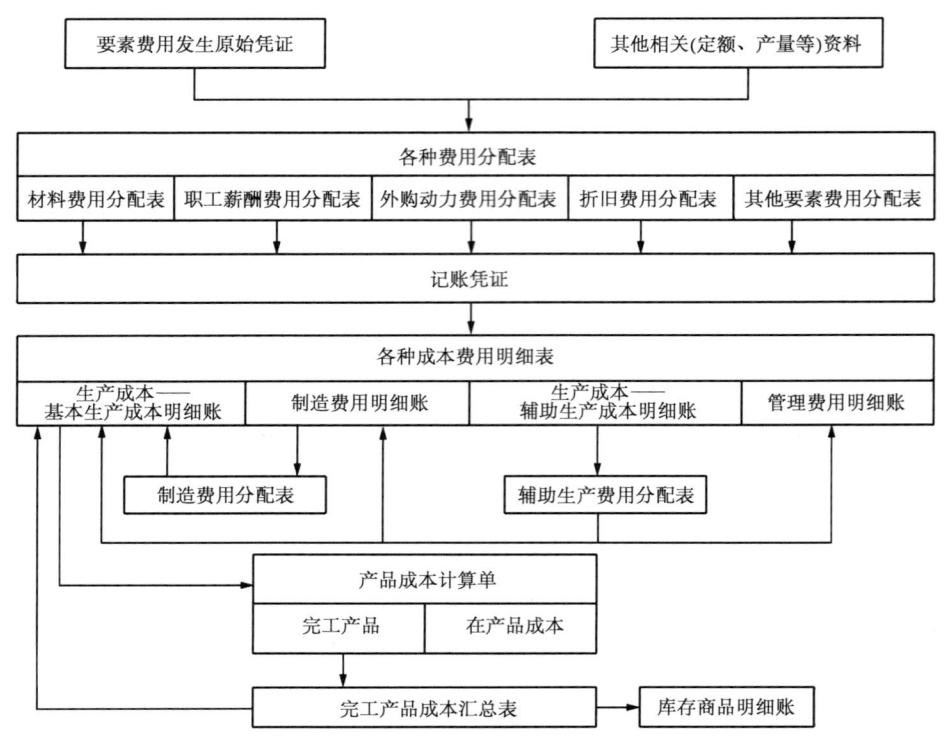

图 5-1 品种法实务操作流程

注：①根据各要素费用原始凭证和其他有关资料编制各种生产费用分配表；②根据费用分配表登记各种成本费用明细账；③根据生产成本——辅助生产成本明细账记录编制辅助生产费用分配表；④根据辅助生产费用分配表登记各种成本费用明细账；⑤根据制造费用明细账记录编制制造费用分配表；⑥根据制造费用分配表登记生产成本——基本生产成本明细账；⑦根据基本生产成本明细账记录编制产品成本计算单；⑧根据完工产品成本计算单编制完工产品成本汇总表；⑨根据完工产品成本汇总表编制会计分录并登记生产成本——基本生产成本明细账和库存商品明细账。

表 5-3 月初在产品成本表 单位：元

产品品种	直接材料	直接工资	制造费用	合　计
木制桌子	18 000	19 000	17 000	54 000
木制椅子	24 000	16 000	15 000	55 000

表 5-4 产品产量变动情况表 单位：件

项　目	木制桌子	木制椅子
期初在产品	200	160
本月投产	3 000	1 800
本月完工	2 800	1 900
月末在产品	400	60

注：木制桌子、木制椅子产品月末在产品本工序完工程度均为 50%。

表 5-5　　　　　　　　　　　　直接材料费用分配定额表

商品名称	直接材料定额及单位		
	山樟木	油漆	五金件
木制桌子	0.08 立方米	1.2 桶	1 套
木制椅子	0.05 立方米	0.9 桶	1 套

表 5-6　　　　　　　　　　　　　工时定额情况表

商品	直接人工定额及单位	制造费用定额及单位
木制桌子	14 小时	14 小时
木制椅子	8 小时	8 小时

表 5-7　　　　　　　　　　　　产品生产工时定额情况表

产品名称	工时定额			
	一工序	二工序	三工序	合计
木制桌子	6	4	4	14
木制椅子	5	3		8

表 5-8　　　　　　　　　　　　月末在产品盘存情况表　　　　　　　　　单位：件

产品名称	在产品数量			
	一工序	二工序	三工序	合计
木制桌子	180	120	100	400
木制椅子	50	10		60

表 5-9　　　　　　　　　　　　辅助生产车间劳务消耗量资料表
2024 年 3 月 31 日

受益部门	辅助生产车间		备注
	修理车间（修理工时）	供水车间（吨）	
基本生产车间	260	5 500	
企业管理部门	80	450	
修理车间		600	
供水车间	70		
合　　计	410	6 550	

表 5-10   本月生产费用资料表   单位：元

项目	基本生产车间		辅助生产车间				合计
			修理车间		供水车间		
	产品用	车间耗用	生产用	车间耗用	生产用	车间耗用	
原材料	40 000	7 000	4 000	1 000	2 000	800	54 800
其中：山樟木	24 000						4 000
油漆	12 800						2 800
五金件	3 200						
工资	14 000	8 100	2 600	900	2 800	1 000	29 400
工会经费、教育经费	1 400	810	260	90	280	100	2 940
折旧费		15 500		8 300		2 400	26 200
差旅费		6 800					6 800
办公费用		5 948		1 989		1 126	9 063
合计	55 400	44 158	6 860	12 279	5 080	5 426	136 003

注：各项费用支出，均以转账支票支付。外购动力费用不含税总额为 14 560 元。

表 5-11   部门用电统计表   单位：度

用电部门	用途	用电量
基本生产车间	生产用电	10 000
修理车间	辅助生产用电	4 000
供水车间	辅助生产用电	3 000
管理部门	管理用电	1 000
合计		18 000

要求：

（1）开设生产成本——辅助生产成本明细账、制造费用明细账、生产成本——基本生产成本明细账。其中生产成本——辅助生产成本明细账和生产成本——基本生产成本明细账设"直接材料""直接人工""制造费用"三个成本项目专栏，辅助车间不单设制造费用明细账。

（2）编制各要素费用、综合费用分配表，分配率保留 4 位小数，分配结果保留到元。

（3）根据各要素费用、综合费用分配表编制记账凭证，并登记相应成本明细账。

（4）月末采用约当产量法在完工产品和月末在产品间分配生产费用，需编制各产品约当产量计算表和成本计算单（生产费用分配表）。

分析：

第一步：根据上述产品成本核算资料，建立生产成本——基本生产成本明细账，如表 5-12 至表 5-16 所示。

表 5-12　　　　　　　　生产成本——基本生产成本明细账

成本对象：木制桌子　　　生产车间：基本车间　　　投产时间：　　　　金额单位：元

2024 年		凭证		摘 要	产量	成本项目			合计
月	日	字	号			直接材料	直接人工	制造费用	
3	1			月初在产品	200	18 000	19 000	17 000	54 000

表 5-13　　　　　　　　生产成本——基本生产成本明细账

成本对象：木制椅子　　　生产车间：基本车间　　　投产时间：　　　　金额单位：元

2024 年		凭证		摘 要	产量	成本项目			合计
月	日	字	号			直接材料	直接人工	制造费用	
3	1			月初在产品	160	24 000	16 000	15 000	55 000

表 5-14　　　　　　　　生产成本——辅助生产成本明细账

成本对象：修理服务　　　生产车间：修理车间　　　投产时间：　　　　金额单位：元

2024 年		凭证		摘 要	产量	成本项目			合计
月	日	字	号			直接材料	直接人工	制造费用	

表 5-15　　　　　　　　生产成本——辅助生产成本明细账

成本对象：供水服务　　　生产车间：供水车间　　　投产时间：　　　　金额单位：元

2024 年		凭证		摘 要	产量	成本项目			合计
月	日	字	号			直接材料	直接人工	制造费用	

表 5-16   制造费用明细账

生产车间：基本车间   金额单位：元

年		凭证		摘要	借方	贷方	借/贷	余额	(借)方项目						
月	日	字	号						薪酬	折旧	修理费	机物料	水电费	辅助生产	其他

第二步：根据各要素费用材料，编制费用分配表并编写相应会计分录。

（1）材料费用分配如表 5-17 至表 5-20 所示。①

表 5-17   材料费用分配表
2024 年 3 月 31 日   金额单位：元

应借科目			成本或费用项目	山樟木		
总账科目	二级科目	三级科目		定额耗用量	分配率	分配金额
生产成本	基本生产成本	木制桌子	直接材料	240	72.727 3	17 455
		木制椅子	直接材料	90	72.727 3	6 545
		小　计		330	72.727 3	24 000

会计主管：××   复核：××   制单：××

表 5-18   材料费用分配表
2024 年 3 月 31 日   金额单位：元

应借科目			成本或费用项目	油漆		
总账科目	二级科目	三级科目		定额耗用量	分配率	分配金额
生产成本	基本生产成本	木制桌子	直接材料	3 600	2.452 1	8 828
		木制椅子	直接材料	1 620	2.452 1	3 972
		小　计		5 220	2.452 1	12 800

会计主管：××   复核：××   制单：××

表 5-19   材料费用分配表
2024 年 3 月 31 日   金额单位：元

应借科目			成本或费用项目	五金件		
总账科目	二级科目	三级科目		定额耗用量	分配率	分配金额
生产成本	基本生产成本	木制桌子	直接材料	3 000	0.666 7	2 000
		木制椅子	直接材料	1 800	0.666 7	1 200
		小　计		4 800	0.666 7	3 200

会计主管：××   复核：××   制单：××

①　为简化计算，本章节分配金额取整数，保留至元。

表 5-20

材料费用分配表

2024 年 3 月 31 日　　　　　　　　　　　　　　　　　　　　　　单位：元

应借科目			成本或费用项目	直接计入费用	分配计入费用	合计
总账科目	二级科目	三级科目				
生产成本	基本生产成本	木制桌子	直接材料		28 283	28 283
		木制椅子	直接材料		11 717	11 717
		小　计			40 000	40 000
	辅助生产成本	修理车间	直接材料	4 000		4 000
			制造费用	1 000		1 000
		供水车间	直接材料	2 000		2 000
			制造费用	800		800
		小　计		7 800		7 800
制造费用	基本车间		材料费	7 000		7 000
合　计				14 800	40 000	54 800

会计主管：×× 　　　　　　　复核：×× 　　　　　　　制单：××

上述材料分配中用到的定额耗用量,计算过程如表 5-21 所示。

表 5-21

直接材料费用分配定额计算表

商品名称	直接材料定额及单位			投产量	定额耗用量		
	山樟木	油漆	五金件		山樟木	油漆	五金件
木制桌子	0.08 立方米	1.2 桶	1 套	3 000	240	3 600	3 000
木制椅子	0.05 立方米	0.9 桶	1 套	1 800	90	1 620	1 800

材料费用分配的相应会计分录如下：

借：生产成本——基本生产成本——木制桌子 　　　　　　　　　　28 283

　　　　　　　　　　　　　——木制椅子 　　　　　　　　　　11 717

　　生产成本——辅助生产成本——修理——直接材料 　　　　　　　4 000

　　　　　　　　　　　　　　　　　——制造费用 　　　　　　　1 000

　　生产成本——辅助生产成本——供水——直接材料 　　　　　　　2 000

　　　　　　　　　　　　　　　　　——制造费用 　　　　　　　　800

　　制造费用——基本车间 　　　　　　　　　　　　　　　　　7 000

　　贷：原材料——明细略 　　　　　　　　　　　　　　　　　54 800

（2）人工费用分配。根据月初、月末在产品数量及完工产品数量结合单位产品工时定额计算,如表 5-22 所示。

表 5-22 工资费用分配表

2024 年 3 月 31 日 金额单位：元

应借科目			成本项目或费用项目	分配计入		
总账科目	二级科目	三级科目		定额工时	分配率	分配金额
生产成本	基本生产成本	木制桌子	直接人工	40 600	0.252 7	10 260
		木制椅子	直接人工	14 800	0.252 7	3 740
		小计		55 400	0.252 7	14 000
	辅助生产成本	修理车间	直接人工			2 600
			制造费用			900
		供水车间	直接人工			2 800
			制造费用			1 000
		小计				7 300
制造费用		基本车间	工资			8 100
合计						29 400

会计主管：×× 复核：×× 制单：××

木制桌子的定额工时＝14×2 800＋400×50％×15－200×50％×14＝40 600（小时）

木制椅子的定额工时＝8×1 900＋60×50％×8－160×50％×8＝14 800（小时）

根据上述工资费用分配结果，编制工会经费及教育经费的分配表，如表5-23所示。

表 5-23 工会经费及教育经费分配表

2024 年 3 月 31 日 金额单位：元

应借科目			成本项目或总账科目	工资总额	提取率	金额
总账科目	二级科目	三级科目				
生产成本	基本生产成本	木制桌子	直接人工	10 260	0.1	1 026
		木制椅子	直接人工	3 740	0.1	374
		小计		14 000	0.1	1 400
	辅助生产成本	修理车间	直接人工	2 600	0.1	260
			制造费用	900	0.1	90
		供水车间	直接人工	2 800	0.1	280
			制造费用	1 000	0.1	100
		小计		7 300	0.1	730
制造费用		基本车间	工资	8 100	0.1	810
合计				29 400	10％	2 940

会计主管：×× 复核：×× 制单：××

工资费用分配的相应会计分录如下：

借：生产成本——基本生产成本——木制桌子　　　　　　　　　　　　　10 260

　　　　　　　　　　　　　——木制椅子　　　　　　　　　　　　　　3 740

　　生产成本——辅助生产成本——修理（直接材料）　　　　　　　　　2 600

　　　　　　　　　　　　　　　（制造费用）　　　　　　　　　　　　900

　　生产成本——辅助生产成本——供水（直接材料）　　　　　　　　　2 800

　　　　　　　　　　　　　　　（制造费用）　　　　　　　　　　　1 000

　　制造费用——基本车间　　　　　　　　　　　　　　　　　　　　8 100

　　　贷：应付职工薪酬——工资　　　　　　　　　　　　　　　　　　29 400

工会经费及教育经费分配的相应会计分录如下：

借：生产成本——基本生产成本——木制桌子　　　　　　　　　　　　　1 026

　　　　　　　　　　　　　——木制椅子　　　　　　　　　　　　　　374

　　生产成本——辅助生产成本——修理（直接材料）　　　　　　　　　260

　　　　　　　　　　　　　　　（制造费用）　　　　　　　　　　　　90

　　生产成本——辅助生产成本——供水（直接材料）　　　　　　　　　280

　　　　　　　　　　　　　　　（制造费用）　　　　　　　　　　　　100

　　制造费用——基本车间　　　　　　　　　　　　　　　　　　　　810

　　　贷：应付职工薪酬——工会及教育经费　　　　　　　　　　　　　2 940

（3）折旧费用分配。根据题目所提供的折旧汇总材料，编制折旧费用分配表，如表 5-24 所示。

表 5-24　　　　　　　　　　　　　固定资产折旧费用分配表

2024 年 3 月 31 日　　　　　　　　　　　　　　单位：元

应借科目			本项目或费用项目	费用金额
总账科目	二级科目	三级科目		
制造费用		基本车间	折旧费	15 500
生产成本	辅助生产成本	修理车间	折旧费	8 300
	辅助生产成本	供水车间	折旧费	2 400
	折旧费用合计			26 200

会计主管：××　　　　　　　复核：××　　　　　　　制单：××

相对应的会计分录如下：

借：制造费用——基本车间　　　　　　　　　　　　　　　　　　　15 500

　　生产成本——辅助生产成本——修理　　　　　　　　　　　　　　8 300

　　　　　　　　　　　　　——供水　　　　　　　　　　　　　　　2 400

　　　贷：累计折旧　　　　　　　　　　　　　　　　　　　　　　　26 200

（4）差旅费、办公费等费用。此类费用，不需要编制费用分配表，直接根据发票等相关单证，编制会计分录。

差旅费用会计分录如下：

借：制造费用——基本车间　　　　　　　　　　　　　　　　　　　　　　　　　　　6 800

　　贷：银行存款　　　　　　　　　　　　　　　　　　　　　　　　　　　　　　　　　　6 800

办公费用会计分录如下：

借：制造费用——基本车间　　　　　　　　　　　　　　　　　　　　　　　　　　　5 948

　　生产成本——辅助生产成本——修理　　　　　　　　　　　　　　　　　　　　　1 989

　　　　　　　　　　　　　　——供水　　　　　　　　　　　　　　　　　　　　　1 126

　　贷：银行存款　　　　　　　　　　　　　　　　　　　　　　　　　　　　　　　　　　9 063

（5）动力费用（电费）分配。根据动力费用发票及内部单位使用情况表,编制动力费用分配表,如表 5-25 所示。

表 5-25　　　　　　　　　　　　外购动力费用分配表

2024 年 3 月 31 日　　　　　　　　　　　　　　　　　　　　　　　　　　金额单位：元

应借科目			成本项目或费用项目	电费分配		
总账科目	二级科目	三级科目		耗电量	分配率	分配金额
制造费用		基本车间	电费	10 000	0.808 9	8 089
生产成本	辅助生产成本	修理车间	制造费用	4 000	0.808 9	3 236
	辅助生产成本	供水车间	制造费用	3 000	0.808 9	2 427
管理费用			电费	1 000	0.808 9	808
外购动力费用合计				18 000	0.808 9	14 560

会计主管：××　　　　　　　　复核：××　　　　　　　　制单：××

相应会计分录如下：

借：制造费用——基本车间　　　　　　　　　　　　　　　　　　　　　　　　　　　8 089

　　生产成本——辅助生产成本——修理　　　　　　　　　　　　　　　　　　　　　3 236

　　　　　　　　　　　　　　——供水　　　　　　　　　　　　　　　　　　　　　2 427

　　管理费用　　　　　　　　　　　　　　　　　　　　　　　　　　　　　　　　　808

　　贷：应付账款　　　　　　　　　　　　　　　　　　　　　　　　　　　　　　　　　14 560

（6）辅助生产费用的分配。将上述各会计分录,登记到生产成本——辅助生产成本明细账,如表 5-26 和表 5-27 所示。

表 5-26　　　　　　　　　　生产成本——辅助生产成本明细账

成本对象：修理服务　　　　生产车间：修理车间　　　　投产时间：　　　　　金额单位：元

2024 年		凭证		摘　要	成本项目			合计
3 月	日	字	号		直接材料	直接人工	制造费用	
		（略）	（略）	领用材料	4 000		1 000	5 000
				工资		2 600	900	3 500

（续表）

2024年		凭证		摘 要	成本项目			合计
3 月	日	字	号		直接材料	直接人工	制造费用	
				工会教育经费		260	90	350
				折旧费			8 300	8 300
				办公费			1 989	1 989
				电费			3 236	3 236
				本月生产费用合计	4 000	2 860	15 515	22 375

表 5-27 生产成本——辅助生产成本明细账

成本对象：供水服务　　　　生产车间：供水车间　　　　投产时间：　　　　金额单位：元

2024年		凭证		摘 要	成本项目			合计
3 月	日	字	号		直接材料	直接人工	制造费用	
		（略）	（略）	领用材料	2 000		800	2 800
				工资		2 800	1 000	3 800
				工会教育经费		280	100	380
				折旧费			2 400	2 400
				办公费			1 126	1 126
				电费			2 427	2 427
				本月生产费用合计	2 000	3 080	7 853	12 933

根据要求，采用直接分配法分配辅助生产费用，如表 5-28 所示。

表 5-28 辅助生产费用分配表（直接分配法）

2024 年 3 月 31 日　　　　金额单位：元

项 目			修理车间	供水车间	金额合计
归集的辅助生产费用			22 375	12 933	35 308
提供给辅助生产车间以外的劳务量			340	5 950	
辅助生产费用分配率			65.808 8	2.173 6	
应借科目	制造费用	基本生产车间	接受劳务量	260	5 500	
			应负担金额	17 110	11 955	29 065
	管理费用		接受劳务量	80	450	
			应负担金额	5 265	978	6 243
分配费用额合计			22 375	12 933	35 308

会计主管：×××　　　　　　复核：×××　　　　　　制单：×××

相应会计分录如下：

借：制造费用——基本车间 29 065

　　管理费用 6 243

　　贷：生产成本——辅助生产成本——修理 22 375

　　　　　　　　　　　　　　　——供水 12 933

（7）制造费用分配。将上述各业务分录，登记到制造费用费明细账，如表5-29所示。

表5-29　　　　　　　　　　　　　制造费用明细账

生产车间：基本车间

2024年		凭证		摘要	借方	贷方	方向	余额	（借）方 项 目						
月	日	字	号						薪酬	折旧	修理费	机物料	水电费	辅助生产	其他
3	31	(略)	(略)	领用材料	7 000		借	7 000				7 000			
				工资	8 100		借	15 100	8 100						
				工会教育经费	810		借	15 910	810						
				折旧费	15 500		借	31 410		15 500					
				维护费	6 800		借	38 210			6 800				
				办公费	5 948		借	44 158							5 948
				电费	8 089		借	52 247					8 089		
				辅助生产	29 065		借	81 312						29 065	

根据题意，编制制造费用分配表，如表5-30所示。

表5-30　　　　　　　　　　　　　制造费用分配表

生产车间：一车间　　　　　　　　2024年3月31日　　　　　　　　金额单位：元

借方科目			生产工时	分配率	制造费用额
总账科目	二级科目	三级科目			
生产成本	基本生产成本	木制桌子	40 600	1.467 7	59 589
		木制椅子	14 800	1.467 7	21 723
合　计			55 400	1.467 7	81 312

会计主管：××　　　　　　　复核：××　　　　　　　制单：××

注：生产工时，请参照工人工资分配表中的生产工时。

相应的会计分录如下：

借：生产成本——基本生产成本——桌子 59 589

　　　　　　　　　　　　　　——椅子 21 723

　　贷：制造费用——基本车间 81 312

（8）完工产品在产品间分配，编制成本计算单。将上述业务的会计分录，登记到生产成本——基本生产成本明细账，如表5-31和表5-32所示。

表 5-31　　　　　　　　　　　　生产成本——基本生产成本明细账

成本对象：木制桌子　　　　生产车间：基本车间　　　　投产时间：　　　　　金额单位：元

2024 年		凭证		摘　要	产量（件）	成本项目			合计
月	日	字	号			直接材料	直接人工	制造费用	
3	31	（略）	（略）	月初在产品	200	18 000	19 000	17 000	54 000
				领用材料		28 283			28 283
				工资			10 260		10 260
				工会教育经费			1 026		1 026
				制造费用分配				59 589	59 589
				生产费用合计		46 283	30 286	76 589	153 158

表 5-32　　　　　　　　　　　　生产成本——基本生产成本明细账

成本对象：木制椅子　　　　生产车间：基本车间　　　　投产时间：　　　　　金额单位：元

2024 年		凭证		摘　要	产量（件）	成本项目			合计
月	日	字	号			直接材料	直接人工	制造费用	
3	31	（略）	（略）	月初在产品	160	24 000	16 000	15 000	55 000
				领用材料		11 717			11 717
				工资			3 740		3 740
				工会教育经费			374		374
				制造费用分配				21 723	21 723
				生产费用合计		35 717	20 114	36 723	92 554

根据题意，采用约当产量法，编制产品成本计算单，如表5-33至表5-37所示。

表 5-33　　　　　　　　　月末在产品材料费用约当产量计算表

生产车间：基本车间　　　　　　　　　2024 年 3 月 31 日

项目	木制桌子				木制椅子		
	一工序	二工序	三工序	合计	一工序	二工序	合计
本工序投料比例	100%	0	0	100%	100%	0	100%
月末在产品数量（件）	180	120	100	400	50	10	60
投料程度	100%	100%	100%		100%	100%	
月末在产品约当产量（件）	180	120	100	400	50	10	60

会计主管：××　　　　　　　　复核：××　　　　　　　　制单：××

表 5-34   月末在产品其他费用约当产量计算表
生产车间：基本车间   2024 年 3 月 31 日

项目	木制桌子				木制椅子		
	一工序	二工序	三工序	合计	一工序	二工序	合计
本工序工时定额	6	4	4	14	5	3	8
月末在产品数量(件)	180	120	100	400	50	10	60
完工程度	3/14	4/7	6/7	—	0.312 5	0.812 5	
月末在产品约当产量(件)	38.57	68.57	85.71	192.86	15.625	8.125	23.75

会计主管：××   复核：××   制单：××

表 5-35   木制桌子生产费用分配表
生产车间：基本车间   2024 年 3 月 31 日   金额单位：元

项目	成本项目			合计
	直接材料	直接人工	制造费用	
期初在产品成本	18 000	19 000	17 000	54 000
本月发生生产费用	28 283	11 286	59 589	99 158
本月生产费用合计	46 283	30 286	76 589	153 158
本期完工产品数量(件)	2 800	2 800	2 800	
月末在产品数量(件)	400	400	400	
在产品约当产量(件)	400	192.86	192.86	
约当总产量(件)	3 200	2 992.86	2 992.86	
费用分配率	14.46	10.12	25.59	
月末在产品成本	5 795	1 950	4 937	12 682
完工产品总成本	40 488	28 336	71 652	140 476
完工产品单位成本	14.46	10.12	25.59	50.17

会计主管：××   复核：××   制单：××

表 5-36   木制椅子生产费用分配表
生产车间：基本车间   2024 年 3 月 31 日   金额单位：元

项目	成本项目			合计
	直接材料	直接人工	制造费用	
期初在产品成本	24 000	16 000	15 000	55 000
本月发生生产费用	11 717	4 114	21 723	37 554
本月生产费用合计	35 717	20 114	36 723	92 554
本期完工产品数量(件)	1 900	1 900	1 900	

（续表）

项目	成本项目			合计
	直接材料	直接人工	制造费用	
月末在产品数量(件)	60	60	60	
在产品约当产量(件)	60	23.75	23.75	
约当总产量(件)	1 960	1 923.75	1 923.75	
费用分配率	18.22	10.46	19.09	
月末在产品成本	1 099	240	452	1 791
完工产品总成本	34 618	19 874	36 271	90 763
完工产品单位成本	18.22	10.46	19.09	47.77

会计主管：×× 复核：×× 制单：××

表5-37　　　　　　　　　　完工产品成本汇总表

2024 年 3 月 31 日　　　　　　　　　　单位：元

产品名称	产量(件)	直接材料	直接人工	制造费用	合　　计	单位成本
木制桌子	2 800	40 488	28 336	71 652	140 476	50.17
木制椅子	1 900	34 618	19 874	36 271	90 763	47.77
合　　计	—	75 106	48 210	107 923	231 239	—

会计主管：×× 复核：×× 制单：××

相应的会计分录(产品入库单略)如下：

借：库存商品——桌子　　　　　　　　　　　　　　　　　140 476
　　　　　　　——椅子　　　　　　　　　　　　　　　　90 763
　　贷：生产成本——基本生产成本——桌子　　　　　　　140 476
　　　　　　　　　　　　　　　　　——椅子　　　　　　90 763

 **知识点链接**

简 易 品 种 法

简易品种法是指不存在完工产品在产品间的分配或者不存在不同产品间的费用分配。如利民发电厂只生产一种产品,即电力,采用品种法核算产品成本。该厂 2024 年 1 月生产电 82 000 000 度(无在产品),生产成本——基本生产成本明细账中归集的生产费用显示为：直接材料 4 210 万元,其中,燃料费用 3 890 万元、辅助材料 282 万元、水费 38 万元；直接人工 819 万元,其中工资 790 万元、社保等 29 万元；制造费用 198 万元。生产费用共计 5 227 万元。请计算完工产品成本和单位成本。

该发电厂当月归集的生产成本——基本生产成本明细账如表5-38所示(注：因该厂只

生产一种产品——电,故要素费用、综合费用的归集与分配过程略)。该发电厂不存在月末在产品,所以也不存在月末将生产费用在完工产品与在产品间分配的问题。

表 5-38   **生产成本——基本生产成本明细账**

产品名称:电力   生产车间:发电车间   单位:元

2024 年		凭证		摘 要	成本项目			合计
月	日	字	号		直接材料	直接人工	制造费用	
1	31	(略)	(略)	燃料费用	38 900 000			38 900 000
				辅助材料	2 820 000			2 820 000
				水 费	380 000			380 000
				工人工资		7 900 000		7 900 000
				计提社保费		290 000		290 000
				分配制造费用			1 980 000	1 980 000
				生产费用合计	42 100 000	8 190 000	1 980 000	52 270 000

根据生产成本——基本生产成本明细账中归集的生产费用,编制产品成本计算单如表5-39 所示。

表 5-39   **产品成本计算单**

产品名称:电力   2024 年 1 月 31 日   单位:元

成本项目	总成本	单位成本
直接材料	42 100 000	0.513 4
直接人工	8 190 000	0.099 9
制造费用	1 980 000	0.024 1
合 计	52 270 000	0.637 4

根据表 5-39 编制会计分录如下:

借:库存商品——电力   52 270 000

    贷:生产成本——基本生产成本——电力   52 270 000

职业基础知识测试

一、单项选择题

1. 品种法的特点是(　　)。

A. 分批计算产品成本   B. 分步计算产品成本

C. 分品种计算产品成本   D. 既分品种又分步计算产品成本

2. 成本计算最基本的方法是（　　）。

A. 分批法　　　　B. 分类法　　　　C. 品种法　　　　D. 分步法

3. 品种法的成本计算对象是（　　）。

A. 产品的生产品种　　　　　　　　B. 产品生产工序

C. 产品的生产类别　　　　　　　　D. 产品的生产批次

4. 品种法是产品成本计算的（　　）。

A. 重要方法　　　　B. 主要方法　　　　C. 基本方法　　　　D. 最简单的方法

5. 品种法适用的生产组织是（　　）。

A. 单件生产　　　　B. 大量大批生产　　C. 小批生产　　　　D. 都可以

6. 下列各项中，不属于成本计算基本方法的是（　　）。

A. 品种法　　　　B. 分批法　　　　C. 分类法　　　　D. 分步法

7. 品种法的成本计算期与（　　）是一致的。

A. 会计年度　　　　B. 会计周期　　　　C. 生产周期　　　　D. 产品完工日期

8. 工业企业产品成本的计算最终是通过（　　）科目进行的。

A. "生产成本——基本生产成本"　　B. "制造成本"

C. "制造费用"　　　　　　　　　　D. "生产成本——辅助生产成本"

9. 区别各种成本计算基本方法的主要标志是（　　）。

A. 成本计算日期　　　　　　　　　B. 间接费用的分配方法

C. 成本计算对象　　　　　　　　　D. 完工产品与在产品之间分配费用的方法

10. 如果企业只生产一种产品，那么发生的费用（　　）。

A. 都要进行分配后计入　　　　　　B. 全部是间接计入费用

C. 部分直接计入，部分间接计入　　D. 全部是直接计入费用

二、多项选择题

1. 产品成本计算品种法的适用范围有（　　）。

A. 大量大批的单步骤生产　　　　　B. 要求分步骤计算产品成本

C. 封闭式车间进行的产品生产　　　D. 不要求分步骤计算成本的多步骤生产

2. 以下各项中，属于品种法特点的有（　　）。

A. 以产品的品种为成本计算对象　　B. 计算期与生产周期一致

C. 一般适用于大量大批的生产　　　D. 按月定期计算产品成本

3. 产品成本计算的基本方法有（　　）。

A. 品种法　　　　B. 分批法　　　　C. 分步法　　　　D. 分类法

4. 品种法适用于（　　）。

A. 大量大批多步骤生产而且在管理上要求分步计算成本的企业

B. 大量大批单步骤生产企业

C. 大量大批多步骤生产但管理上不要求分步计算成本的企业

D. 小批单件生产企业

5. 品种法是产品成本计算最基本方法的原因有(　　　)。

A. 品种法计算成本最简单

B. 任何成本计算方法最终都要计算出各品种的成本

C. 品种法的成本计算程序最有代表性

D. 品种法需要按月计算产品成本

三、判断题

1. 品种法一般适用于大量大批多步骤生产的产品成本计算。　　　　　　　(　　)

2. 不论什么制造企业,不论什么生产类型,也不论管理要求如何,最终都必须按照产品品种计算产品成本。　　　　　　　　　　　　　　　　　　　　(　　)

3. 品种法是各种产品成本计算方法的基础。　　　　　　　　　　　　　　(　　)

4. 品种法一般适用于大量大批多步骤生产的产品成本计算。　　　　　　　(　　)

5. 从生产工艺角度讲,品种法只适用于单步骤的简单生产。　　　　　　　(　　)

6. 生产组织不同对产品成本计算方法的影响是:品种法适用于小批单件生产;分批法适用于大批大量生产。　　　　　　　　　　　　　　　　　　　　(　　)

7. 品种法是按月定期计算产品成本的。　　　　　　　　　　　　　　　　(　　)

8. 从成本计算对象和成本计算程序来看,品种法是产品成本计算最基本的方法。

　　　　　　　　　　　　　　　　　　　　　　　　　　　　　　　　(　　)

9. 品种法的成本计算期与会计报告期一致,与生产周期不一致。　　　　　(　　)

10. 品种法不需要在各种产品之间分配费用,也不需要在完工产品和月末在产品之间分配费用,所以也称简单法。　　　　　　　　　　　　　　　　　　　(　　)

四、计算分析题

1. 丽阳有限责任公司设有一个基本生产车间,大量大批单步骤生产C、D两种产品;设有修理和供气两个辅助生产车间,为生产车间及管理部门服务。采用的成本核算方法为品种法,设有"直接材料""直接人工""制造费用"三个成本项目。

成本核算相关政策如下:①C、D产品所需原材料系开工时一次投入;②C、D产品共同耗用的材料按直接材料消耗比例分配;③基本生产车间生产工人工资、制造费用均按生产工时比例分配;④辅助生产车间不单独核算制造费用,归集的辅助生产费用采用直接分配法进行分配;⑤C、D产品采用约当产量法计算月末在产品成本。

已知该公司2024年1月有关产品产量及相关资料如表5-40至表5-43所示。

表5-40　　　　　　　　　　　月初在产品成本表

2024 年 1 月 31 日

单位:元

产品品种	直接材料	直接工资	制造费用	合计
C 产品	8 000	9 000	7 000	24 000
D 产品	4 000	6 000	5 000	15 000

表 5-41 产量变动情况表

2024 年 1 月 31 日 单位：件

项目	C 产品	D 产品
期初在产品	120	60
本月投产	700	300
本月完工	600	320
月末在产品	220	40

注：C、D 产品月末在产品完工程度均为 50%。

表 5-42 生产产品实际耗用工时表

2024 年 1 月 31 日 单位：小时

产品名称	生产工时	备注
C 产品	7 000	
D 产品	3 000	
合计	10 000	

表 5-43 辅助生产车间劳务消耗量资料表

2024 年 1 月 31 日

受益部门	辅助生产车间		备注
	修理车间（修理工时）	供气车间（升）	
基本生产车间	1 600	25 000	
企业管理部门	200	1 500	
修理车间		2 000	
供气车间	100		
合计	1 900	28 500	

本月发生费用情况如表 5-44 至表 5-47 所示。

表 5-44 原材料领用汇总表

2024 年 1 月 31 日 单位：元

用途		金额
基本生产车间	C 产品	60 000
	D 产品	40 000
	C 产品和 D 产品共用	50 000
	一般耗用	2 000

（续表）

用途		金额
修理车间	生产用	3 000
	一般用	500
供气车间	生产用	4 000
	一般用	700
管理部门		800
合　计		161 000

表 5-45　　　　　　　　　　　　**工资结算汇总表**

2024 年 1 月 31 日　　　　　　　　　　　　单位：元

用途		工资费用	社保费用（30%）
基本生产车间	生产工人	90 000	27 000
	管理人员	30 000	9 000
修理车间	生产工人	40 000	12 000
	管理人员	6 000	1 800
供气车间	生产工人	46 000	13 800
	管理人员	7 000	2 100
管理部门	管理人员	20 000	6 000
合计		239 000	71 700

表 5-46　　　　　　　　　　　　**折旧费用汇总表**

2024 年 1 月 31 日　　　　　　　　　　　　单位：元

用途	折旧费用
基本生产车间	80 000
修理车间	5 000
供气车间	6 000
管理部门	20 000
合计	111 000

表 5-47　　　　　　　　　　　　**其他费用汇总表**

2024 年 1 月 31 日　　　　　　　　　　　　单位：元

用途	外购动力	水费	办公费	劳保费	差旅费
基本生产车间	7 000	500	3 000	800	6 000
修理车间	6 000	200	500	600	2 000

用途	外购动力	水费	办公费	劳保费	差旅费
供气车间	4 000	800	800	700	2 000
管理部门	1 000	500	5 000		20 000
合计	18 000	2 000	9 300	2 100	30 000

要求：

（1）建立成本明细账。

（2）编制各类费用分配表和会计分录并登记成本明细账。

（3）编制辅助生产费用、制造费用分配表及会计分录登记成本明细账。

（4）计算完工产品总成本及单位成本（计算分配率保留4位小数，结果精确到元）。

第六章

分批法成本核算

学习目标

根据企业的生产类型、工艺特点和管理要求,合理选定产品成本计算对象,确定产品成本计算期;运用分批法计算完工产品成本和单位成本,编制成本计算单,填制记账凭证,登记生产成本和制造费用明细账。

知识要点

1. 判断分批法的适用情况
2. 熟练编写各要素费用、辅助生产费用、制造费用、成本计算单等分配表
3. 熟练编写记账凭证并登记各成本明细账

【思政园地】

持续提高会计人员的专业性

企业要重视提升成本核算人员的专业能力,进而提高企业成本核算工作质量。

第一,企业管理层要重视成本核算管理工作。应加强成本核算管理宣传,组织财务部员工召开专题会,强调成本核算管理对会计核算乃至企业管理的重要意义,提升工作人员对成本核算工作重要性的思想认识,形成工作导向。

第二,要建立一支业务精干的成本核算人员队伍。要根据企业经营规模、业务模式,以及成本核算的工作量和复杂程度,合理确定成本核算人员数量。要在人员选聘上,搭建有序的人才体系,成本核算人员要实现"老中青"三结合:既有经验丰富、在企业工作年限较长的老员工,又有精力充沛、工作能力强的中年骨干,还要有校招或毕业几年的青年员工。老员

工熟悉企业业务模式,了解成本核算的重点、难点;中年骨干承担成本核算的主要工作责任,在做好成本核算工作的同时,解决出现的问题;青年员工加强跟班学习,尽快熟悉业务、尽快上手。要发挥"老中青"各自的优势,形成合力,提高成本核算工作的效率和效果。

第三,要支持、鼓励和督促成本核算人员做好会计后续教育,保持学习意识和学习能力,学习新型成本核算工具,包括人工智能工具、信息化工具等,提高成本核算工作能力;同时,要鼓励员工考取会计资格证书、注册会计师证书等,从理论和实践两个方面入手,全面提高成本核算工作能力,更好地开展相关工作。

参考资料:崔佳琳.成本核算在企业会计核算中的应用研究[J].现代经济信息,2023(38):82-84.

第一节　分批法概述

一、分批法的概念

产品成本计算的分批法是指以产品的批别或订单作为成本计算对象,归集生产费用,计算产品成本的一种方法。由于每批或件产品的品种、数量一般都是按客户的订单确定的,并据此下达生产通知单,所以分批法也称为订单法。

二、分批法的特点

1. 以产品批号或订单作为成本计算对象

分批法按每批或订单开设生产成本——基本生产成本明细账,并按规定的成本项目归集生产费用,计算产品成本。实务中企业生产计划部门应根据订单或批别所要求的产品品种、数量、投产日期、完工日期签发生产通知单,财会部门应根据生产计划部门确定的产品批别或生产指令为成本计算对象开设明细账,按规定的成本项目归集生产费用。

2. 成本计算期是每批或订单产品的生产周期

分批法的成本计算期与产品的生产周期一致,与会计报告期通常不一致。分批法下,有的产品生产工期较短,当月投产、当月完工,一般情况下没有在产品;有的产品工期较长,生产需要几个月,在产品完工前的月份均表现为在产品。

3. 期末在完工产品与在产品之间分配生产费用较为简单

(1)在单件生产的情况下,产品完工前,生产成本——基本生产成本明细账中所归集的生产费用就是在产品成本,产品完工后,生产成本——基本生产成本明细账中所归集的生产费用就是完工产品成本。

(2)在小批生产的情况下,在月末计算产品成本时,往往已经全部完工形成完工产品成本,或者全部没有完工形成期末在产品成本。因此,分批法一般不存在完工产品成本和在产品成本之间分配的问题。

对跨月完工产品成本的计算可以按照两种方式处理:如果跨月完工产品在同一批次内比重较小的,为了简化核算手续,对于同一批次内先完工交付的产品,可以按计划单位成本、定额单位成本或最近一期相同产品的实际单位成本计价,从该批产品的成本计算单中转出,剩下的即为该批产品的在产品成本,实际成本与计划成本或定额成本的差异则由当月在产品成本负担。当该批产品全部完工时,另行计算该批产品实际总成本和单位成本,但对原来计算并转出的前期完工产品成本,不作账面调整。如果同一批次产品跨月完工的数量较多,为正确计算产品成本,应采用适当的方法(如约当产量法、定额成本法等),在完工产品和在产品之间分配生产费用。

三、分批法的适用范围

分批法通常适用于从事小批单件的产品生产的企业。

 **知识点链接**

企业的生产组织特点及其对成本核算的影响

生产组织是指保证生产过程各个环节、各个因素相互协调的生产工作方式。可将生产组织分为大量生产、成批生产和小批单件生产三种类型。

1. 大量生产

大量生产是指不间断地重复生产品质相同产品的生产。其特点是产品品种稳定,各种产品不断重复生产,产量大,品种少。大量生产包括采煤、冶金、面粉、化肥、酿酒等。

2. 成批生产

成批生产是指按事先规定的产品批别和数量进行的生产,如机床、服装、鞋帽等生产。成批生产又可分为大批生产和小批生产。大批生产由于产品批量较大,需在几个月内不断地重复生产一种或几种产品,因而具有大量生产的特点。小批生产由于批量较小,故具有单件生产性质。

3. 小批单件生产

单件生产是指按照客户订单要求的品种、规格、数量来组织生产个别的、性质特殊的产品生产,如造船、精密仪器、专用设备等的生产。在实务中,大量生产和大批生产相近,小批生产和单件生产相近,因而常将大批生产与大量生产称为大量大批生产,将小批生产和单件生产称为小批单件生产。

第二节　生产费用的归集、分配与核算

在分批法核算下,产品成本计算程序如下。

1. 按批次开设生产成本——基本生产成本明细账

按照产品的生产批次、订单开设生产成本——基本生产成本明细账,或产品成本计算单,并在账内设置成本项目专栏。要求生产成本——基本生产成本明细账的设立应与生产计划部门签发的生产通知单编号一致,以保证各批产品成本计算准确无误。

2. 按批次归集与分配生产费用

根据各项费用发生的原始凭证,汇总编制各种费用分配表,并将各批产品直接发生的直接材料和直接人工费用,按批号直接记入各批产品的生产成本——基本生产成本明细账,防止串批;将发生的间接费用按用途和发生地点归集在生产成本——辅助生产成本和制造费用明细账中,月末按照特定的方法在各批产品间进行分配,再记入各批产品成本明细账。

3. 按批次计算完工产品成本

月末,对已经完工的批次产品,其生产成本——基本生产成本明细账中归集的生产费用就是完工产品的总成本,除以数量就是完工产品单位成本;对未完工的批次产品,其生产成本——基本生产成本明细账中归集的生产费用就是月末在产品成本;月末如果有跨月完工并交付销售产品的,则可以根据情况采用计划成本法或约当产量法、定额比例法等,在完工产品与在产品间分配生产费用,待该批产品全部完工时,再计算实际总成本和单位成本。

【例 6-1】 星月制造厂是一家生产经营"皇冠"牌帽子的企业,主要生产和销售棒球帽、鸭舌帽,属于小批生产企业,采用分批法计算成本。该工厂设有一个基本生产车间,及修理和供水两个辅助生产车间。该厂 2024 年 3 月投产批次及生产情况如下,材料于生产开始时一次投入。

(1)3 月生产批次及完工情况表 6-1 所示。

表 6-1　　　　　　　　　　　　各批产品生产情况表

产品批号	产品名称	投产情况	月初在产品数量	本月完工数量	月末在产品
216	棒球帽	2 月 27 日投产 80 件	80 件	65 件	15 件
312	棒球帽	3 月 22 日投产 50 件	0	8 件	42 件
313	鸭舌帽	3 月 26 日投产 72 件	0		72 件

(2)月初在产品成本情况表 6-2 所示。

表 6-2　　　　　　　　　　　　月初在产品成本资料　　　　　　　　　　　　单位:元

产品批号	产品名称	成本项目			合计
		直接材料	直接人工	制造费用	
216	棒球帽	9 000	7 600	5 400	22 000

(3)其他材料如下:月末按生产工时比例分配完工产品和在产品成本,加工费用发生比较均衡,月末在产品完工程度为 50%。基本生产车间生产工人的职工薪酬(如职工工资、社会保险、住房公积金等)按生产工时比例法在产品间分配,制造费用按生产工时比例法在产品间分配,如表 6-3 至表 6-7 所示。

表 6-3   产品材料耗用定额

商品名称	直接材料单位定额耗用量及单位		
	尼龙布	棉布	金属扣
棒球帽	0.8 米	0.5 米	1 个
鸭舌帽	0.6 米	0.7 米	2 个

表 6-4   产品人工及制造费用单位工时定额

商品名称	直接人工分配定额	制造费用分配定额
棒球帽	1.5 工时	1.5 工时
鸭舌帽	2.0 工时	2.0 工时

表 6-5   辅助生产车间劳务消耗量资料表

2024 年 3 月 31 日

受益部门	辅助生产车间		备注
	修理车间(修理工时)	供水车间(吨)	
基本生产车间	600	500	
企业管理部门	100	150	
修理车间		50	
供水车间	70		
合　计	770	700	

表 6-6   本月发生的生产费用资料表   单位：元

项目	基本生产车间		辅助生产车间				合计
			修理车间		供水车间		
	产品用	车间耗用	产品用	车间耗用	产品用	车间耗用	
原材料	15 000	2 000	4 000	1 000	2 000	800	24 800
其中：尼龙布	8 000						8 000
棉布	6 000						6 000
金属扣	1 000						1 000
工　资	14 000	8 100	2 600	900	2 800	1 000	29 400
工会经费、教育经费	1 400	810	260	90	280	100	2 940
折旧费		15 500		8 300		2 400	26 200
差旅费		1 800					1 800
办公费用		3 948		1 989		1 126	7 063
合　计	30 400	32 158	6 860	12 279	5 080	5 426	92 203

注：各项费用支出均以转账支票支付。外购动力费用不含税总额为 1 460 元。

表 6-7　　　　　　　　　　　　　　部门用电统计表

用电部门	用途	用电量
基本生产车间	生产用电	1 000
修理车间	辅助生产用电	400
供水车间	辅助生产用电	300
管理部门	管理用电	100
合　计		1 800

要求：

（1）根据上述资料，采用分批法设置成本明细账，计算各批完工产品成本和月末在产品成本。开设生产成本——辅助生产成本明细账、制造费用明细账、生产成本——基本生产成本明细账。其中，生产成本——辅助生产成本明细账和生产成本——基本生产成本明细账设"直接材料""直接人工""制造费用"三个成本项目专栏，辅助车间不单设制造费用明细账。

（2）编制各要素费用、综合费用分配表，分配率至少保留 2 位小数，分配结果保留到元。

（3）根据各要素费用、综合费用分配表编制记账凭证，并登记相应成本明细账。

（4）各批次生产费用在完工产品与在产品产的分配要求如下：

216 批棒球帽产品完工数量较多，采用约当产量法，其中材料是生产开始时一次投料，在产品完工程度为 50%。

312 批棒球帽产品完工数量较少，采用计划成本法计算完工产品成本，单位计划成本为：直接材料 120 元、直接人工 130 元、制造费用 140 元。

第一步，根据题意，按照分批法建立生产成本——基本生产成本明细账，如表 6-8 至表 6-11 所示。

表 6-8　　　　　　　　　生产成本——基本生产成本明细账

产品批号：216#　　　　批量：80　　　　购货单位：×××公司
产品名称：棒球帽　　生产车间：基本车间　　投产日期：　　完工日期：　　金额单位：元

2024年		凭证		摘　要	产量（个）	成本项目			合计
月	日	字	号			直接材料	直接人工	制造费用	
3	1	（略）	（略）	期初在产品	80	9 000	7 600	5 400	22 000

表 6-9　　　　　　　　　生产成本——基本生产成本明细账

产品批号：313#　　　　批量：72　　　　购货单位：×××公司
产品名称：鸭舌帽　　生产车间：基本车间　　投产日期：　　完工日期：　　金额单位：元

年		凭证		摘　要	产量（个）	成本项目			合计
月	日	字	号			直接材料	直接人工	制造费用	

表 6-10 生产成本——基本生产成本明细账

产品批号：312# 批量：50 购货单位：×××公司

产品名称：棒球帽 生产车间：基本车间 投产日期： 完工日期： 金额单位：元

年		凭证		摘 要	产量 (个)	成本项目			合计
月	日	字	号			直接材料	直接人工	制造费用	

表 6-11 制造费用明细账

生产车间：基本车间 金额单位：元

年		凭证		摘要	借方	贷方	借/贷	余额	(借)方项目						
月	日	字	号						薪酬	折旧	修理费	机物料	水电费	辅助生产	其他

第二步,编制各类费用的分配表及相应会计分录。

(1) 材料费用分配表(表 6-12 至表 6-18)及相应会计分录。

表 6-12 生产成本——辅助生产成本明细账

成本对象：修理服务 生产车间：修理车间 金额单位：元

年		凭证		摘 要	成本项目			合计
月	日	字	号		直接材料	直接人工	制造费用	

表 6-13 生产成本——辅助生产成本明细账

成本对象：供水服务 生产车间：修理车间 金额单位：元

年		凭证		摘 要	成本项目			合计
月	日	字	号		直接材料	直接人工	制造费用	

表 6-14　　　　　　　　　　　　材料费用分配表

2024 年 3 月 31 日　　　　　　　　　　　　　　　　金额单位：元

应借科目			成本或费用项目	尼龙布		
总账科目	二级科目	三级科目		定额耗量	分配率	分配额
生产成本	基本生产成本	312 棒球帽	直接材料	40.0	96.153 8	3 846
		313 鸭舌帽	直接材料	43.2	96.153 8	4 154
		小　计		83.2	96.153 8	8 000

会计主管：××　　　　　　　　复核：××　　　　　　　　制单：××

表 6-15　　　　　　　　　　　　材料费用分配表

2024 年 3 月 31 日　　　　　　　　　　　　　　　　金额单位：元

应借科目			成本或费用项目	尼龙布		
总账科目	二级科目	三级科目		定额耗量	分配率	分配额
生产成本	基本生产成本	312 棒球帽	直接材料	25.0	79.575 6	1 989
		313 鸭舌帽	直接材料	50.4	79.575 6	4 011
		小　计		75.4	79.575 6	6 000

会计主管：××　　　　　　　　复核：××　　　　　　　　制单：××

表 6-16　　　　　　　　　　　　材料费用分配表

2024 年 3 月 31 日　　　　　　　　　　　　　　　　金额单位：元

应借科目			成本或费用项目	尼龙布		
总账科目	二级科目	三级科目		定额耗量	分配率	分配额
生产成本	基本生产成本	312 棒球帽	直接材料	50	5.154 6	258
		313 鸭舌帽	直接材料	144	5.154 6	742
		小　计		194	5.154 6	1 000

会计主管：××　　　　　　　　复核：××　　　　　　　　制单：××

表 6-17　　　　　　　　　　　　材料费用分配定额

批号	商品名称	直接材料单位定额耗用量及单位			投产量（个）	定额耗用量		
		尼龙布（米）	棉布（米）	金属扣（个）		尼龙布（米）	棉布（米）	金属扣（个）
312#	棒球帽	0.8	0.5	1	50	40	25	50
313#	鸭舌帽	0.6	0.7	2	72	43.2	50.4	144

会计主管：××　　　　　　　　复核：××　　　　　　　　制单：××

表 6-18   材料费用分配表

2024 年 3 月 31 日   金额单位：元

应借科目			成本或费用项目	直接计入费用	分配计入费用	合计
总账科目	二级科目	三级科目				
生产成本	基本生产成本	312 棒球帽	直接材料		6 093	6 093
		313 鸭舌帽	直接材料		8 907	8 907
		小　计			15 000	15 000
	辅助生产成本	修理车间	直接材料	4 000		4 000
			制造费用	1 000		1 000
		供水车间	直接材料	2 000		2 000
			制造费用	800		800
		小　计		7 800		7 800
制造费用		基本车间	材料费	2 000		2 000
合　计				9 800	15 000	24 800

会计主管：××   复核：××   制单：××

相应会计分录如下：

借：生产成本——基本生产成本——312# 棒球帽   6 093

　　　　　　　　　　　——313# 鸭舌帽   8 907

　　生产成本——辅助生产成本——修理——直接材料   4 000

　　　　　　　　　　　　　　　　——制造费用   1 000

　　生产成本——辅助生产成本——供水——直接材料   2 000

　　　　　　　　　　　　　　　　——制造费用   800

　　制造费用——基本车间   2 000

　贷：原材料   24 800

（2）人工费用分配表及会计分录。工资费用分配如表 6-19 所示。

表 6-19   工资费用分配表

2024 年 3 月 31 日   金额单位：元

应借科目			成本项目或费用项目	分配计入		
总账科目	二级科目	三级科目		定额工时	分配率	分配金额
生产成本	基本生产成本	216 棒球帽	直接人工	48.75	85.235 9	4 155
		312 棒球帽	直接人工	43.50	85.235 9	3 708
		313 鸭舌帽	直接人工	72.00	85.235 9	6 137
		小　计		164.25	85.235 9	14 000

（续表）

应借科目			成本项目 或费用项目	分配计入		
总账科目	二级科目	三级科目		定额工时	分配率	分配金额
生产成本	辅助生产成本	修理车间	直接人工			2 600
			制造费用			900
		供水车间	直接人工			2 800
			制造费用			1 000
		小计				7 300
制造费用		基本车间	工资			8 100
合计						29 400

会计主管：××　　　　　　　　复核：××　　　　　　　　制单：××

分配表中"定额工时"，依据各批次产品的月初在产品数量、月末在产品数量及本月完工产品数量和单位产品定额进行计算。

216 批棒球帽定额工时＝1.5×（65＋15×50％）－80×50％×1.5＝48.75

312 批棒球帽定额工时＝1.5×（8＋21）＝43.5

313 批鸭舌帽定额工时＝2×（72×50％）＝72

相应会计分录如下：

借：生产成本——基本生产成本——216# 棒球帽　　　　　　　4 155
　　生产成本——基本生产成本——312# 棒球帽　　　　　　　3 708
　　　　　　　　　　　　　　——313# 鸭舌帽　　　　　　　6 137
　　生产成本——辅助生产成本——修理——直接人工　　　　　2 600
　　　　　　　　　　　　　　　　　　——制造费用　　　　　　900
　　生产成本——辅助生产成本——供水——直接人工　　　　　2 800
　　　　　　　　　　　　　　　　　　——制造费用　　　　　1 000
　　制造费用——基本车间　　　　　　　　　　　　　　　　　8 100
　　贷：应付职工薪酬——工资　　　　　　　　　　　　　　　29 400

工会经费及教育经费分配如表 6-20 所示。

表 6-20　　　　　　　　　　工会经费及教育经费分配表

2024 年 3 月 31 日　　　　　　　　　　　　　　　　　　　　金额单位：元

应借科目			成本项目或 费用项目	工资总额	分配计入	
总账科目	二级科目	三级科目			提取率	金额
生产成本	基本生产成本	216 棒球帽	直接人工	4 155	0.1	415.5
		312 棒球帽	直接人工	3 708	0.1	370.8
		313 鸭舌帽	直接人工	6 137	0.1	613.7
		小计		14 000	0.1	1 400

（续表）

应借科目			成本项目或费用项目	工资总额	分配计入	
总账科目	二级科目	三级科目			提取率	金额
生产成本	辅助生产成本	修理车间	直接人工	2 600	0.1	260
			制造费用	900	0.1	90
		供水车间	直接人工	2 800	0.1	280
			制造费用	1 000	0.1	100
		小计		7 300	0.1	730
制造费用		基本车间	工资	8 100	0.1	810
合计				29 400	0.1	2 940

会计主管：×× 　　　　　复核：×× 　　　　　制单：××

借：生产成本——基本生产成本——216#棒球帽　　　　　　　415.5

　　生产成本——基本生产成本——312#棒球帽　　　　　　　370.8

　　　　　　　　　　　　　　——313#鸭舌帽　　　　　　　613.7

　　生产成本——辅助生产成本——修理——直接人工　　　　260

　　　　　　　　　　　　　　　　　　——制造费用　　　　90

　　生产成本——辅助生产成本——供水——直接人工　　　　280

　　　　　　　　　　　　　　　　　　——制造费用　　　　100

　　制造费用——基本车间　　　　　　　　　　　　　　　　810

　　贷：应付职工薪酬——工资　　　　　　　　　　　　　　2 940

（3）折旧费用分配表（表6-21）与会计分录。

表6-21　　　　　　　　　固定资产折旧费用分配表

2024年3月31日　　　　　　　　　　　　　　　　　单位：元

应借科目			本项目或费用项目	费用金额
总账科目	二级科目	三级科目		
制造费用		基本车间	折旧费	15 500
生产成本	辅助生产成本	修理车间	折旧费	8 300
	辅助生产成本	供水车间	折旧费	2 400
折旧费用合计				26 200

会计主管：×× 　　　　　复核：×× 　　　　　制单：××

相应会计分录如下：

借：制造费用——折旧费　　　　　　　　　　　　　　　　15 500

　　生产成本——辅助生产成本——修理服务——制造费用　　8 300

　　　　　　　　　　　　　——供水服务——制造费用　　　2 400

　　贷：累计折旧　　　　　　　　　　　　　　　　　　　26 200

（4）外购动力费用分配表（表6-22）及会计分录。

表6-22 **外购动力费用分配表**

2024年3月31日　　　　　　　　　　　　金额单位：元

应借科目			成本项目或费用项目	分配计入		
总账科目	二级科目	三级科目		耗电量（度）	分配率	分配金额
制造费用		基本车间	电费	1 000	0.811 1	811
生产成本	辅助生产成本	修理车间	制造费用	400	0.811 1	324
	辅助生产成本	供水车间	制造费用	300	0.811 1	243
管理费用			电费	100	0.811 1	82
外购动力费用合计				1 800	0.811 1	1 460

会计主管：×× 　　　　　　　　复核：××　　　　　　　　制单：××

借：制造费用——电费　　　　　　　　　　　　　　　　811
　　生产成本——辅助生产成本——修理服务（制造费用）　　324
　　　　　　　　　　　　　　——供水服务（制造费用）　　243
　　管理费用——电费　　　　　　　　　　　　　　　　82
　　贷：应付账款　　　　　　　　　　　　　　　　　1 460

（5）其他费用（差旅费、办公费）会计分录。此类费用只需根据发票及其他相关单据编制会计分录，不需要编制分配表。

差旅费用会计分录如下：

借：制造费用——差旅费　　　　　　　　　　　　　　1 800
　　贷：银行存款　　　　　　　　　　　　　　　　　1 800

办公费用会计分录如下：

借：制造费用——折旧费　　　　　　　　　　　　　　3 948
　　生产成本——辅助生产成本——修理服务（制造费用）　1 989
　　　　　　　　　　　　　　——供水服务（制造费用）　1 126
　　贷：银行存款　　　　　　　　　　　　　　　　　7 063

（6）辅助生产费用的分配与会计分录。将前面费用业务的会计分录登记到生产成本——辅助生产成本明细账上，如表6-23和表6-24所示。

表6-23 **生产成本——辅助生产成本明细账**

成本对象：修理服务　　　　　　　　生产车间：修理车间

2024年		凭证		摘要	成本项目			合计
月	日	字	号		直接材料	直接人工	制造费用	
		（略）	（略）	领料	4 000		1 000	5 000
				工资		2 600	900	3 500

(续表)

2024 年		凭证		摘 要	成本项目			合计
月	日	字	号		直接材料	直接人工	制造费用	
				工会教育经费		260	90	350
				折旧			8 300	8 300
				办公费			1 989	1 989
				电费			324	324
				合计	4 000	2 860	12 603	19 463

表 6-24 生产成本——辅助生产成本明细账

成本对象：修理服务　　　　　　　　　生产车间：修理车间

2024 年		凭证		摘 要	成本项目			合计
月	日	字	号		直接材料	直接人工	制造费用	
		(略)	(略)	领料	2 000		800	2 800
				工资		2 800	1 000	3 800
				工会教育经费		280	100	380
				折旧			2 400	2 400
				办公费			1 126	1 126
				电费			243	243
				合计	2 000	3 080	5 669	10 749

根据题目要求，编制生产成本——辅助生产费用分配表（表 6-25）及相应会计分录。

表 6-25 生产成本——辅助生产费用分配表（直接分配法）

2024 年 3 月 31 日　　　　　　　　　　　　　　　　单位：元

项 目				修理车间	供水车间	金额合计
归集的辅助生产费用				19 463	10 749	
提供给辅助生产车间以外的劳务量				700	650	
辅助生产费用分配率				27.804 3	16.536 9	
应借科目	制造费用	基本生产车间	接受劳务量	600	500	
			应负担金额	16 683	8 268	24 951
	管理费用		接受劳务量	100	150	
			应负担金额	2 780	2 481	5 261
分配费用额合计				19 463	10 749	30 212

会计主管：×××　　　　　　　复核：×××　　　　　　　制单：×××

相应会计分录如下：

借：制造费用——基本车间 24 951

　　管理费用 5 261

　　贷：生产成本——辅助生产成本——修理服务 19 463

　　　　　　　　　　　　　　　　——供水服务 10 749

将上述费用分配表会计分录登记到制造费用明细账上，如表6-26和表6-27所示。

表6-26　　　　　　　　　　　　　制造费用明细账

生产车间：基本车间

2024 年		凭证		摘要	借方	贷方	借/贷	余额	（借）方项目						
月	日	字	号						薪酬	折旧	修理费	机物料	水电费	辅助生产	其他
				领料	2 000		借	2 000				2 000			
				工资	8 100		借	10 100	8 100						
				工会教育经费	810		借	10 910	810						
				折旧费	15 500		借	26 410		15 500					
				差旅费	1 800		借	28 210							1 800
				办公费	3 948		借	32 158							3 948
				电费	811		借	32 969					811		
				辅助生产费用	24 951		借	57 920						24 951	

表6-27　　　　　　　　　　　　　制造费用分配表

生产车间：一车间　　　　　　　　　　　2024 年 3 月 31 日　　　　　　　　　　金额单位：元

借方科目			生产工时	分配率	制造费用额
总账科目	二级科目	三级科目			
生产成本	基本生产成本	216 棒球帽	48.75	352.633 2	17 191
		312 棒球帽	43.50	352.633 2	15 340
		313 鸭舌帽	72.00	352.633 2	25 389
合　　计			164.25	352.633 2	57 920

会计主管：××　　　　　　　　复核：××　　　　　　　　制单：××

相应会计分录如下：

借：生产成本——基本生产成本——216# 17 191

　　　　　　　　　　　　——312# 15 340

　　　　　　　　　　　　——313# 25 389

　　贷：制造费用——基本车间 57 920

将上述费用分配业务会计分录登记到生产成本——基本生产成本明细账上,如表6-28至表6-30所示。

表6-28 生产成本——基本生产成本明细账

产品批号:216# 批量:80 购货单位:×××公司

产品名称:棒球帽 生产车间:基本车间 投产日期: 完工日期:

2024年		凭证		摘 要	产量(个)	成本项目			合计
月	日	字	号			直接材料	直接人工	制造费用	
3	1	(略)	(略)	期初在产品	80	9 000.00	7 600.00	5 400.00	22 000.00
				工资			4 155.00		4 155.00
				工会教育经费			415.50		415.50
				制造费用分配				17 191.00	17 191.00
				生产费用合计		9 000.00	12 170.50	22 591.00	43 761.50

表6-29 生产成本——基本生产成本明细账

产品批号:313# 批量:72 购货单位:×××公司

产品名称:鸭舌帽 生产车间:基本车间 投产日期: 完工日期:

2024年		凭证		摘 要	产量(个)	成本项目			合计
月	日	字	号			直接材料	直接人工	制造费用	
		(略)	(略)	领材料		8 907.00			8 907.00
				工资			6 137.00		6 137.00
				工会教育经费			613.70		613.70
				制造费用分配				25 389.00	25 389.00

表6-30 生产成本——基本生产成本明细账

产品批号:312# 批量:50 购货单位:×××公司

产品名称:棒球帽 生产车间:基本车间 投产日期: 完工日期:

2024年		凭证		摘 要	产量(个)	成本项目			合计
月	日	字	号			直接材料	直接人工	制造费用	
3	1	(略)	(略)	期初在产品	50	6 093.00			6 093.00
				工资			3 708.00		3 708.00
				工会教育经费			370.80		370.80
				制造费用分配				15 340.00	15 340.00
				生产费用合计		6 093.00	4 078.80	15 340.00	25 511.80

根据分批法完工产品计算的说明,编制生产费用分配表(表6-31)及相应会计分录。其中216#期末完工较多且要求分次交货,采用约当产量法。

表6-31　　　　　　　216#棒球帽产品生产费用分配表

生产车间:基本车间　　　　　　　　　2024年3月31日　　　　　　　　　单位:元

项目	成本项目			合计
	直接材料	直接人工	制造费用	
期初在产品成本	9 000.00	7 600.00	5 400.00	22 000.00
本月发生生产费用	0	4 570.50	17 191.00	21 761.50
本月生产费用合计	9 000.00	12 170.50	22 591.00	43 761.50
本期完工产品数量(个)	65	65	65	
月末在产品数量(个)	15	15	15	
在产品约当产量(个)	15	7.50	7.50	
约当总产量(个)	80	72.50	72.50	
费用分配率	112.50	167.87	311.60	
月末在产品成本	1 687.50	1 258.95	2 337.00	5 283.45
完工产品总成本	7 312.50	10 911.55	20 254.00	38 478.05
完工产品单位成本	112.50	167.87	311.60	591.97

会计主管:××　　　　　　复核:××　　　　　　制单:××

说明:分配率保留2位小数,完工产品成本保留2位小数,先计算完工产品成本,倒轧在产品成本。

相应会计分录如下:

借:库存商品——棒球帽　　　　　　　　　　　　　　　　　　38 478.05
　　贷:生产成本——基本生产成本——216#——棒球帽　　　　　38 478.05

312#完工数量少,且要求分次交货,采用简化处理办法,按产品计划成本计算完工产品成本。生产费用分配如表6-32所示。

表6-32　　　　　　　312#棒球帽产品生产费用分配表

生产车间:基本车间　　　　　　　　　2024年3月31日　　　　　　　　　单位:元

项目	成本项目			合计
	直接材料	直接人工	制造费用	
期初在产品成本				
本月发生生产费用	6 093	4 078.8	15 340	25 511.8
本月生产费用合计	6 093	4 078.8	15 340	25 511.8
本期完工产品数量(个)	8	8	8	
完工产品单位计划成本(或近期实际单位成本)	120	130.0	140	

(续表)

项目	成本项目			合计
	直接材料	直接人工	制造费用	
完工产品总成本	960	1 040.0	1 120	3 120.0
月末在产品成本	5 133	3 038.8	14 220	22 391.8

会计主管：××   复核：××   制单：××

相应会计分录如下：

借：库存商品——312#棒球帽   3 120
    贷：生产成本——基本生产成本——312#棒球帽   3 120

注：313#鸭舌帽当月没有完工产品，不需要编制生产费用分配表。

 **知识点链接**

简化分批法

在实务中，有的企业同一个月内投产的批次很多，并且月末未完工的产品批次也很多，如果将各种间接费用（直接人工和制造费用）计入各批次产品成本，则核算工作量会变得很繁重，此时宜采用简化分批法。

简化分批法又称累计间接费用分配法，是通过对间接费用（直接人工和制造费用）采用累计分配率进行分配，以减少成本计算工作量的分批法。即将每月发生的直接人工费用和制造费用等间接费用，不再按月在各批产品之间进行分配，而是将这些间接费用累计起来，等到某批次有完工产品时，根据完工产品工时占累计总工时的比例，确认完工产品应负担的间接费用，据以计算某批次完工产品成本。简化分批法在月末未完工产品的批别之间不参加分配间接费用，因此，简化分批法也被称为不分批计算在产品成本的分批法。

职业基础知识测试

一、单项选择题

1. 分批法适用的生产组织形式是（   ）。

A. 大量大批生产   B. 大量小批生产   C. 单件小批生产   D. 单件成批生产

2. 分批法一般是按客户的订单来组织生产的，所以也叫（   ）。

A. 分类法   B. 定额法   C. 订单法   D. 系数法

3. 小批单件多步骤生产成本管理不要求分步计算成本的，应采用（   ）计算产品成本。

A. 分步法   B. 分批法   C. 品种法   D. 分类法

4. 简化分批法简化的原因是(　　)。

A. 不分批计算在产品成本

B. 不计算完工产品成本

C. 采用累计间接费用分配率分配各种费用

D. 产品生产完工前不登记产品成本明细账

5. 分批法成本计算对象通常是根据(　　)来确定的。

A. 客户订单　　　　　　　　　　B. 生产任务通知单

C. 产品品种　　　　　　　　　　D. 客户要求

6. 产品成本计算的分批法又称为(　　)。

A. 简化分批法　　　　　　　　　B. 定额法

C. 订单法　　　　　　　　　　　D. 累计间接费用分配率法

二、多项选择题

1. 分批法适用于(　　)。

A. 小批生产　　　B. 大批生产　　　C. 单件生产　　　D. 多步骤生产

2. 在分批法下,若批内跨月陆续完工的情况不多,则完工产品成本可以按(　　)计算。

A. 最近一期相同产品的实际单位成本

B. 定额单位成本

C. 在全部产品完工之后,再计算完工产品成本

D. 计划单位成本

3. 分批法和品种法的区别有(　　)。

A. 生产周期　　　B. 成本计算期　　　C. 会计报告期　　　D. 成本计算对象

4. 分批法的成本计算对象可以是(　　)。

A. 产品批次　　　B. 单件产品　　　C. 生产通知单　　　D. 订单

5. 采用分批法计算产品成本时,如果批内产品跨月陆续完工的情况较多,完工产品数量占全部批量的比重较大,则可以采用(　　)在完工产品和在产品之间分配费用。

A. 约当产量比例法　　　　　　　B. 按近期相同产品的实际单位成本计价法

C. 定额比例法　　　　　　　　　D. 按计划单位成本计价法

三、判断题

1. 只要产品批数多,就应该采用简化的分批法计算产品成本。　　　　　　　　(　　)

2. 如果一个订单的批量较大,则可以分为几批组织生产。　　　　　　　　　　(　　)

3. 采用分批法,成本计算期与生产周期一致,因此在任何情况下,月末都不存在完工产品与在产品之间分配费用的问题。　　　　　　　　　　　　　　　　　　　　(　　)

4. 分批法一般是根据用户的订单组织生产的,在一份订单中即便存在多种产品也应合为一批组织成本核算。　　　　　　　　　　　　　　　　　　　　　　　　　　(　　)

5. 采用分批法,如果批内产品跨月陆续完工情况不多,完工产品数量占全部批量比重较小,则完工产品可按计划成本或定额成本计算。　　　　　　　　　　　　　　(　　)

6. 采用分批法计算产品成本时,必须在该批产品全部完工时才计算成本。　　　(　　)

四、计算分析题

1. 丽江制造厂生产甲、乙、丙三种产品,属于小批生产企业,采用分批法计算成本。该厂 2024 年 4 月投产批次及生产情况如下:

(1) 3 月生产批次及完工情况,如表 6-33 所示。

表 6-33 各批产品生产情况表

产品批号	产品名称	投产情况	本月完工数量	月末在产品
316	甲	3 月 9 日投产 50 件	42 件	8 件
412	乙	4 月 6 日投产 28 件	3 件	25 件
413	丙	4 月 13 日投产 42 件		42 件

(2) 月初在产品成本情况,如表 6-34 所示。

表 6-34 在产品资料表 单位:元

产品批号	产品名称	成本项目			合计
		直接材料	直接人工	制造费用	
316	甲产品	3 800	7 600	5 400	16 800

(3) 本月各批号产品发生的生产费用资料如表 6-35 所示。

表 6-35 产品生产费用资料表 单位:元

批号	产品名称	直接材料	直接人工	制造费用	合计
316	甲产品	18 000	30 000	55 000	103 000
412	乙产品	7 760	9 700	8 700	26 160
413	丙产品	5 400	9 400	3 000	17 800

(4) 各批次生产费用在完工产品与在产品产的分配要求如下:

316 号甲产品完工数量较多,采用约当产量法,其中材料是陆续投料,投料程度为 50%;在产品完工程度为 60%。

412 号乙产品完工数量较少,采用计划成本法计算完工产品成本,单位计划成本为:直接材料 160 元、直接人工 180 元、制造费用 190 元。

要求:

(1) 根据上述资料,采用分批法设置成本明细账。

(2) 编制生产费用分配表及相应会计分录并登记成本明细账。

相关分配表空表如表 6-36 和表 6-37 所示。

表 6-36　　　　　　　　　　　　　　生产费用分配表

生产批号：316 批　　　　　　产品：A 产品　　　　　2024 年 3 月 31 日　　　　　金额单位：元

项目	成本项目			金额合计
	直接材料	直接人工	制造费用	
月初在产品成本				
本月发生生产费用				
本月生产费用合计				
本月完工产品数量（件）				
月末在产品数量（件）				
在产品约当产量（件）				
约当总产量（件）				
费用分配率				
月末在产品成本				
完工产品总成本				
完工产品单位成本				

表 6-37　　　　　　　　　　　　　　生产费用分配表

生产批号：412 批　　　　　　产品：B 产品　　　　　2024 年 3 月 31 日　　　　　金额单位：元

项目	成本项目			金额合计
	直接材料	直接人工	制造费用	
月初在产品成本				
本月发生生产费用				
本月生产费用合计				
本月完工产品数量（件）				
完工产品单位定额				
完工产品总成本				
在产品成本				

第七章

分步法成本核算

◎ 【学习目标与知识要点】

学习目标

根据企业的生产类型、工艺特点和管理要求,合理选定产品成本计算对象,确定产品成本计算期;运用分步法计算完工产品成本和单位成本,编制成本计算单,填制记账凭证,登记生产成本和制造费用明细账。

知识要点

1. 判断分步法的适用情况
2. 熟练编写各要素费用、辅助生产费用、制造费用、成本计算单等分配表
3. 编制综合结转逐步结转分步法下的成本还原表
4. 熟练编写记账凭证并登记各成本明细账

◎ 【思政园地】

引入先进先出法的必要性

我国的分步法体系包括逐步结转分步法和平行结转分步法,其中逐步结转分步法又分成综合逐步结转分步法和分项逐步结转分步法。美国的分步法则包括加权平均法和先进先出法两种类型,其中加权平均法与我国的分项逐步结转分步法原理是一样的,先将期初在产品成本和本期发生的生产成本混合加总在一起,再在本期完工产品和期末在产品之间进行分配。在约当产量法下,某一成本项目的期初在产品成本和本期生产成本之和除以本期完工产品和期末在产品的约当产量之和,得到该成本项目的分配率,该分配率乘以完工产品约当产量得到完工产品成本,乘以期末在产品约当产量,则得到期末在产品成本。先进先出法

则假设先投产的产品先完工,本期发生的生产成本与期初在产品成本分开,不混合加总在一起进行分配。本期发生的生产成本先分配给期初在产品将其加工为完工产品,再分配给本月投产并完工的产品,最后分配给部分完工的月末在产品。

我国的产品成本计算方法,无论是品种法、分批法还是分步法,从计算过程看都是先将期初在产品成本和本期发生的生产成本混合加总在一起,然后在本期完工产品和期末在产品之间进行分配,即采用的是前述所谓的加权平均模式。这种模式从计算过程看相对比较简便,但从管理决策的角度看,由于该方法隐藏了不同期间耗费水平的差异,不一定能为管理者提供有用的信息。

相比较于加权平均法,先进先出法能够为决策者提供更有用的信息。因为先进先出法聚焦于本期生产成本的分配,能为管理者揭示前后期单位耗费水平的变化信息,管理者可以利用这些信息对价格进行及时的调整。由此,先进先出在我国有引入并使用的必要性。

参考资料:余景选.中美产品成本计算分步法的比较[J].会计之友,2017(4):27-29.

第一节　分步法概述

一、分步法的概念

产品成本计算的分步法,是指以各生产步骤的产品(或半成品)作为成本计算对象,归集生产费用,计算产品(或半成品)成本的一种方法。在一些多步骤生产的企业中,生产工艺过程是由若干个在技术上可以间断的生产步骤组成的,每个生产步骤都生产出半成品(最后一个步骤生产出完工产品),这些半成品既可以用于下一个步骤继续进行加工或装配,又可以对外销售。为此,会计上不仅要计算最后步骤所生产的完工产品的成本,而且还要计算前面各步骤所生产的半成品的成本。

二、分步法的特点

1. 以各生产步骤的产品(半成品)作为成本计算对象

在实际工作中,成本计算的分步是按照成本管理的要求划分的,与实际生产步骤的划分可能一致,也可能不一致。大量大批多步骤生产的企业中,生产单位一般是按照生产步骤设立的。为了加强成本管理,也要求企业按照生产单位归集费用,计算产品成本。因此,分步计算成本一般就是分生产单位计算成本。但是,当一个生产单位的规模较大,生产单位内可以分为几个生产步骤,而管理上也要求生产单位内分步计算成本时,成本计算的分步不应是生产单位,而是生产单位内各个具体生产步骤。此外,为了简化成本计算,根据成本管理的要求,也可以将几个生产步骤合并为一个成本计算的步骤归集费用,计算产品成本。总之,企业应根据生产特点和成本管理的要求,确定成本计算对象的产品品种及其生产步骤。

2. 以会计报告期(月度)为成本计算期

成本计算期与会计期一致,与生产周期不一致。

3. 月末各步骤"完工产品"与在产品之间要分配生产费用

月末计算完工产品(半成品)成本时,各加工步骤所归集的生产费用要采用适当的分配方法,在完工产品(半成品)和在产品之间进行分配。

4. 各生产步骤间需进行半成品成本的结转

产品生产是分步骤进行的,上一步骤生产的半成品是下一步骤的加工对象,因此,各生产步骤间需进行半成品成本的结转,以计算出各步骤半成品或产成品的成本。

三、分步法的种类

1. 逐步结转分步法

逐步结转分步法是各个生产步骤逐步计算并结转半成品成本,直到最后生产步骤计算出完工产品成本的方法。计算各生产步骤的半成品成本是这种方法的显著特征。因此,逐步结转分步法也称作计算半成品成本的分步法。逐步结转分步法是在管理上要求提供各生产步骤半成品成本资料的情况下采用的。前一生产步骤完工的半成品转入下一生产步骤继续加工时,半成品的实物和成本一起转入下一生产步骤,直至最后生产步骤产出完工产品,才能最终得出完工产品成本。

采用逐步结转分步法,各生产步骤之间转移半成品实物的同时,要进行半成品成本的结转。按照转入下一生产步骤生产成本——基本生产成本明细账时半成品成本的反映方式不同,逐步结转分步法分为综合结转法和分项结转法两种。

2. 平行结转分步法

平行结转分步法是将各生产步骤应计入相同完工产品成本的份额平行汇总,计算最终完工产品成本的方法。平行结转分步法按生产步骤归集生产费用,月末先计算出各生产步骤应计入当期最终完工产品成本的份额,然后进行加总确定完工产品成本。平行结转分步法只计算最终完工产品成本,并不计算各生产步骤的半成品成本。因此,其也被称作不计算半成品成本的分步法。

四、分步法的适用范围

1. 逐步结转分步法的适用范围

逐步结转分步法主要适用于半成品具有独立的经济意义、半成品外销、管理上要求提供半成品成本资料的大量大批连续式多步骤生产的企业。

2. 平行结转分步法的适用范围

平行结转分步法主要适用于成本管理上不要求计算半成品成本,但要按步骤控制费用的企业,特别是半成品不对外销售的大量大批装配式多步骤生产企业。

 **知识点链接**

工艺技术过程的特点及其对成本核算的影响

生产工艺技术过程,简称工艺过程或工艺流程,是指制造产品的具体方法,即工人使用劳务手段直接改变劳动对象的形状、大小、位置、成分、性能和结构,使之成为预期产品的过程。工艺技术过程可以分为单步骤生产和多步骤生产两种类型。

1. 单步骤生产

单步骤生产又称简单生产,是指产品的生产过程在生产技术上不能间断,或由于工作地点的限制,不能分散到不同地点进行的生产。单步骤生产中,产品生产周期较短,往往由一个企业单独完成生产,不能由多个车间同时进行协作生产。例如,采掘、发电、铸造等产业中的生产,就是单步骤生产。

2. 多步骤生产

多步骤生产又称复杂生产,是指产品的生产过程在生产技术上可以间断,整个生产过程可以分成若干步骤,或分在不同的地点,由不同的车间协作完成的生产。这类生产的工艺技术较为复杂,生产周期较长,一般由一个企业若干步骤或车间协作进行生产。多步骤生产按产品的具体加工方式不同,又可以分为连续式多步骤生产和装配式多步骤生产两类。

第二节 逐步结转分步法核算

无论是综合结转还是分项结转,均采用逐步结转分步法,根据半成品是否验收入库而采取不同的计算程序。

一、半成品不通过仓库收发的计算程序

首先,分别按各步骤建立生产成本明细账,即生产成本——基本生产成本——××步骤。

其次,根据各种费用分配表,按受益原则,在各生产步骤间归集生产费用。

各生产步骤间的衔接关系为:上一步骤完工的半成品直接转至下一生产步骤,借记"生产成本——基本生产成本——本步骤半成品"科目,贷记"生产成本——基本生产成本——上步骤半成品"科目。所以,本步骤的生产费用包括本步骤归集的生产费用和上步骤转入的半成品成本费用。

二、半成品通过仓库收发的计算程序

首先,分别按各步骤建立生产成本明细账,即生产成本——基本生产成本——××步骤。

其次,根据各种费用分配表,按受益原则,在各生产步骤间归集生产费用。

各生产步骤间的衔接关系为:上一步骤完工的半成品要验收入半成品库,借记"原材料——半成品"科目,贷记"生产成本——基本生产成本——××步骤"科目。之后下一步骤根据生产需要,领用上步骤半成品,借记"生产成本——基本生产成本——××步骤"科目,贷记"原材料——自制半成品"科目。所以,本步骤的生产费用包括本步骤归集的生产费用和上步骤转入的半成品成本费用。

三、综合结转和分项结转

按半成品结转方式划分,逐步结转法可分为综合结转和分项结转;按半成品结转成本计量划分,逐步结转法可分为按实际成本结转和按计划成本结转;按半成品是否入库划分,逐步结转法可分为半成品入库结转和半成品不入库而直接转入下一步生产结转;按各步骤完工产品与在产品间分配生产费用的方法划分,逐步结转法可分为有约当产量法、定额成本法、定额比例法、不计算在产品成本法、固定成本法等。逐步结转分步法的具体分类方式如表 7-1 所示。

表 7-1　　　　　　　　　逐步结转分步法的具体分类方式

半成品成本结转方式	按半成品结转成本计算方法	按半成品是否入库	按各步骤完工产品与在产品间分配生产费用
综合结转	实际成本结转、计划成本结转	入库结转、不入库结转	约当产量法、定额成本法、定额比例法、在产品按固定成本计算法、不计算在产品成本法等
分项结转	实际成本结转、计划成本结转	入库结转、不入库结转	约当产量法、定额成本法、定额比例法、在产品按固定成本计算法、不计算在产品成本法等

【例 7-1】　某工厂是一家生产经营"美丽"牌服饰的企业,主要生产和销售的产品是西服、休闲裤。工厂采用大量大批两步骤生产西服、休闲裤两种产品,其中西服、休闲裤半成品也需要计算其成本,因此选择采用分步法进行成本核算。该工厂设有两个基本生产车间,修理和供水两个辅助生产车间。产品连续加工,西服半成品不入库存,休闲裤半成品入库并采用综合逐步结转分步法。2024 年 3 月份有关产品生产的材料如表 7-2 至表 7-8 所示。

表 7-2　　　　　　　　　月初在产品成本表　　　　　　　　　单位:元

产品品种	直接材料	半成品	直接工资	制造费用	合　计
西服半成品	18 000		19 000	17 000	54 000
休闲裤半成品	14 000		16 000	15 000	45 000
西服产品		4 000	3 000	2 000	9 000
休闲裤产品		1 000	1 200	2 200	4 400

表 7-3　　　　　　　　　产品产量变动情况表　　　　　　　　　单位:件

项　目	基本生产一车间(裁剪)		基本生产二车间(缝纫)	
	西服半成品	休闲裤半成品	西服产品	休闲裤产品
期初在产品	60	50	60	60
本月投产	790	560	800	500

（续表）

项　目	基本生产一车间（裁剪）		基本生产二车间（缝纫）	
	西服半成品	休闲裤半成品	西服产品	休闲裤产品
本月完工	800	550	790	480
月末在产品	50	60	70	80

注：基本生产一车间（裁剪）材料一次性投入；基本生产一车间（裁剪）月末在产品完工程度为50%；基本生产二车间（缝纫）半成品100%投入；基本生产二车间（缝纫）月末在产品完工程度为40%。

表7-4　　　　　　　　　　生产产品实际耗用工时表　　　　　　　　单位：小时

基本生产一车间（裁剪）	产品名称	生产工时	基本生产二车间（缝纫）	产品名称	生产工时
	西服半成品	3 000		西服产品	7 000
	休闲裤半成品	4 000		休闲裤产品	4 000
	合　计	7 000		合　计	11 000

表7-5　　　　　　　　　　单位产品共同耗用材料定额表　　　　　　金额单位：元

产品名称	毛呢面料、里布、车缝线定额费用	纽扣定额消耗量（个）
西服半成品	300	4
休闲裤半成品	280	2
合　计	580	6

表7-6　　　　　　　　　　辅助生产车间劳务消耗量资料表
2024 年 3 月 31 日

受益部门	辅助生产车间		备注
	修理车间（修理工时）	供水车间（吨）	
基本生产一车间（裁剪）	2 600	550	
基本生产二车间（缝纫）	1 000	200	
企业管理部门	80	40	
修理辅助生产车间		60	
供水辅助生产车间	70		
合　计	3 750	850	

表 7-7 本月生产费用资料 单位：元

项目	基本生产一车间（裁剪）	基本生产二车间（缝纫）	基本车间		辅助生产车间		合　计
	产品用	产品用	生产一车间耗用	生产二车间耗用	供水车间	修理车间	
					产品用	产品用	
原材料	16 000		4 000	1 000	2 000	800	23 800
其中：毛呢面料、里布、车缝线	14 000						14 000
纽扣	2 000						2 000
机物料			4 000	1 000			5 000
燃料柴油					2 000	800	2 800
工资	96 000	69 000	9 800	8 700	8 800	9 000	201 300
工会经费教育经费	9 600	6 900	980	870	880	900	20 130
折旧费			15 500	8 300	1 000	2 400	27 200
差旅费			4 000	6 800			10 800
办公费			5 948	1 089	900	1 126	9 063
工资等费用合计	105 600	75 900	36 228	25 759	11 580	13 426	268 493

注：各项费用支出，均以转账支票支付。外购动力费用不含税总额为 54 560 元。

表 7-8 部门用电统计表 单位：度

用电部门	用途	用电量
基本生产一车间（裁剪）	生产用电	10 000
基本生产二车间（缝纫）	生产用电	12 000
修理辅助生产车间	辅助生产用电	4 000
供水辅助生产车间	辅助生产用电	3 000
管理部门	管理用电	1 000
合　计		30 000

要求：

（1）开设生产成本——辅助生产成本明细账、制造费用明细账、生产成本——基本生产成本明细账。其中生产成本——辅助生产成本明细账和生产成本——基本生产成本明细账设"直接材料""直接人工""制造费用"三个成本项目专栏,辅助车间不单设制造费用明细账。

（2）编制各要素费用、综合费用分配表,分配率保留 4 位小数,分配结果保留到元。

（3）根据各要素费用、综合费用分配表编制记账凭证,并登记相应成本明细账。

（4）月末采用约当产量法在完工产品和月末在产品间分配生产费用,需编制各产品约当产量计算表和成本计算单(生产费用分配表)。

相应费用分配方法说明:材料费用分配分别采用材料定额费用比例法和定额耗用量法。工人薪酬费用分配采用工时比例法。辅助生产费用分配采用直接分配法。制造费用分配采用工时比例法。完工产品与在产品间分配采用约当产量法。

第一步,按照分步法的核算要求,建立成本明细账,如表 7-9 至表 7-17 所示。

表 7-9　　　　　　　　　　生产成本——基本生产成本明细账

成本对象:西服半成品　　　　生产车间:基本生产一车间(裁剪)　　　投产时间:

2024 年		凭证		摘　要	产量（件）	成本项目			合计
月	日	字	号			直接材料	直接人工	制造费用	
3	1			月初在产品	60	18 000	19 000	17 000	54 000

表 7-10　　　　　　　　　　生产成本——基本生产成本明细账

成本对象:休闲裤半成品　　　　生产车间:基本生产一车间(裁剪)　　　投产时间:

2024 年		凭证		摘　要	产量（件）	成本项目			合计
月	日	字	号			直接材料	直接人工	制造费用	
3	1			月初在产品	50	14 000	16 000	15 000	45 000

表 7-11　　　　　　　　　　生产成本——基本生产成本明细账

成本对象:西服　　　　生产车间:基本生产二车间(缝纫)　　　投产时间:

2024 年		凭证		摘　要	产量（件）	成本项目			合计
月	日	字	号			直接材料（半成品）	直接人工	制造费用	
3	1			月初在产品	60	4 000	3 000	2 000	9 000

表 7-12　　　　　　　　　　生产成本——基本生产成本明细账

成本对象：休闲裤　　　　　生产车间：基本生产二车间（缝纫）　　　　　投产时间：

2024 年		凭证		摘　要	产量（件）	成本项目			合计
月	日	字	号			直接材料（半成品）	直接人工	制造费用	
3	1			月初在产品	60	1 000	1 200	2 200	4 400

表 7-13　　　　　　　　　　生产成本——辅助生产成本明细账

成本对象：修理　　　　　生产车间：修理辅助生产车间　　　　　投产时间：

2024 年		凭证		摘　要	成本项目			合计
月	日	字	号		直接材料	直接人工	制造费用	

表 7-14　　　　　　　　　　生产成本——辅助生产成本明细账

成本对象：供水　　　　　生产车间：供水辅助生产车间　　　　　投产时间：

2024 年		凭证		摘　要	成本项目			合计
月	日	字	号		直接材料	直接人工	制造费用	

表 7-15　　　　　　　　　　制造费用明细账

生产车间：基本生产一车间（裁剪）

2024 年		凭证		摘要	借方	贷方	借/贷	余额	（借）方项目						
月	日	字	号						薪酬	折旧	修理费	机物料	水电费	辅助生产	其他

表 7-16　　　　　　　　　　制造费用明细账

生产车间：基本生产二车间（缝纫）

2024 年		凭证		摘要	借方	贷方	借/贷	余额	（借）方项目						
月	日	字	号						薪酬	折旧	修理费	机物料	水电费	辅助生产	其他

表 7-17　　　　　　　　　　　　　　　原材料明细账

类别：自制半成品

品名：休闲裤半成品　　　　　　　规格：　　　　　　　存放地点：

2024 年		凭证号数	摘要	收入			发出			结存		
月	日			数量	单位成本	总成本	数量	单位成本	总成本	数量	单位成本	总成本
3	1		上月结转							80	300	24 000

第二步,编制各类费用分配表及相关会计分录。

（1）材料费用分配表（表 7-18）与会计分录。

表 7-18　　　　　　　　　　　　　　　材料费用分配表

2024 年 3 月 31 日　　　　　　　　　　金额单位：元

应借科目			成本或费用项目	纽扣材料			毛呢面料、里布、车缝线			直接计入费用	合计
总账科目	二级科目	三级科目		定额耗用量（个）	分配率	分配额	定额费用	分配率	分配额		
生产成本	基本生产成本	西服半成品	直接材料	3 160	0.467 3	1 477	237 000	0.035 6	8 437		9 914
		休闲裤半成品	直接材料	1 120	0.467 3	523	156 800	0.035 6	5 563		6 086
		小　计		4 280	0.467 3	2 000	393 800	0.035 6	14 000		16 000
	辅助生产成本	修理	直接材料							800	800
			制造费用								
		小　计								800	800
		供水	直接材料							2 000	2 000
			制造费用								
		小　计								2 000	2 000
制造费用		基本生产一车间（裁剪）	材料费							4 000	4 000
		基本生产二车间（缝纫）	材料费							1 000	1 000
合　计						2 000			14 000	7 800	23 800

会计主管：××　　　　　　　复核：××　　　　　　　制单：××

表 7-18 中的"定额耗用量"和"定额费用"的计算如表 7-19 所示。

表 7-19 　　　　　　　　　产品定额计算表　　　　　　　　　金额单位：元

产品名称	毛呢面料、里布、车缝线定额费用	纽扣定额消耗量（个）	投产量（件）	毛呢面料、里布、车缝线总定额费用	纽扣总定额消耗量（个）
西服半成品	300	4	790	237 000	3 160
休闲裤半成品	280	2	560	156 800	1 120
合计	580	6		393 800	4 280

借：生产成本——基本生产成本——西服半成品（直接材料）　　　9 914

　　　　　　　　　　　　——休闲裤半成品（直接材料）　　　6 086

　　生产成本——辅助生产成本——修理　　　　　　　　　　　800

　　　　　　　　　　　　——供水　　　　　　　　　　　　2 000

　　制造费用——基本生产一车间（裁剪）　　　　　　　　　　4 000

　　　　　　——基本生产二车间（缝纫）　　　　　　　　　　1 000

　　贷：原材料——明细略　　　　　　　　　　　　　　　　23 800

（2）人工费用分配表（表 7-20 和表 7-21）与会计分录。

表 7-20 　　　　　　　　　工资费用分配表

2024 年 3 月 31 日　　　　　　　　　金额单位：元

应借科目			成本项目或费用项目	工资费用		
总账科目	二级科目	三级科目		实际工时（小时）	分配率	分配金额
生产成本	基本生产成本	西服半成品	直接人工	3 000	13.714 3	41 143
		休闲裤半成品	直接人工	4 000	13.714 3	54 857
		小计		7 000	13.714 3	96 000
	基本生产成本	西服产品	直接人工	7 000	6.272 7	43 909
		休闲裤产品	直接人工	4 000	6.272 7	25 091
		小计		11 000	6.272 7	69 000
	辅助生产成本	修理	直接人工			9 000
		供水	直接人工			8 800
		小计				17 800
制造费用	基本生产一车间（裁剪）		工资费			9 800
	基本生产二车间（缝纫）		工资费			8 700
合计						201 300

会计主管：×× 　　　　　　复核：×× 　　　　　　制单：××

表 7-21　　　　　　　　　　　**工会经费教育经费分配表**

2024 年 3 月 31 日　　　　　　　　　　　　　　　　　　金额单位：元

应借科目			成本项目或费用项目	工资费用		
总账科目	二级科目	三级科目		工资总额	计提率	分配金额
生产成本	基本生产成本	西服半成品	直接人工	41 143	0.1	4 114.3
		休闲裤半成品	直接人工	54 857	0.1	5 485.7
		小计		96 000	0.1	9 600.0
	基本生产成本	西服产品	直接人工	43 909	0.1	4 390.9
		休闲裤产品	直接人工	25 091	0.1	2 509.1
		小计		69 000	0.1	6 900.0
	辅助生产成本	修理	直接人工	9 000	0.1	900.0
			制造费用			
		小计				
		供水	直接人工	8 800	0.1	880.0
			制造费用			
		小计				
制造费用	基本生产一车间（裁剪）		工资费	9 800	0.1	980.0
	基本生产二车间（缝纫）		工资费	8 700	0.1	870.0
合计				201 300	0.1	20 130.0

会计主管：××　　　　　　　　复核：××　　　　　　　　制单：××

```
借：生产成本——基本生产成本——西服半成品                        41 143
                    ——休闲裤半成品                        54 857
                    ——西服产成品                         43 909
                    ——休闲裤产成品                        25 091
    生产成本——辅助生产成本——修理                            9 000
                    ——供水                              8 800
    制造费用——基本生产一车间（裁剪）                          9 800
          ——基本生产二车间（缝纫）                          8 700
    贷：应付职工薪酬——工资                                201 300
借：生产成本——基本生产成本——西服半成品                        4 114.30
                    ——休闲裤半成品                       5 485.70
                    ——西服产成品                         4 390.9
                    ——休闲裤产成品                        2 509.1
    生产成本——辅助生产成本——修理                            900
                    ——供水                              880
    制造费用——基本生产一车间（裁剪）                          980
          ——基本生产二车间（缝纫）                          870
    贷：应付职工薪酬——工会经费及教育经费                        20 130
```

（3）折旧费用分配表（表7-22）与会计分录。

表7-22　　　　　　　　　　　固定资产折旧费用分配表

2024年3月31日　　　　　　　　　　　　　　　　　　单位：元

应借科目			成本项目或费用项目	费用金额
总账科目	二级科目	三级科目		
制造费用		基本生产一车间（裁剪）	折旧费	15 500
		基本生产二车间（缝纫）	折旧费	8 300
生产成本	辅助生产成本	修理	折旧费	2 400
	辅助生产成本	供水	折旧费	1 000
折旧费用合计				27 200

会计主管：×× 　　　　　　复核：×× 　　　　　　制单：××

```
借：制造费用——基本生产一车间（裁剪）              15 500
          ——基本生产二车间（缝纫）               8 300
    生产成本——辅助生产成本——修理               2 400
                      ——供水                  1 000
    贷：累计折旧                              27 200
```

（4）其他费用（差旅费用、办公费用等）会计分录。这类费用不需要编制费用分配表，直接根据发票等单据进行会计处理。

差旅费用会计分录如下：

```
借：制造费用——基本生产一车间（裁剪）               4 000
          ——基本生产二车间（缝纫）               6 800
    贷：银行存款                               10 800
```

办公费用会计分录如下：

```
借：制造费用——基本生产一车间（裁剪）               5 948
          ——基本生产二车间（缝纫）               1 089
    生产成本——辅助生产成本——修理               1 126
                      ——供水                   900
    贷：银行存款                                9 063
```

（5）动力费用分配表（表7-23）与会计分录。

表7-23　　　　　　　　　　　外购动力费用分配表

2024年3月31日　　　　　　　　　　　　　　　　　金额单位：元

应借科目			成本项目或费用项目	工资费用		
总账科目	二级科目	三级科目		耗电量（度）	分配率	分配金额
制造费用		基本生产一车间（裁剪）	电费	10 000	1.818 7	18 187
		基本生产二车间（缝纫）	电费	12 000	1.818 7	21 824

（续表）

应借科目			成本项目或费用项目	工资费用		
总账科目	二级科目	三级科目		耗电量（度）	分配率	分配金额
生产成本	辅助生产成本	修理劳务	制造费用	4 000	1.818 7	7 275
	辅助生产成本	供水劳务	制造费用	3 000	1.818 7	5 456
	管理费用		电费	1 000	1.818 7	1 818
	外购动力费用合计			30 000	1.818 7	54 560

会计主管：×× 　　　　　　复核：×× 　　　　　　制单：××

借：制造费用——基本生产一车间（裁剪）　　　　　18 187
　　　　　　——基本生产二车间（缝纫）　　　　　21 824
　　生产成本—辅助——修理　　　　　　　　　　　7 275
　　　　　　——供水　　　　　　　　　　　　　　5 456
　　管理费用　　　　　　　　　　　　　　　　　　1 818
　　贷：银行存款　　　　　　　　　　　　　　　　54 560

（6）辅助生产费用分配表编制与会计分录。将上述业务费用的会计分录登记到生产成本——辅助生产成本明细账上，如表7-24和表7-25所示。

表7-24　　　　　　　生产成本——辅助生产成本明细账

成本对象：修理　　　　生产车间：修理辅助车间　　　　投产时间：

2024年		凭证		摘　要	成本项目			合计
月	日	字	号		直接材料	直接人工	制造费用	
3		（略）	（略）	材料费用	800			800
				工资		9 000		9 000
				工会经费教育经费		900		900
				折旧	2 400			2 400
				电费			7 275	7 275
				办公费			1 126	1 126
				本月合计	3 200	9 900	8 401	21 501

表7-25　　　　　　　生产成本——辅助生产成本明细账

成本对象：供水　　　　生产车间：供水辅助车间　　　　投产时间：

2024年		凭证		摘　要	成本项目			合计
月	日	字	号		直接材料	直接人工	制造费用	
3		（略）	（略）	材料费用	2 000			2 000
				工资		8 800		8 800

（续表）

2024 年		凭证		摘　要	成本项目			合计
月	日	字	号		直接材料	直接人工	制造费用	
				工会经费教育经费		880		880
				折旧	1 000			1 000
				电费			5 456	5 456
				办公费			900	900
				本月合计	3 000	9 680	6 356	19 036

采用直接分配法编制辅助生产费用分配表,如表 7-26 所示。

表 7-26　　　　　　　辅助生产费用分配表(直接分配法)

2024 年 3 月 31 日　　　　　　　　　　　　　　　金额单位:元

项　　目			修理车间	供水车间	金额合计
归集的辅助生产费用			21 501	19 036	40 537
提供给辅助生产车间以外的劳务量			3 680	790	
辅助生产费用分配率			5.842 7	24.096 2	
应借科目	制造费用	基本生产一车间(裁剪) 接受劳务量	2 600	550	
		基本生产一车间(裁剪) 应负担金额	15 191	13 253	28 444
		基本生产二车间(缝纫) 接受劳务量	1 000	200	
		基本生产二车间(缝纫) 应负担金额	5 843	4 819	10 662
	管理费用	接受劳务量	80	40	
		应负担金额	467	964	1 431
分配费用额合计			21 501	19 036	40 537

会计主管:××　　　　　　　复核:××　　　　　　　制单:××

相关会计分录如下:

借:制造费用——基本生产一车间(裁剪)　　　　　　　　　　　　28 444
　　　　　　——基本生产二车间(缝纫)　　　　　　　　　　　　10 662
　管理费用　　　　　　　　　　　　　　　　　　　　　　　　　 1 431
　贷:生产成本——辅助生产成本——修理　　　　　　　　　　　　21 501
　　　　　　　　　　　　　　　——供水　　　　　　　　　　　　19 036

　　(7)制造费用分配表编制及会计分录。将上述费用业务会计分录登记到制造费用明细账上,如表 7-27 和表 7-28 所示。

表 7-27　　　　　　　　　　　　制造费用明细账

生产车间：基本生产第一车间（裁剪）

2024年		凭证		摘要	借方	贷方	借/贷	余额	（借）方项目						
月	日	字	号						薪酬	折旧	修理费	机物料	水电费	辅助生产	其他
		(略)	(略)	材料费用	4 000		借	4 000				4 000			
				工资	9 800		借	13 800	9 800						
				工会及教育经费	980		借	14 780	980						
				折旧	15 500		借	30 280		15 500					
				电费	18 187		借	48 467					18 187		
				差旅费	4 000		借	52 467							4 000
				办公费	5 948		借	58 415							5 948
				辅助生产	28 444		借	86 859						28 444	

表 7-28　　　　　　　　　　　　制造费用明细账

生产车间：基本生产第二车间（缝纫）

2024年		凭证		摘要	借方	贷方	借/贷	余额	（借）方项目						
月	日	字	号						薪酬	折旧	修理费	机物料	水电费	辅助生产	其他
		(略)	(略)	材料费用	1 000		借	1 000				1 000			
				工资	8 700		借	9 700	8 700						
				工会及教育经费	870		借	10 570	870						
				折旧	8 300		借	18 870		8 300					
				电费	21 824		借	40 694					21 824		
				差旅费	6 800		借	47 494							6 800
				办公费	1 089		借	48 583							1 089
				辅助生产	10 662		借	59 245						10 662	

采用案例要求的方法编制制造费用分配表,如表 7-29 所示。

表 7-29   制造费用分配表

生产车间:基本生产一车间(裁剪)   2024 年 3 月 31 日   金额单位:元

借方科目			生产工时(小时)	分配率	制造费用额
总账科目	二级科目	三级科目			
生产成本	基本生产成本	西服半成品	3 000	12.408 4	37 225
		休闲裤半成品	4 000	12.408 4	49 634
		小计	7 000	12.408 4	86 859
	基本生产成本	西服产品	7 000	5.385 9	37 701
		休闲裤产品	4 000	5.385 9	21 544
		小　计	11 000	5.385 9	59 245

会计主管:××   复核:××   制单:××

相应会计分录如下:

借:生产成本——基本生产成本——西服半成品   37 225
                   ——休闲裤半成品   49 634
   生产成本——基本生产成本——西服   37 701
                   ——休闲裤   21 544
    贷:制造费用——基本生产一车间(裁剪)   86 859
               ——基本生产二车间(缝纫)   59 245

(8)编制第一生产步骤(裁剪)成本计算单与会计分录。将上述业务会计分录登记到第一步骤生产成本——基本生产成本明细账上,如表 7-30 和表 7-31 所示。

表 7-30   生产成本——基本生产成本明细账

成本对象:西服半成品   生产车间: 投产时间:

2024 年		凭证		摘　要	产量(件)	成本项目			合计
月	日	字	号			直接材料	直接人工	制造费用	
3	1	(略)	(略)	月初在产品	60	18 000	19 000.0	17 000	54 000.0
				材料费用		9 914			9 914.0
				工资			41 143.0		41 143.0
				工会经费教育经费			4 114.3		4 114.3
				制造费用				37 225	37 225.0
				本月合计		27 914	64 257.3	54 225	146 396.3

表 7-31 生产成本——基本生产成本明细账

成本对象：休闲裤半成品　　　　　　生产车间：　　　　　　投产时间：

2024 年		凭证		摘 要	产量（件）	成本项目			合计
月	日	字	号			直接材料	直接人工	制造费用	
3	1	（略）	（略）	月初在产品	50	14 000	16 000.0	15 000	45 000.0
				材料费用		6 086			6 086.0
				工资			54 857.0		54 857.0
				工会经费教育经费			5 485.7		5 485.7
				制造费用				49 634	49 634.0
				本月合计		20 086	76 342.7	64 634	161 062.7

按照案例要求，编制第一步骤产品成本计算单并编制会计分录，如表 7-32 和表 7-33 所示。

表 7-32 西服半成品生产费用分配表（约当产量法）

生产车间：基本生产一车间（裁剪）　　　　2024 年 3 月 31 日　　　　金额单位：元

项目	成本项目			合计
	直接材料	直接人工	制造费用	
期初在产品成本	18 000.00	19 000.00	17 000.00	54 000.00
本月发生生产费用	9 914.00	45 257.30	37 225.00	92 396.30
本月生产费用合计	27 914.00	64 257.30	54 225.00	146 396.30
本期完工产品数量（件）	800.00	800.00	800.00	
月末在产品数量（件）	50.00	50.00	50.00	
在产品约当产量（件）	50.00	25.00	25.00	
约当总产量（件）	850.00	825.00	825.00	
费用分配率	32.84	77.89	65.73	
月末在产品成本	1 642.00	1 945.30	1 641.00	5 228.30
完工产品总成本	26 272.00	62 312.00	52 584.00	141 168.00
完工产品单位成本	32.84	77.89	65.73	176.46

会计主管：××　　　　　　复核：××　　　　　　制单：××

西服半成品从基本生产一车间转到基本生产二车间，相应会计分录如下：

借：生产成本——基本生产成本——西服　　　　　　　　　　　　　141 168

贷：生产成本——基本生产成本——西服半成品　　　　　　　　　141 168

表 7-33　　　　　　　　休闲裤半成品生产费用分配表(约当产量法)

生产车间：基本生产一车间(裁剪)　　　2024 年 3 月 31 日　　　　　　金额单位：元

项目	成本项目			合计
	直接材料	直接人工	制造费用	
期初在产品成本	14 000.00	16 000.00	15 000.00	45 000.00
本月发生生产费用	6 086.00	60 342.70	49 634.00	116 062.70
本月生产费用合计	20 086.00	76 342.70	64 634.00	161 062.70
本期完工产品数量(件)	550.00	550.00	550.00	
月末在产品数量(件)	60.00	60.00	60.00	
在产品约当产量(件)	60.00	30.00	30.00	
约当总产量(件)	610.00	580.00	580.00	
费用分配率	32.93	131.63	111.44	
月末在产品成本	1 974.50	3 946.20	3 342.00	9 262.70
完工产品总成本	18 111.50	72 396.50	61 292.00	151 800.00
完工产品单位成本	32.93	131.63	111.44	276.00

会计主管：××　　　　　　复核：××　　　　　　制单：××

休闲裤半成品入半成品库,相应会计分录如下:

　　借：原材料——休闲裤半成品　　　　　　　　　　　　　　　151 800

　　　　贷：生产成本——基本生产成本——休闲裤半成品　　　　　　　151 800

(9)领用半成品的会计核算。根据上述休闲裤半成品相应会计分录登记半成品明细账,如表 7-34 所示。

表 7-34　　　　　　　　　　　原材料明细账

类别：自制半成品

品名：休闲裤半成品　　　　　规格：　　　　　存放地点：

2024 年		凭证	摘要	收入			发出			结存		
月	日	号数		数量(件)	单位成本	总成本	数量	单位成本	总成本	数量(件)	单位成本	总成本
3	1		上月结转							80	300	24 000
			半成品入库	550	276	151 800				630	279.05	175 800
			领用				500	279.05	139 525	130		36 275

说明:根据案例资料,第二步骤领用休闲裤半成品 500 件,其发出单位成本采用加权平均法计算为 279.05 元[(24 000+151 800)÷(80+550)]。领用半成品会计分录如下:

　　借：生产成本——基本生产成本——休闲裤　　　　　　　　　　139 525

　　　　贷：原材料——休闲裤半成品　　　　　　　　　　　　　　　　139 525

（10）编制第二步骤（缝纫车间）产品成本计算单及相应会计分录。将上述费用业务会计分录登记到第二步骤产品生产成本——基本生产成本明细账中,如表7-35和表7-36所示。

表7-35　　　　　　　　　　生产成本——基本生产成本明细账

成本对象:西服　　　　　　生产车间:　　　　　　投产时间:

| 2024年 | | 凭证 | | 摘　要 | 产量（件） | 成本项目 | | | 合计 |
月	日	字	号			直接材料（半成品）	直接人工	制造费用	
3	1	（略）	（略）	月初在产品	60	4 000	3 000.0	2 000	9 000.0
				工资			43 909.0		43 909.0
				工会经费教育经费			4 390.9		4 390.9
				制造费用				37 701	37 701.0
				半成品转入		141 168			141 168.0
				本月合计		145 168	51 299.9	39 701	236 168.9

表7-36　　　　　　　　　　生产成本——基本生产成本明细账

成本对象:休闲裤　　　　　　生产车间:　　　　　　投产时间:

| 2024年 | | 凭证 | | 摘　要 | 产量（件） | 成本项目 | | | 合计 |
月	日	字	号			直接材料（半成品）	直接人工	制造费用	
3	1	（略）	（略）	月初在产品	60	1 000	1 200.0	2 200	4 400.0
				工资			25 091.0		25 091.0
				工会经费教育经费			2 509.1		2 509.1
				制造费用				21 544	21 544.0
				领用半成品		500	139 525		139 525.0
				本月合计		140 525	28 800.1	23 744	193 069.1

根据案例要求,编制第二步骤成本计算单(表7-37和表7-38),并编制会计分录。

表 7-37　　　　　　　　　西服产品生产费用分配表(约当产量法)

生产车间：基本生产二车间(缝纫)　　　2024 年 3 月 31 日　　　　　　　金额单位：元

项目	成本项目				合计
	半成品	直接材料	直接人工	制造费用	
期初在产品成本	4 000.00		3 000.00	2 000.00	9 000.00
本月发生生产费用	141 168.00		48 299.90	37 701.00	227 168.90
本月生产费用合计	145 168.00		51 299.90	39 701.00	236 168.90
本期完工产品数量(件)	790.00		790.00	790.00	
月末在产品数量(件)	70.00		70.00	70.00	
在产品约当产量(件)	70.00		28.00	28.00	
约当总产量(件)	860.00		818.00	818.00	
费用分配率	168.80		62.71	48.53	
月末在产品成本	11 816.00		1 759.00	1 362.30	14 937.30
完工产品总成本	133 352.00		49 540.90	38 338.70	221 231.60
完工产品单位成本	168.80		62.71	48.53	280.04

会计主管：×× 　　　　　　复核：×× 　　　　　　制单：××

表 7-38　　　　　　　　　　休闲裤产品生产费用分配表

生产车间：基本生产二车间(缝纫)　　　2024 年 3 月 31 日　　　　　　　金额单位：元

项目	成本项目				合计
	半成品	直接材料	直接人工	制造费用	
期初在产品成本	1 000.00		1 200.00	2 200.00	4 400.00
本月发生生产费用	139 525.00		27 600.10	21 544.00	188 669.10
本月生产费用合计	140 525.00		28 800.10	23 744.00	193 069.10
本期完工产品数量(件)	480.00		480.00	480.00	
月末在产品数量(件)	80.00		80.00	80.00	
在产品约当产量(件)	80.00		32.00	32.00	
约当总产量(件)	560.00		512.00	512.00	
费用分配率	250.94		56.25	46.38	
月末在产品成本	20 074.00		1 800.10	1 482.00	23 356.10
完工产品总成本	120 451.00		27 000.00	22 262.00	169 713.00
完工产品单位成本	250.94		56.25	46.38	353.57

会计主管：×× 　　　　　　复核：×× 　　　　　　制单：××

西服产品入库时：

借：库存商品——西服　　　　　　　　　　　　　　　　　221 231.6

　　贷：生产成本——基本生产成本——西服　　　　　　　　　221 231.6

休闲裤产品入库时：

借：库存商品——休闲裤   169 713

    贷：生产成本——基本生产成本——休闲裤   169 713

编制产品生产成本还原表，如表7-39和表7-40所示。

表7-39   **产品成本还原计算表**

产品：西服   2024年3月31日   产量：790件   金额单位：元

项目	成本还原率	成本项目				
		半成品	直接材料	直接人工	制造费用	合计
还原前产品总成本		133 352.00	0	49 540.90	38 338.70	22 1231.60
（参照）上步本月完工半成品成本			26 272.00	62 312.00	52 584.00	141 168.00
半成品成本还原率	0.944 63		24 817.32	58 861.78	49 672.90	133 352.00
还原后产品总成本			24 817.32	108 402.68	88 011.60	221 231.60
还原后产品单位成本			31.41	137.22	111.41	280.04
还原后成本结构比重			11.22%	49.00%	39.78%	100.00%

会计主管：××   复核：××   制单：××

表7-40   **产品成本还原计算表**

产品：休闲裤   2024年3月31日   产量：480件   金额单位：元

项目	成本还原率	成本项目				
		半成品	直接材料	直接人工	制造费用	合计
还原前产品总成本		120 451.00		27 000.00	22 262.00	169 713.00
上步本月完工半成品成本			18 111.50	72 396.50	61 292.00	151 800.00
半成品成本还原率	0.793 48		14 371.11	57 445.17	48 634.72	120 451.00
还原后产品总成本			14 371.11	84 445.17	70 896.72	169 713.00
还原后产品单位成本			29.94	175.93	147.7	353.57
还原后成本结构比重			8.47%	49.76%	41.77%	100.00%

会计主管：××   复核：××   制单：××

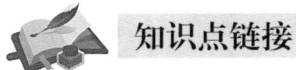

综合结转法的成本还原

　　按照综合结转方式计算出的产成品成本,不能提供按照原始成本项目结构所反映的成本资料。成本还原是指将最终完工产品中所耗半成品的综合成本逐步分解,还原成直接材料、直接人工和制造费用等原始的成本项目,从而求得按其原始成本项目反映的最终产品成本资料。具体成本还原方法是:从最后一个生产步骤开始,将最终完工产成品所耗上一步骤半成品综合成本,按照上一生产步骤所产该半成品的成本结构,分解还原成上一步骤成本项目的成本,再将还原出来的半成品综合成本分解还原成再上一步骤的成本项目的成本,依此类推,直到第一生产步骤。然后将各生产步骤相同的成本项目(除半成品项目外)的成本数额加以汇总,就可以求得成本还原后的产成品成本,即按照原始成本项目反映的最终产成品成本。成本还原率法的计算公式如下:

$$成本还原率 = \frac{完工产品所耗上步骤半成品综合成本}{上步骤所产该种半成品总成本}$$

第三节　平行结转分步法核算

一、平行结转分步法的概念

　　平行结转分步法是将各个生产步骤应计入相同最终完工产品成本的"份额"平行汇总,以此求得最终完工产品成本的分步计算产品成本的方法。

二、平行结转分步法的特点

　　平行结转分步法的特点包括以下几个方面:

　　(1)各生产步骤不计算半成品成本。平行结转分步法按各生产步骤建立成本明细账,但各生产步骤只归集本步骤受益的生产费用,包括材料费用、人工费用和制造费用等,不计算半成品成本。不论半成品是否通过半成品仓库收发,平行结转分步法都不通过"原材料——自制半成品"科目进行金额核算,仅对自制半成品进行数量台账核算。

　　(2)各生产步骤之间不结转半成品成本。不论半成品实物在各生产步骤之间是否转移,平行结转分步法都不结转半成品成本。在生产过程中,上一生产步骤半成品实物转入下一生产步骤继续加工时,自制半成品的成本不随同实物转移而结转。即使是通过半成品仓库收发,也不进行半成品成本的结转。

　　(3)计算各生产步骤应计入最终完工产品成本的生产费用"份额"。该方法月末将各生产步骤归集的生产费用,在应计入最终完工产品成本的生产费用与月末广义在产品成本之间进行分配,以确定各生产步骤应计入最终完工产品成本的生产费用的"份额"。各企业应根据具体情况,选择采用前面项目所述的完工产品与在产品之间生产费用的分配方法,进行生产费用的分配,如定额成本法、定额比例法、约当产量法等。

(4)通过汇总各生产步骤应计入完工产品成本的生产费用"份额"确定最终完工产品成本。

月末将各生产步骤计算的应计入最终完工产品成本的生产费用"份额"汇总,即为完工产品的总成本,将最终完工产品总成本除以完工产品数量,即为最终完工产品的单位成本。

 **知识点链接**

平行结转分步法和逐步结转分步法的主要区别

一、适用分步法核算产品的情况不同

(1)平行结转分步法适用于管理上要求分生产步骤控制费用,半成品不对外销售,不要求计算半成品成本的企业。因此,该方法一般适用于大量大批装配式多步骤生产的企业。某些大量大批连续式多步骤生产,但各生产步骤所产半成品仅供下一生产步骤继续加工的企业也适用该方法。

(2)逐步结转分步法适用于管理上要求分生产步骤控制费用,又要求计算半成品成本的企业。自制半成品要对外销售时,为了正确计算半成品成本,就应当采用逐步结转分步法。

二、产成品成本的计算方式不同

(1)平行结转分步法不必逐步结转半成品成本,能够直接提供按照原始成本项目反映的产成品成本资料,不必进行成本还原。另外,该方法中,各生产步骤的成本计算工作可以同时进行,因而能够简化和加速成本计算工作。

(2)逐步结转分步法必须按顺序逐步计算各步骤半成品成本,直到最后步骤计算出最终产成品成本。若采用综合结转方式,则最终完工成品成本不能提供按照原始成本项目反映的成本资料。因此,当成本管理要求企业按照规定考核成本项目和分析产品成本计划的完成情况时,还要进行成本还原。

三、月末在产品的含义不同

(1)采用平行结转分步法,不论半成品实物是否在各步骤之间转移,均不结转半成品成本。也就是说,半成品成本不随半成品实物转移而结转。因此,月末在最终完工产品与在产品之间分配生产费用时,是指最终完工产品与广义在产品之间的分配。

(2)采用逐步结转分步法,半成品成本是随半成品实物的转移而转移的,因此月末在完工产品(或半成品)与在产品之间分配生产费用,是指在各步骤完工产品(或半成品)与狭义在产品之间的分配。

三、平行结转分步法的实务操作流程

平行结转分步法的成本计算程序为:首先,按产品的生产步骤建立生产成本明细账,归集在本步骤发生的生产费用,包括材料费用、人工费用及制造费用等。其次,将各生产步骤归集的生产费用在最终完工产品与月末广义在产品之间进行分配,以确定应计入最终完工产品成本的生产费用"份额"。最后,将各步骤应计入最终完工产品成本的生产费用"份额"相加,计算出最终完工产品的实际总成本和单位成本。

【例 7-2】 (半成品入库情况)某丽华制造企业生产 A 产品,通过基本生产车间一车间、二车间和三车间连续加工完成。因各车间生产的 A 半成品不出售,管理上只要求计算本步骤的生产费用,不需要计算半成品的成本,所以采用平行结转分步法计算 A 产品的成本(半成品成本不随半成品实物的转移而转入下步骤成本明细账中)。假定每一步骤材料投料比例和完工程度均为 50%。

若 2023 年 8 月各步骤成本明细账中显示:第一步骤的直接材料为 80 000 元,直接人工为 40 000 元,制造费用为 50 000 元;第二步骤的直接材料为 60 000 元,直接人工为 30 000 元;制造费用为 35 000;第三步骤的直接材料为 40 000 元,直接人工为 20 000 元,制造费用为 10 000 元。月末狭义在产品台账显示:第一步骤 90 个、第二步骤 40 个、第三步骤 100 个。月末半成品库存显示:第一步骤 50 个、第二步骤 40 个。当月完工最终产成品 80 个。

要求:计算分配 80 个最终产成品应承担的各步骤生产费用。

各步骤广义在产品分析如下:

第一步骤生产费用的承担对象包括第一步骤的狭义在产品、半成品,第二步骤的狭义在产品、半成品,第三步骤的狭义在产品。因此,第一步骤的广义在产品为 275 件(90×50%+40+100+50+40)。

第二步骤的生产费用的承担对象包括第二步骤的狭义在产品和半成品及第三步骤的狭义在产品。因此,第二步骤的广义在产品为 160 件(40×50%+100+40)。

第三步骤的生产费用的承担对象包括第三步骤的狭义在产品。因此,第三步骤的广义在产品为 50 件(100×50%)。

第一步骤归集的生产费用(直接材料、直接人工和制造费用)要在 80 件和 275 件之间分配。第二步骤归集的生产费用(直接材料、直接人工和制造费用)要在 80 件和 160 件之间分配。第三步骤归集的生产费用(直接材料、直接人工和制造费用)要在 80 件和 50 件之间分配。根据上述分析结果,编制各步骤广义在产品约当产品计算表,如表 7-41 所示。编制各步骤产品成本计算单和产品成本汇总表,如表 7-42 至表 7-45 所示。

表 7-41 各步骤广义在产品约当产量计算表

2023 年 8 月 31 日 单位:件

项目	第一车间(步骤)	第二车间(步骤)	第三车间(步骤)
狭义在产品数量	90	40	100
库存半成品数量	50	40	—
狭义在产品材料约当数量	90×50%=45	40×50%=20	100×50%=50
广义在产品材料约当数量	275	160	50

（续表）

项目	第一车间（步骤）	第二车间（步骤）	第三车间（步骤）
狭义在产品完工程度约当数量	90×50％＝45	40×50％＝40	100×50％＝50
广义在产品完工程度费用约当数量	275	160	50

表 7-42　　　　　　　　　　　　　第一步骤产品成本计算单

产品名称：A 产品　　　　　　　2023 年 8 月 31 日　　　　　产量：80 件　　　　金额单位：元

摘要	直接材料	直接人工	制造费用	合计
月初在产品成本	—	—	—	
本月生产费用	—	—	—	
生产费用合计	80 000	40 000	50 000	170 000
完工产品数量（件）	80	80	80	
广义在产品约当产量（件）	275	275	275	
本步骤约当总产量（件）	355	355	355	
分配率	225.352 1	112.676 1	140.845 1	
期末广义在产品成本	61 972	30 986	38 732	131 690
转入完工产品份额	18 028	9 014	11 268	38 310

会计主管：×××　　　　　　　　复核：×××　　　　　　　　制单：×××

表 7-43　　　　　　　　　　　　　第二步骤产品成本计算单

产品名称：A 产品　　　　　　　2023 年 8 月 31 日　　　　　产量：80 件　　　　金额单位：元

摘要	直接材料	直接人工	制造费用	合计
月初在产品成本	—	—	—	
本月生产费用	—	—	—	
生产费用合计	60 000	30 000	35 000	125 000
完工产品数量（件）	80	80	80	
广义在产品约当产量（件）	160	160	160	
本步骤约当总产量（件）	240	240	240	
分配率	250	125	145.833 3	
期末广义在产品成本	40 000	20 000	23 333	83 333
转入完工产品份额	20 000	10 000	11 667	41 667

会计主管：×××　　　　　　　　复核：×××　　　　　　　　制单：×××

表 7-44

第三步骤产品成本计算单

产品名称：A 产品　　　　　　2023 年 8 月 31 日　　　　产量：80 件　　　　金额单位：元

摘要	直接材料	直接人工	制造费用	合计
月初在产品成本	—	—	—	
本月生产费用	—	—	—	
生产费用合计	40 000	20 000	10 000	70 000
完工产品数量(件)	80	80	80	
广义在产品约当产量(件)	50	50	50	
本步骤约当总产量(件)	130	130	130	
分配率	307.692 3	153.846 15	76.923 1	
期末广义在产品成本	15 385	7 692	3 846	26 923
转入完工产品份额	24 615	12 308	6 154	43 077

会计主管：×××　　　　　　复核：×××　　　　　　制单：×××

表 7-45

产品成本计算汇总表

产品名称：A 产品　　　　　　2023 年 8 月 31 日　　　　产量：80 件　　　　金额单位：元

摘要		直接材料	直接人工	制造费用	合计
应计入产品成本的份额	一车间	18 028	9 014	11 267	38 309
	二车间	20 000	10 000	11 667	41 667
	三车间	24 615	12 308	6 154	43 077
总成本		62 643	31 322	29 088	123 053
单位成本		783.04	391.52	363.60	1 538.16

会计主管：×××　　　　　　复核：×××　　　　　　制单：×××

根据表 7-45 及产品入库单(略)，编制会计分录如下：

借：库存商品——A 产品　　　　　　　　　　　　　　123 053
　　贷：生产成本——基本生产成本——A1 半成品　　　　38 309
　　　　　　　　　　　　　　　　　——A2 半成品　　　　41 667
　　　　　　　　　　　　　　　　　——A 产品　　　　　43 077

确定广义在产品数量的公式为：

$$\begin{array}{l}某步骤广\\义在产品\end{array}=\begin{array}{l}本步狭义在\\产品数量\end{array}\times\begin{array}{l}折算\\比例\end{array}+\begin{array}{l}本步骤及后面步骤\\入库的半成品数量\end{array}+\begin{array}{l}后面各步骤加工中\\的狭义在产品数量\end{array}$$

【例 7-3】(半成品不入库情况)江河制造企业生产部门设有 3 个基本生产车间：一车间、二车间、三车间。3 个车间连续加工 B 产品，依次加工 B1 半成品、B2 半成品和 B 产品。半成品均不入库，直接交下步骤车间加工。生产组织方式为大量大批生产。工艺特点为多步骤连续生产。成本核算的管理要求为：提供各步骤半成品成本和最终完工产品成本。产品成本计算方法采用平行结转分步法。完工产品与广义在产品间费用分配方法为约当产量法,3个步骤的月末狭义在产品加工程度为50%,原材料于生产时一次投入。设置直接材料、直接人工、制造费用3个成本项目。2023年9月有关成本资料如表7-46和表7-47所示。

表7-46　　　　　　　　　　　　产量资料表

2023年9月　　　　　　　　　　　　　　　　　　单位:件

项目	第一车间(步骤)	第二车间(步骤)	第三车间(步骤)
期初在产品数量	22	36	50
本期投入产品数量 (或上步骤转交数量)	400	380	360
本期完工产品数量	380	360	390
期末在产品数量	42	56	20
期末狭义在产品加工程度	50%	50%	50%
期末狭义在产品投料比例	100%	100%	100%

表7-47　　　　　　　　　　　　生产费用资料表

2023年9月　　　　　　　　　　　　　　　　　　单位:元

项目	月初在产品成本			本期生产费用		
	第一车间	第二车间	第三车间	第一车间	第二车间	第三车间
直接材料	6 500			35 000		
直接人工	2 700	14 000	5 200	65 000	57 000	20 000
制造费用	3 500	18 000	9 800	50 000	5 900	19 000
合计	12 700	32 000	15 000	150 000	62 900	39 000

要求:根据上述资料,采用平行结转分步法计算产品成本。

根据表7-46和表7-47的资料,编制第一车间、第二车间及第三车间广义在产品约当产量及产品成本计算单,具体如表7-48至表7-52所示。

表7-48　　　　　　　各步骤广义在产品约当产量计算表

2023年9月　　　　　　　　　　　　　　　　　　单位:件

项目	第一车间(步骤)	第二车间(步骤)	第三车间(步骤)
狭义在产品数量	42	56	20
库存半成品数量	—	—	—
狭义在产品材料约当数量	42	56	20
广义在产品材料约当数量	118＝42＋56＋20	76＝56＋20	20＝20

(续表)

项目	第一车间(步骤)	第二车间(步骤)	第三车间(步骤)
狭义在产品人工(制造)费用约当数量	21＝42×50%	28＝56×50%	10＝20×50%
广义在产品人工(制造)费用约当数量	97＝21+56+20	48＝28+20	10＝10

表 7-49　　　　　　　　　　**第一车间产品成本计算单**

产品名称：B产品　　　　　　2023 年 9 月 30 日　　　　产量：390 件　　　金额单位：元

摘要	直接材料	直接人工	制造费用	合计
月初在产品成本	6 500	2 700	3 500	12 700
本月生产费用	35 000	65 000	50 000	150 000
生产费用合计	41 500	67 700	53 500	162 700
最终完工产品数量(件)	390	390	390	
广义在产品约当产量(件)	118	97	97	
本步骤约当总产量(件)	508	487	487	
分配率	81.692 9	139.014 4	109.856 3	
期末广义在产品成本	9 640	13 484	10 656	33 780
转入完工产品份额	31 860	54 216	42 844	128 920

会计主管：×××　　　　　　复核：×××　　　　　　制单：×××

表 7-50　　　　　　　　　　**第二车间产品成本计算单**

产品名称：B产品　　　　　　2023 年 9 月 30 日　　　　产量：390 件　　　金额单位：元

摘要	直接材料	直接人工	制造费用	合计
月初在产品成本		14 000	18 000	32 000
本月生产费用		57 000	5 900	62 900
生产费用合计		71 000	23 900	94 900
完工产品数量(件)		390	390	
广义在产品约当产量(件)		48	48	
本步骤约当总产量(件)		438	438	
分配率		162.100 5	54.566 2	
期末广义在产品成本		7 781	2 619	10 400
转入完工产品份额		63 219	21 281	84 500

会计主管：×××　　　　　　复核：×××　　　　　　制单：×××

表 7-51　　　　　　　　　　　　第三车间产品成本计算单

产品名称：B 产品　　　　　　2023 年 9 月 30 日　　　　产量：390 件　　　　金额单位：元

摘要	直接材料	直接人工	制造费用	合计
月初在产品成本		5 200	9 800	15 000
本月生产费用		20 000	19 000	39 000
生产费用合计		25 200	28 800	54 000
完工产品数量（件）		390	390	
广义在产品约当产量（件）		10	10	
本步骤约当总产量（件）		400	400	
分配率		63	72	
期末广义在产品成本		630	720	1 350
转入完工产品份额		24 570	28 080	52 650

会计主管：×××　　　　　　　复核：×××　　　　　　　制单：×××

编制 B 产品成本计算汇总表，如表 7-52 所示。将一车间、二车间、三车间计算出应转入完工产品成本的"份额"，加以汇总，确定完工产品的制造成本。

表 7-52　　　　　　　　　　　　产品成本计算汇总表

产品名称：B 产品　　　　　　2023 年 9 月 30 日　　　　产量：390 件　　　　单位：元

摘要		直接材料	直接人工	制造费用	合计
应计入产品成本的份额	一车间	31 860	54 216	42 844	128 920
	二车间		63 219	21 281	84 500
	三车间		24 570	28 080	52 650
总成本		31 860	142 005	92 205	266 070
单位成本		81.69	364.12	236.42	682.23

会计主管：×××　　　　　　　复核：×××　　　　　　　制单：×××

根据产品成本计算单（表 7-49 至表 7-51）及汇总表（表 7-52）和产品入库单（略），编制会计分录如下：

借：库存商品——B 产品　　　　　　　　　　　　　　　　　　　　266 070

　　贷：生产成本——基本生产成本——B1 半成品　　　　　　　　　　128 920

　　　　　　　　　　　　　　　　——B2 半成品　　　　　　　　　　84 500

　　　　　　　　　　　　　　　　——B 产品　　　　　　　　　　　52 650

需要注意的是，在平行结转分步法下，采用约当产量法分配生产费用，确定应计入完工产品成本的"份额"和广义在产品成本时，其计算公式如下：

$$某步骤各成本项目费用分配率 = \frac{各成本项目月初结存费用 + 本月各项目生产费用}{完工产品数量 + 广义在产品约当产量}$$

广义在产品约当产量应保留的生产费用 = 广义在产品约当产量 × 各成本项目分配率

$$\begin{array}{l}\text{应计入完工产品各} \\ \text{成本项目的"份额"}\end{array} = \begin{array}{l}\text{完工产} \\ \text{品数量}\end{array} \times \begin{array}{l}\text{各成本项目分配率或} \\ \text{各步骤归集的生产费用}\end{array} = \begin{array}{l}\text{广义在产品约当产量} \\ \text{应保留的生产费用}\end{array}$$

职业基础知识测试

一、单项选择题

1. 分步法适用于(　　)。

A. 小批生产组织　　　　　　　　B. 大量大批单步骤生产方式

C. 单件生产方式　　　　　　　　D. 大量大批多步骤生产方式

2. 采用分步法计算产品成本时,生产成本明细账的设立应按照(　　)。

A. 生产批次　　　　　　　　　　B. 生产步骤和产品品种

C. 生产车间　　　　　　　　　　D. 产品品种

3. 逐步结转分步法下,在完工产品与在产品之间分配费用,是指在(　　)之间进行费用分配。

A. 完工产品与月末在产品

B. 完工半成品与月末加工中的在产品

C. 完工产品与广义的在产品

D. 前面步骤的完工半成品与加工中的在产品,最后步骤的完工产品与加工中在产品

4. 逐步结转分步法下在完工产品与在产品之间分配费用,是指在(　　)之间进行分配。

A. 最终完工产品与月末狭义在产品

B. 最终完工产品与广义在产品

C. 各步骤完工产品与本步骤狭义在产品

D. 各步骤完工产品与广义在产品

5. 在平行结转分步法下,完工产品与在产品分配生产费用中的"在产品"是指(　　)。

A. 广义在产品　　　　　　　　　B. 各步骤半成品

C. 狭义在产品　　　　　　　　　D. 各步骤的半成品和在产品

6. 逐步结转分步法实际上是(　　)的多次连接应用。

A. 品种法　　　　B. 分类法　　　　C. 分批法　　　　D. 定额法

7. 半成品成本流转与实物流转不一致,也不需要成本还原的方法是(　　)。

A. 平行结转分步法　　　　　　　B. 分项结转分步法

C. 综合结转分步法　　　　　　　D. 逐步结转分步法

8. 平行结转分步法下,完工产品成本与在产品成本之间分配费用,是指(　　)之间进行费用分配。

A. 各步骤完工的半成品与月末在产品

B. 完工产品与月末广义在产品

C. 完工产品与狭义在产品

D. 各步骤完工的半成品与广义的在产品

9. 某产品采用逐步综合结转法计算产品成本,本月第一步骤发生的费用为 50 000 元,完工半成品成本为 40 000 元,本月第二步骤发生的费用为 20 000 元,完工产品成本中所耗上一步骤"半成品"项目金额为 36 000 元。该产品的成本还原率为(   )。

A. 0.5   B. 0.9   C. 1.2   D. 1.8

10. 企业将各生产步骤所耗用的半成品成本全部计入该步骤产品生产成本——基本生产成本明细账的"自制半成品"成本项目,这种结转方式是(   )。

A. 平行结转分步法   B. 综合结转法

C. 逐步结转分步法   D. 分项结转法

二、多项选择题

1. 分步法适用于(   )。

A. 实行责任会计的多步骤生产企业

B. 单件小批生产

C. 管理上要求分步骤计算成本的多步骤生产

D. 半成品需要对外销售的多步骤生产

2. 下列各项中,属于逐步综合结转分步法优点的有(   )。

A. 不需要进行成本还原

B. 能够提供各个生产步骤的半成品成本资料

C. 为各生产步骤的在产品实物管理及现金管理提供资料

D. 能够全面地反映各生产步骤的生产耗费水平

3. 为了(   )企业需要采用逐步结转分步法计算各生产步骤的半成品成本。

A. 进行同行业半成品成本指标的对比

B. 考核对外销售的半成品的成本水平

C. 计算耗用本半成品的其他各种产品的生产费用

D. 简化和加速成本计算工作

4. 下列关于产品成本计算逐步结转分步法的说法中,正确的有(   )。

A. 能够全面反映各步骤的生产耗费水平

B. 半成品成本随半成品实物在各步骤间转移

C. 应进行成本还原

D. 半成品对外销售的企业一般宜采用逐步结转分步法

5. 采用逐步结转分步法,按照结转的半成品成本在下一步骤生产成本——基本生产成本明细账中反映方法的不同,可分为(   )。

A. 综合结转法   B. 分项结转法

C. 按实际成本结转   D. 按计划成本结转

三、判断题

1. 产品成本计算的分步法应顺序结转半成品成本,在最后步骤计算出完工产品成本。

(   )

2. 采用逐步结转分步法,半成品成本的结转与半成品实物的转移是一致的,因而有利于半成品的实物管理和在产品的资金管理。　　　　　　　　　　　（　　）

3. 成本还原的对象是还原前完工产品成本中半成品的综合成本。　　（　　）

4. 分步法计算产品成本时,"分步"与实际的生产步骤可以不一致。　（　　）

5. 在采用平行结转分步法时,各步骤半成品是否入库,与最终完工产品的计算无关。　　　　　　　　　　　　　　　　　　　　　　　　（　　）

6. 分步法即指按步骤开设成本明细账,归集计算各步骤半成品的成本。　（　　）

7. 采用平行分步法计算产品成本,可以直接正确提供按原始成本项目反映的企业产品成本资料,而无须进行成本还原。　　　　　　　　　　　　　　（　　）

8. 最后生产步骤的广义在产品也就是其狭义在产品。　　　　　　（　　）

9. 采用逐步结转分步法,半成品成本的结转与半成品实物的转移一定是同步进行的。　　　　　　　　　　　　　　　　　　　　　　　　（　　）

10. 采用分步法时,不论综合结转还是分项结转,第一步骤的生产成本明细账的登记方法均相同。　　　　　　　　　　　　　　　　　　　　　　　　（　　）

11. 综合逐步结转分步法下,根据需要进行成本还原时,所计算的成本还原率可能大于"1",也可能小于"1"。　　　　　　　　　　　　　　　　　　　（　　）

12. 平行结转分步法下,各生产步骤都不能全面反映其生产耗费水平。　（　　）

13. 平行结转分步法下,参与生产费用分配的在产品是指广义的在产品。　（　　）

四、计算分析题

1. 日丽企业生产的甲产品,经过两个生产步骤连续加工,其中,第一步骤制造甲半成品,入半成品库。第二步骤领用甲半成品继续加工成甲产成品。成本计算采用逐步综合结转分步法。3月,日丽企业有关产量及成本资料如下:

(1) 2024 年 3 月,产品产量情况如表 7-53 所示。

表 7-53　　　　　　　　　日丽企业产品产量情况表

2024 年 3 月　　　　　　　　　　　　　　单位:件

项目	第一车间(步骤)	第二车间(步骤)
期初在产品数量	20	12
本期投入产品数量 (或领用上步骤半成品数量)	50	38
本期完工产品数量	45	40
期末在产品数量	25	10

(2) 第一车间在产品成本采用定额成本法计算,在产品的单位定额成本分别为:直接材料 200 元,直接人工 100 元,制造费用 160 元。本月第一车间成本计算单如表 7-54 所示。

表 7-54

第一车间成本计算单

2024 年 3 月　　　　　　　　　　　　　　　　　　　　　　单位：件

项目	直接材料	直接人工	制造费用	合计
月初在产品成本	4 000	2 000	3 200	9 200
本月生产费用	8 000	6 500	9 600	24 100
生产费用合计				
月末在产品定额成本				
完工产品成本				

会计主管：×××　　　　　　　复核：×××　　　　　　　制单：×××

（3）自制甲半成品的明细账资料如表 7-55 所示。第二车间本月领用甲半成品 38 件投入生产，发出半成品成本采用全月一次加权平均单价计算。

表 7-55

原材料明细账

类别：自制半成品
品名：甲半成品　　　　　　　规格：　　　　　　　存放地点：

2024 年		凭证		摘要	收入			发出			结存		
月	日	字	号		数量	单位成本	总成本	数量	单位成本	总成本	数量	单位成本	总成本
3	1			上月结转							20	2 900	58 000
	31	（略）		本期入库	45								
				本期发出				38					
				期末结存									

（4）第二车间本月领用甲半成品 38 件，在生产时一次投入，本车间的在产品成本采用约当产量法计算，本月在产品完工程度 50%。有关成本计算资料如表 7-56 所示。

表 7-56

第二车间成本计算单

2024 年 3 月　　　　　　　　　　　　　　　　　　　　金额单位：元

项目	半成品	直接人工	制造费用	合计
月初在产品成本	3 060	7 000	6 000	16 060
本月发生的生产费用		9 000	5 000	14 000
领用甲半成品成本				
本月生产费用合计				

（续表）

项　目	半成品	直接人工	制造费用	合　计
在产品数量（件）				
在产品约当产量（件）				
完工产品数量（件）				
约当总产量（件）				
费用分配率				
本月完工产品成本				
月末在产品成本				

会计主管：×××　　　　　　复核：×××　　　　　　制单：×××

根据上述两个步骤成本计算单，编制产品成本还原表，如表7-57所示。

表7-57　　　　　　　　　　产品成本还原计算表

产品：甲产品　　　　　　2024年3月31日　　　　产量：40件　　　　单位：元

项目	成本还原率	成本项目				
		半成品	直接材料	直接人工	制造费用	合计
还原前产品总成本						
上步本月完工半成品成本						
半成品成本还原						
还原后产品总成本						
还原后产品单位成本						

会计主管：×××　　　　　　复核：×××　　　　　　制单：×××

要求：

（1）编制第一步骤成本计算单及会计分录。

（2）登记半成品库存明细账并计算发出半成品成本。

（3）编制第二步骤成本计算单及会计分录。

（4）编制甲产品成本还原计算表。

2. 光明制造厂生产乙产品，分两个生产车间进行：第一车间生产乙半成品，第二车间继续加工乙半成品为乙产品，第一车间完工产乙半成品不入半成品库，直接交第二车间加工。2023年5月，有关的成本资料如表7-58和表7-59所示。

表 7-58　　　　　　　　　　　　**第一车间产品成本计算单**

产品名称：乙半成品　　　　　　2023 年 5 月 31 日　　　　产量：700 件　　　　金额单位：元

摘要	产量（件）	直接材料	直接人工	制造费用	合　计
月初在产品成本	100	66 000			66 000
本月生产费用	900	87 000	26 000	23 000	136 000
生产费用合计	1 000				
分配率					
月末在产品成本	300				
本月完工产品成本	700				

会计主管：×××　　　　　　　　复核：×××　　　　　　　　制单：×××

表 7-59　　　　　　　　　　　　**第二车间产品成本计算单**

产品名称：乙产品　　　　　　　2024 年 5 月 31 日　　　　产量：750 件　　　　金额单位：元

摘要	产量	半成品	直接材料	直接人工	制造费用	合计
月初在产品成本	300	50 000	29 000	6 000	5 000	90 000
本月发生生产费用			98 000	70 000	80 000	248 000
领用乙半成品	700					
生产费用合计	1 000					
月末在产品产量（件）	250					
在产品约当产量（件）						
完工产品产量（件）	750					
约当总产量（件）						
分配率						
本月完工产品成本	750					
月末在产品成本	250					

会计主管：×××　　　　　　　　复核：×××　　　　　　　　制单：×××

表 7-60   **产品成本还原计算表**

产品：甲产品   2024 年 5 月 31 日   产量：40 件   单位：元

项目	成本还原率	成本项目				
		半成品	直接材料	直接人工	制造费用	合计
还原前产品总成本						
上步本月完工半成品成本						
半成品成本还原						
还原后产品总成本						
还原后产品单位成本						

会计主管：×××　　　　　　　　　复核：×××　　　　　　　　　制单：×××

说明：第一步骤月末完工产品与在产品分配采用只计材料法，材料于生产开始时一次投入；第二车间月末完工产品与在产品成本分配采用约当产量计算，材料及半成品于开始生产时一次投入，在产品完工程度为 60%。

要求：

(1) 编制第一步骤成本计算单及会计分录。

(2) 编制第二步骤成本计算单及会计分录。

(3) 编制产品成本还原表。

3. 江南机械厂生产丙产品，需要经过 3 个生产步骤：第一步骤生产丙 A 半成品，第二步骤将丙 A 半成品制造成丙 B 半成品，第三步骤将丙 B 半成品制造成丙产品。丙半成品经过半成品库收发。该企业采用平行结转分步法进行丙产品成本计算。每一步骤材料在该步骤开始时一次投料，各步骤在产品加工程度平均为 50%。2024 年 6 月，各步骤的在产品及入库的半成品数量如表 7-61 所示。

表 7-61   **广义在产品计算表**   单位：件

项目	第一步骤（丙 A）	第二步骤（丙 B）	第三步骤（丙）
各车间的在产品	30	50	20
各步骤投料比例	40%	30%	30%
库存半成品	28	66	
各步骤材料费用的广义在产品			
各步骤人工（制造）费用的广义在产品			

要求：计算各步骤广义在产品数量，并填写上述广义在产品计算表。

4. 黄山制造有限公司设有两个基本生产车间，两个车间连续加工乙产品，依次加工乙半成品、乙产品。生产组织方式为大量大批生产。工艺特点为多步骤连续生产。成本核算的管理要求为：提供各步骤半成品发生费用和最终完工产品成本，因此，产品成本计算方法采用平行结转分步法。完工产品与广义在产品之间的费用分配方法为定额比例法。原材料分车间一次投入。成本项目设置为：直接材料、直接人工、制造费用。

2024年5月，该企业各车间月初广义在产品成本和本月发生费用，及乙产品有关定额及产量资料，如表7-62至表7-64所示。

表7-62 月初广义在产品成本及本期生产费用

2024年5月 单位：元

成本项目	月初广义在产品成本		本月生产费用	
	第一车间	第二车间	第一车间	第二车间
直接材料	8 100	3 000	7 200	2 000
直接人工	4 300	1 000	2 800	2 300
制造费用	6 600	850	4 000	5 500
合计	19 000	4 850	14 000	9 800

表7-63 乙产品定额资料

金额单位：元

生产步骤	月初广义在成品		本月投入		本月完工产品	
	定额材料	定额工时（小时）	定额材料	定额工时（小时）	定额材料	定额工时（小时）
一车间定额	9 000	12 000	6 000	11 000	12 800	19 000
二车间定额	4 000	3 600	1 800	8 000	4 800	10 000
合计	13 000	15 600	7 800	19 000	17 600	29 000

表7-64 产量资料表

2024年5月 单位：件

项目	第一车间（步骤）	第二车间（步骤）
期初在产品数量	22	36
本期投入产品数量（或上步骤转交数量）	400	380
本期完工产品数量	380	360
期末在产品数量	42	56

要求：根据上述资料，采用平行结转分步法计算产品成本并编制会计分录。可能用到的空表如表7-65至表7-67所示。

表7-65　　　　　　　　　　　　　第一车间产品成本计算单

产品名称：乙产品　　　　　　2024 年 5 月 31 日　　　　产量：360 件　　　　金额单位：元

摘要	直接材料	直接人工	制造费用	合计
月初广义在产品成本				
本月生产费用				
生产费用合计				
完工产品定额（件）				
月末广义在产品定额（件）				
分配率				
月末广义在产品成本				
最终完工产品的份额				

会计主管：×××　　　　　　　　复核：×××　　　　　　　　制单：×××

表7-66　　　　　　　　　　　　　第二车间产品成本计算单

产品名称：乙产品　　　　　　2024 年 5 月 31 日　　　　产量：360 件　　　　金额单位：元

摘要	直接材料	直接人工	制造费用	合计
月初在产品成本				
本月生产费用				
生产费用合计				
完工产品定额（件）				
广义在产品定额（件）				
分配率				
广义在产品成本				
最终完工产品份额				

会计主管：×××　　　　　　　　复核：×××　　　　　　　　制单：×××

表7-67　　　　　　　　　　　　　完工产品成本汇总表

产品名称：乙产品　　　　　　2024 年 5 月 31 日　　　　产量：360 件　　　　单位：元

摘要		直接材料	直接人工	制造费用	合计
应转入产品成本的份额	一车间				
	二车间				
总成本					
单位成本					

会计主管：×××　　　　　　　　复核：×××　　　　　　　　制单：×××

第八章

分类法成本核算

───────◎ **【学习目标与知识要点】**

学习目标

学生能根据企业的生产类型、工艺特点和管理要求,合理选定产品成本计算对象,确定产品成本计算期;能运用分类法计算完工产品成本和单位成本,编制成本计算单,填制记账凭证,登记生产成本和制造费用明细账;能根据产品的特殊性质,正确判定联产品、副产品和等级产品;能根据成本计算的方法、要求和程序,计算出联产品、副产品和等级产品的成本。

知识要点

1. 判断分类法的适用情况
2. 熟练编写各要素费用、辅助生产费用、制造费用、成本计算单等分配表
3. 熟练编写记账凭证并登记各成本明细账
4. 重点掌握系数法在分类法下的使用技巧

───────◎ **【思政园地】**

选择合适的成本核算方法助力会计核算质量提升

企业要根据自身经营业务类型和经营模式,选择适宜的成本核算方法。常见的几种成本核算方法包括品种法、分批法和分步法,只是一般企业成本核算的基础方法。除此之外,成本核算方法还包括分类法、作业成本法等。随着企业经营规模的扩大,企业业务类型日益复杂,仅仅采用某一种方法可能无法满足实际业务的需求,无法实现成本核算的可靠性和准确性,因此,需要采取更多的具有针对性的核算方法。例如,企业存货成本核算中,如果经常

性地购入存货,而存货成本变化不大,但存货使用具有周期性,则传统的先进先出法可能就不够适用,此时可以选择移动平均法,即以各批次购入存货的成本加上在库存货的成本,除以购入存货加上在库存货的数量,将除得的平均值作为存货成本。相较于平均成本法和先进先出法,移动平均法能提高成本核算的准确性。又如,零售企业存货进出频繁,数量始终在变化,不适用平均成本法、先进先出法和移动平均法等,零售价格法更为适宜。零售价格法即按照存货成本和零售价格的比率,再按照存货平均存量余额,估计存货成本的一种方法。成本核算方法既要提高核算的精确性,又要做到实际可行,还要结合成本核算人手配置、专业能力等因素综合考虑。

参考资料：任桂涛. 企业会计成本核算方法新探[J]. 企业导报,2014(14):50-51.

第一节 分类法概述

一、分类法的概念

成本计算的分类法是指按产品的类别归集生产费用,在计算出某类产品总成本的基础上,按一定标准分配类内各种产品成本的一种方法。产品分类的原则一般是将产品的性质、结构、用途、耗用原材料,工艺过程相同或相近的产品归为一类。在分类法下,产品的分类和分配标准(或系数)的选定是否适当,是一个关键性的问题。在产品的分类上,应以所耗原材料和工艺技术过程是否相近为标准。在对产品分类时,类距既不能定得过小,使成本计算工作复杂化,也不能定得过大,影响成本计算的正确性。

二、分类法的特点

1. 以产品类别作为产品成本计算对象

分类法是以每一类产品作为成本计算对象,按照产品的类别设立产品成本明细账,(成本计算单)按成本项目归集生产费用;而不是以某个特定的产品品种为对象。

2. 产品成本计算期由产品成本计算的基本方法决定

分类法的成本计算期取决于其所使用的基本方法。若与分批法结合应用,则产品成本计算期与产品生产周期相一致,与会计核算的报告期不一致;若与品种法和分步法结合应用,则产品成本计算期与生产周期不一致,与会计核算的报告期相一致。

3. 月末通常要在完工产品与月末在产品之间分配生产费用

按照分类法计算产品成本时,同样存在月末完工产品与在产品间分配生产费用问题。另外,按照品种法等基本方法算出类别产品总成本后,还需把类别完工产品总成本在类内中各种产品之间进行分配。

三、分类法的适用范围

分类法一般适用于使用相同的原料,通过基本相同的工艺,所生产产品品种、规格型号繁多的企业。分类法主要适用于下列情况：

（1）同原料、同工艺生产不同规格产品的企业。即用同种原料、相同工艺生产出来的不同规格的产品。例如，食品厂生产的各种饼干、面包，无线电元件厂生产的各种无线电元件，灯泡企业生产的各种不同类别和瓦数的灯泡，针织企业生产的各种不同种类和规格的针织品等。

（2）生产联产品的企业。即用同一种原材料进行加工而同时生产出几种主要产品的生产。例如，以原油为原材料可生产出机油、汽油、柴油。

（3）生产副产品的企业。即在主要产品生产过程中附带生产一些非主要产品的企业。

（4）生产等级产品的企业。即等级产品是性质一样、用途相同的同品种产品，只是由于质量上的差异而产生了不同的等级，其销售价格一般也不同。

（5）生产零星产品的企业。

 **知识点链接**

产品成本计算的辅助方法

在实务中，除了品种法、分批法和分步法三种基本方法，企业还会采用一些其他成本计算方法，如分类法、定额法等，但这些方法都不是独立的成本计算方法，必须与上述三种方法结合起来使用。当然，分类法、定额法等各有其优点，因此也是重要的成本计算方法。

分类法是先以产品类别为成本计算对象归集生产费用，计算各类产品成本，再按照一定标准在类内各种产品之间进行分配，以计算各种产品成本的一种方法。它适合产品品种及规格繁多且可以按照一定的标准将产品划分为若干类别的企业或车间使用。例如，电子元件、化工、针织、服装、糖果等行业的企业就可以使用分类法。这些企业各种产品所用的原材料及生产工艺相同，如果按照每个品种、规格来计算成本，则成本计算工作量很大，为了简化核算工作量，可将从多品种、规格的产品归类计算成本。

第二节　分类法核算

一、类内产品成本的分配方法

如何对各类产品的总成本在类内各种产品之间进行分配，保证产品成本计算的合理性和正确性，关键在于正确选择分配标准。分配标准的选择是分类法正确计算各品种、规格产品成本的关键。选择的分配标准，必须与成本水平的高低具有密切联系，不同的成本项目可考虑选用不同的分配标准，以使其分配结果尽可能接近实际。常用的分配标准有定额消耗量、定额工时、定额费用、产品出厂价、产品的体积、重量、长度等。具体进行选择时，企业往往考虑分配标准与产品成本之间的关联关系、分配标准取得的难易程度和计算过程是否方便可行等因素。分类法在完工产品与在产品之间及完工产品类内各产品之间分配生产费用的常用方法主要是系数法。

二、产品成本计算分类法的实务操作程序

1. 分类法实务操作一般程序

首先,以产品类别为成本计算对象开设生产成本明细账(产品成本计算单)。

其次,登记生产成本明细账。日常根据各类要素费用分配表,以类别为对象归集分配生产费用,登记生产成本明细账。

最后,月末计算各类完工产品总成本和类内各完工产品成本及单位成本。月末按照某标准及方法计算某类完工产品总成本及类内完工产品总成本和单位成本。

2. 系数法实务操作程序

在分类法下,按系数将类别产品总成本在各种产品之间进行分配的方法,简称系数法。

第一步,确定标准产品。一般在同类产品中选择一种产销量大、生产正常、售价稳定的产品作为标准产品并将其系数定为"1"。

第二步,计算各产品单位系数(编写系数计算表),其他各种产品的分配标准与标准产品的分配标准相比,其比率即为其他各种产品的系数。常用的参数可以是定额、体积,也可以是重量、价格。

第三步,计算标准产量(实际产量×单位系数),编写标准产量计算表。计算类内各完工产品的标准产量。根据各种产品的实际产量,按系数折算为标准产品产量(即总系数)。在产品可按约当产量先折算成该完工产品的产量,再按系数折算为标准产品产量。

第四步,完工产品与在产品分配(编写成本计算单),以标准产量为依据。

第五步,计算各产品完工产品成本(编写成本分配表)。根据标准产量比例计算出各种完工产品的成本及其在产品成本。

第六步,编写会计分录。

这种分配方法的计算公式为:

类内某种产品系数＝该种产品的分配标准数量÷标准产品的分配标准数量

类内某种完工产品标准产量＝该种完工产品实际产量×该产品系数

类内在产品标准产量＝在产品数量×完工程度×该产品系数

类内标准产品总产量＝Σ 各种产品标准产量＋类内在产品标准产量

某项费用分配率＝该项费用总额÷类内标准产品总产量

类内某种完工产品负担的费用＝该种完工产品标准产量×费用分配率

类内某产品单位成本＝类内某种完工产品负担的费用÷产量

在产品负担的费用＝在产品标准产量×费用分配率

采用系数法分配,对不同的成本项目分配标准不同,可有不同分配系数。

【例 8-1】 清源机械制造有限公司产品成本核算相关情况如下。产品生产相关部门设有两个基本生产车间,连续加工生产 A、B、C 三种产品。因该三种产品所用原材料和工艺过程相近,故合为丙类产品。生产组织方式采用大量大批生产。工艺过程为多步骤连续生产类型。成本核算的管理要求计算最终完工产品成本。成本计算方法采用分类法(结合品种法)。成本项目设置为:直接材料、直接人工、制造费用。丙类完工产品与在产品及类内各

种完工产品间费用分配采用系数法。

2023年8月,丙类产品的产量、成本及定额资料如表8-1至表8-3所示。

要求:根据上述资料,采用系数法进行产品成本的分类法核算。

根据表8-1至表8-3的资料,丙类产品8月各产品产量和在产品分别折合计算标准产量,如表8-4所示。

表8-1

产品产量表

2023年8月31日

单位:件

类别	产品	完工产品产量	在产品数量	在产品人工(制造)费用约当数量
丙类产品	A	1 000	200	100
	B	800	60	30
	C	400	30	15

注:材料在开始生产时一次投入。

表8-2

产品成本计算表

类别:丙类

2023年8月31日

单位:元

2023年 月	日	摘要	直接材料	直接人工	制造费用	合计
8	1	月初在产品成本	2 000	1 800	1 000	4 800
8	31	本月发生费用	23 000	22 000	12 000	57 000
		合计	25 000	23 800	13 000	61 800

表8-3

分配系数计算表

类别:丙类

2023年8月31日

金额单位:元

产品名称	原材料费用定额	系数	工时消耗定额(小时)	系数
A	20	1	10	1
B	25	1.25	12	1.2
C	10	0.5	8	0.8

表8-4

标准产量计算表

类别:丙类

2024年8月31日

金额单位:元

数量单位:件

产品名称	产成品产量(件)	直接材料 系数	产成品折合标准产量	在产品产量	在产品折合标准产量	人工(制造)费用 系数	产成品折合标准产量	在成品折合约当产量	在成品折合标准产量	标准产品合计 材料费	人工制造费
		1.0									
A	1 000	1.2	1 000	200	200	1.0	1 000	100	100	1 200	1 100

（续表）

产品名称	产成品产量(件)	直接材料				人工(制造)费用				标准产品合计	
		系数	产成品折合标准产量	在产品产量	在产品折合标准产量	系数	产成品折合标准产量	在成品折合约当产量	在成品折合标准产量	材料费	人工制造费
B	800	5.0	1 000	60	75	1.2	960	30	36	1 075	996
C	400	0.5	200	30	15	0.8	320	15	12	215	332
合计			2 200	290	290		2 280	145	148	2 490	2 428

根据表8-4,编制丙类产品成本计算单,如表8-5所示。

表8-5　　　　　　　　　　　产品成本计算表

类别:丙类　　　　　　　　2023年8月31日　　　　　　　　金额单位:元

摘要	直接材料	直接人工	制造费用	合计
月初在产品成本	2 000	1 800	1 000	4 800
本月生产费用	23 000	22 000	12 000	57 000
合计	25 000	23 800	13 000	61 800
标准产品总量(件)	2 490	2 428	2 428	
其中:完工产品(件)	2 200	2 280	2 280	
在产品(件)	290	148	148	
分配率	10.040 2	9.802 31	5.354 2	
完工产品成本	22 088	22 349	12 207	56 644
月末在产品成本	2 912	1 451	793	5 156

根据表8-5,编制丙类内各品种完工产品成本分配表,如表8-6所示。

表8-6　　　　　　　　　　　产品成本分配表

类别:丙类　　　　　　　　2023年8月31日　　　　　　　　金额单位:元

摘要	产品产量(件)	标准产量		直接材料分配率:10.040 2	直接人工分配率:9.802 31	制造费用分配率:5.354 2	合计
		直接材料	人工(制造)费用				
A产品成本	1 000	1 000	1 000	10 040	9 802	5 354	25 196
B产品成本	800	1 000	960	10 040	9 410	5 140	24 590
C产品成本	400	200	320	2 008	3 137	1 713	6 858
合计		2 200	2 280	22 088	22 349	12 207	56 644

在采用分类法计算产品成本的企业中,所有材料领用、工时记录、费用分配都按产品类别填列,产品生产成本明细账也按类别设置,从而大大简化了产品成本计算的手续,还能提供各类产品的成本资料。但无论采用何种方法将生产费用在类内产品之间进行分配,都存在一定的假定性。为此,必须正确进行产品分类,合理确定产品的类别与类距。同时,在产品结构、所耗材料、生产工艺发生较大变化时,要及时修订相关定额或分配系数,保证产品成本计算正确。

实务中采用分类法计算产品成本时,完工产品和在产品成本的分配在大类产品中进行。类内各种产品成本的分配只计算完工产品成本,而不需分配类内各种产品的在产品成本。在产品成本体现在大类上,不再分配到各种产品。

三、联产品、副产品和等级产品的概念、特点及成本核算

1. 联产品的概念、特点及成本核算

联产品是指企业使用同样的原料,经过相同生产工艺过程的加工,同时生产出两种或两种以上具有不同使用价值但地位相同的主要产品。例如,炼油厂以原油为原料,同时生产出来的汽油、煤油和柴油等联产品。联产品有如下特点:

(1)联产品是企业投入同种原料,经过同一生产过程而取得的;即个别产品的产出,必然伴随联产品同时产出。联产品在整个生产过程结束时经过分离后才能生成,各种联产品被分离出来的时刻被称为"分离点"。

(2)与联产品不同,同类产品是指在产品品种、规格繁多的企业或车间中,按一定的标准被归为一类的产品。

(3)联合成本。"分离点"前在联合生产过程中发生的联产品的共同生产成本称为联合成本。联合成本需要经过分配后计入各联产品成本。

(4)可归属成本。将分离后对联产品继续进行加工而发生的成本称为可归属成本,直接由接受加工的联产品负担,计入其成本。

联产品从原材料投入到形成完工产品要经历三个阶段:分离前、分离点、分离后。分离前是联合成本的归集过程,分离点是联合成本的分配过程,分离后是联产品可归属成本的归集过程。因此,联产品的成本计算,明确分离点是关键。分离点前采用分类法计算联产品联合成本,分离点后计算产品可归属成本。

在分离点上,联产品之间联合成本的常用分配方法有系数分配法、实物量分配法和相对销售收入分配法、可实现净值比例分配法等。其中,系数分配法与前述普通分类法所用的系数法是一样的,即先将各种联产品的实际产量按事先规定的系数折合成标准产量,再按照各联产品的标准产量比例来分配联合成本。确定系数的标准可以选择产品的重量、体积、质量、加工难易程度、定额成本、售价等。

【例8-2】 阳光工厂采用某原料经过同一生产过程同时生产出A、B两种联产品。某月份发生的联合成本为50 000元,其中直接材料20 000元、直接人工12 000元、制造费用18 000元。其中,生产A产品4 000千克、B产品1 000千克;A产品单价为120元、B产品单价为100元。

要求：分别采用系数分配法、相对售价比例分配法、实物量比例分配法、可实现净值比例分配法计算 A、B 产品的产品成本并编制会计分录。

（1）采用系数分配法计算联产品成本（表 8-7）并编制会计分录。

表 8-7　　　　　　　　　　　　　联产品成本计算表

2023 年 9 月 30 日　　　　　　　　　　　　　　　　　金额单位：元

产品名称	实际产量（千克）	系数（价格）	标准产量（千克）	分配比例	应负担的联合成本			
					直接材料	直接人工	制造费用	合计
A	4 000	1	4 000	0.827 6	16 552	9 931.2	14 896.8	41 380
B	1 000	5/6	833.33	0.172 4	3 448	2 068.8	3 103.2	8 620
合计			4 833.33	1	20 000	12 000	18 000	50 000

借：库存商品——A 产品　　　　　　　　　　　　　　　　　　41 380
　　　　　　——B 产品　　　　　　　　　　　　　　　　　　8 620
　　贷：生产成本——基本生产成本——联产品（A，B）　　　　50 000

采用系数分配法分配联合成本的正确与否，取决于系数确定的正确性，为此，企业要根据各种技术参数尽可能正确计算各种联产品的消耗水平，正确计算分配系数。用于计算系数的参数有价格、定额费用、定额耗用量、定额工时等。

（2）采用实物量比例分配法计算联产品成本（表 8-8）并编制会计分录。

表 8-8　　　　　　　　　　　　　联产品成本计算表

2023 年 9 月 30 日　　　　　　　　　　　　　　　　　金额单位：元

项目		实际产量（千克）	应负担的联合成本			
			直接材料	直接人工	制造费用	合计
产品名称	A	4 000	16 000	9 600	14 400	40 000
	B	1 000	4 000	2 400	3 600	10 000
	合计	5 000	20 000	12 000	18 000	50 000
费用分配率			4.0	2.4	3.6	

借：库存商品——A 产品　　　　　　　　　　　　　　　　　　40 000
　　　　　　——B 产品　　　　　　　　　　　　　　　　　　10 000
　　贷：生产成本——基本生产成本——联产品（A，B）　　　　50 000

实物量比例分配法是按照各联产品在分离点上的重量、体积、长度等其他实物量度比例来分配联合成本的一种方法。按实物量分配联合成本的优点是简便易行，因为物质产品都可以用实物量表示，资料较容易取得，为成本分摊带来方便，但是其计算出来的是联产品的单位平均成本，容易造成成本与收入不匹配。此方法主要适用于产品成本与实物量有密切关系的联产品联合成本的分配。

（3）采用相对售价比例分配法计算联产品成本（表 8-9）并编制会计分录。

表 8-9　　　　　　　　　　　　　联产品成本计算表

2023 年 9 月 30 日

金额单位：元

产品名称	实际产量（千克）	单价	金额	分配比例	应负担的联合成本			
					直接材料	直接人工	制造费用	合计
A	4 000	120	480 000	0.827 6	16 552	9 931.2	14 896.8	41 380
B	1 000	100	100 000	0.172 4	3 448	2 068.8	3 103.2	8 620
合计			580 000	1	20 000	12 000.0	18 000.0	50 000

借：库存商品——A 产品　　　　　　　　　　　　　　　　　　41 380

　　　　　——B 产品　　　　　　　　　　　　　　　　　　8 620

　　贷：生产成本——基本生产成本——联产品（A，B）　　　　50 000

相对售价比例分配法是按照联产品售价比例来分配联合成本的一种方法。这种分配方法强调经济比值，不同联产品的销售价格也会不同。因此，其负担的成本应按销售收入的比例进行分配，即售价较高的联产品应负担较高份额联合成本，售价较低的联产品应负担较低份额联合成本。分配的结果使各种联产品的毛利率相同。这种方法一般适用于分离后即为完工产品，不需要进一步加工的且价格波动不大的联产品。

（4）采用可实现净值比例分配法。假设 A 产品的进一步加工发生的人工费用为 1 000 元，制造费用为 500 元。按照可实现净值比例分配法计算各联产品成本，如表 8-10 所示。

表 8-10　　　　　　　　　　　　联产品成本计算表

2023 年 9 月 30 日

金额单位：元

产品名称	单位	产量	单价	金额	可归属成本		可实现净值	分配比例	应负担的联合成本			
					直接人工	制造费用			直接材料	直接人工	制造费用	合计
A	千克	4 000	120	480 000	1 000	500	478 500	82.71%	16 543	9 926	14 889	41 358
B	千克	1 000	100	100 000			100 000	17.29%	3 457	2 074	3 111	8 642
合计				580 000	1 000	500	578 500	1	20 000	12 000	18 000	50 000

借：库存商品——A 产品　　　　　　　　　　　　　　　　　　41 358

　　　　　——B 产品　　　　　　　　　　　　　　　　　　8 642

　　贷：生产成本——基本生产成本——联产品（A，B）　　　　50 000

可实现净值比例分配法是按照各种联产品的可实现净值比例来分配联合成本的一种方法。可实现净值是指产品最终售价减去其可归属成本的余额。对不需要进一步加工的联产品的可实现净值就是其售价。该方法主要适用于联产品分离后仍需进一步加工方可销售的联产品。

2. 副产品的概念、特点及成本核算

副产品是指企业使用同种原料，经过同一生产工艺加工，在生产主要产品的过程中，附带生产出来的一些非主要产品。这些副产品尚有一定的用途，能满足企业某些方面的需要。

例如,制皂生产中产生的甘油,炼油生产中产生的渣油、石油焦等。副产品的特点如下:

(1)副产品是企业的次要产品,不是企业生产活动的主要目标;副产品随主要产品附带生产出来,依附于主要产品。

(2)相比主要产品,副产品销售价格较低,销售收入大大低于主产品。

副产品与联产品的关系。副产品和联产品都是联合生产过程中的产物(同源产品),都是投入相同的原料,经过同一生产过程而产生的,但副产品和联产品的价值和地位却不同。联产品的价值较高,与主产品地位相同,而副产品比主产品价值要低,处于次要地位。

副产品与主产品的关系。副产品和主产品间的划分并非一成不变,而是可以相互转化的。在一定条件下,副产品也能转为主要产品。反之,原来的主产品也可能因为生产目标的改变而成为副产品。主产品与副产品的划分主要取决于不同企业的生产目标。例如,生产焦炭和煤气的企业,若企业以煤气为生产目的,则煤气为主产品,焦炭为副产品;若企业以生产焦炭为生产目的,则焦炭为主产品,煤气为副产品;若焦炭与煤气都是主产品,则这两种产品就是该企业生产的联产品。

尽管副产品不是企业生产的主要目的,其价值相对于主产品而言也较低,但它仍具有一定的经济价值,能满足某些方面的需要,而且其客观上也会发生耗费。所以,在副产品和主产品分离时,副产品就应负担分离点前的联合成本。由于副产品是随着主产品生产时附带出来的,价值较低,所以副产品的成本计算一般不像联产品那么复杂,只须将副产品按一定标准作价,从分离前的联合成本中扣除即可。

1)价值较低的副产品成本核算

分离后不再加工的,对价值较低的副产品,若分离后不需要进一步加工,可不负担分离前的联合成本或以定额单位成本计算其应负担的联合成本;若分离后仍需要进一步加工才能出售的副产品,则只计算归属于该产品的再加工成本。

2)价值较高的副产品成本核算

若分离后不需要进一步加工的,对价值较高的副产品,则往往以其销售价格作为计算的依据,按销售价格扣除销售税金、销售费用和按正常利润率计算的销售利润后的余额,作为副产品应负担的联合成本;若分离后仍需要进一步加工才能出售的副产品,则应同时负担可归属于该产品的再加工成本和分离前应负担的联合成本。可在上述计算的结果的基础上再减去可归属成本后作为其应负担的联合成本。

主要产品应负担的联合成本为分离前联合成本扣除由副产品负担联合成本后的余额。

【例 8-3】 金鑫制造有限公司在同一基本生产车间,生产甲产品(主产品)的过程中,同时生产出副产品乙、丙产品,乙、丙产品均不需进一步加工。采用大量大批生产,单步骤生产。成本核算的管理要求为:提供主副产品成本,采用主副产品的成本计算方法。

2024 年 6 月发生的联合成本为:直接材料 50 000 元、直接人工费 30 000 元、制造费用 15 000 元。当月生产甲产品 1 200 吨、乙产品 100 吨、丙产品 30 吨,并且无期初期末在产品。另外,公司核定乙产品的定额单位成本为 18 元;丙产品的单位售价为 50 元,单位销售税金及费用为 6 元,正常利润率为 10%。

要求:根据上述资料,计算主副产品成本。

根据上述资料,编制该公司的产品成本计算单,如表 8-11 所示。先计算乙、丙副产品成本,倒轧主产品甲产品的成本。表 8-11 中有关项目计算如下:

乙产品总成本 $= 100 \times 18 = 1\,800.00$(元)

直接材料 $= 1\,800 \times 52.63\% = 947.34$(元)

直接人工 $= 1\,800 \times 31.58\% = 568.44$(元)

制造费用 $= 1\,800 \times 15.79\% = 284.22$(元)

丙产品总成本 $= (50 - 6) \div (1 + 10\%) \times 30 = 1\,200.00$(元)

直接材料 $= 1\,200 \times 52.63\% = 631.56$(元)

直接人工 $= 1\,200 \times 31.58\% = 378.96$(元)

制造费用 $= 1\,200 \times 15.79\% = 189.48$(元)

表 8-11　　　　　　　　　　甲、乙、丙产品成本计算表

2024 年 6 月 30 日　　　　　　　　　　　　　　　　金额单位:元

项目	应负担的联合成本			
	直接材料	直接人工	制造费用	合计
联合成本	50 000.00	30 000.00	15 000.00	95 000.00
费用项目比重	52.63%	31.58%	15.79%	100%
减去乙(副)产品成本(100 吨)	947.34	568.44	284.22	1 800.00
减去丙(副)产品成本(30 吨)	631.56	378.96	189.48	1 200.00
甲产品成本(1 200 吨)	48 421.10	29 052.60	14 526.30	92 000.00
甲产品单位成本	40.35	24.21	12.11	76.67

相应会计分录如下:

借:库存商品——甲产品　　　　　　　　　　　　　　　　　　　　92 000

　　　　　　——乙产品　　　　　　　　　　　　　　　　　　　　1 800

　　　　　　——丙产品　　　　　　　　　　　　　　　　　　　　1 200

　　贷:生产成本——基本生产成本——主副产品(甲、乙、丙)　　　　95 000

3. 等级产品的概念、特点及成本核算

等级产品是指使用相同原料,经过相同生产过程而生产出来的品种相同但质量不同的同品种产品。如纺织品、搪瓷器皿、电子元件的生产中,常有等级品产生。等级产品与联产品、副产品不同。等级产品的特点如下:

(1) 等级产品与联产品、副产品都是使用同种原料,经过同一生产过程产生出来的。

(2) 等级产品是性质一样、用途相同的同品种产品,只是由于质量上的差异而产生了不同的等级,其销售价格一般也不同。联产品之间、主产品与副产品之间,由于产品的性质、用途不同,所以属于不同品种产品。

(3) 等级产品不同于非合格品。等级产品质量上的差别一般在允许的设计范围以内,

这些差别一般不影响产品的使用,不会因质量上的差异而影响社会对该产品的消费需求。非合格品是等级以下的产品,其质量标准达不到设计要求,也是产品设计所不允许的。非合格品不能满足社会某些方面的使用需要,属于废品范围。

针对等级产品的成本核算,需根据具体情况进行分析确定:

（1）主观原因。若造成等级产品是由于操作工人操作不当或操作不熟练等主观原因形成,则可以选用实物量分配法。其理由是生产出等级较低产品只是由工人操作不当或操作不熟练等主观原因所造成,因此不同等级的产品应当承担相同的生产费用,使其单位成本与优质产品的成本相同。低等级产品成本与高等级产品成本一样,而由于低等级产品售价较低而使其毛利低于高等级产品的差额,能够比较敏感地反映由于企业产品质量管理不善所导致的经济损失。

（2）客观原因。若产生等级产品是由于生产工艺或材料质量等客观原因形成,则应当使不同等级的产品具有相同的毛利水平。如对原煤进行洗煤加工,由于受原料质量影响,洗出售价不同的等级煤。这时一般不能对各等级产品确定相同的单位成本,要采用系数分配法来计算各等级产品成本。企业通常用单位售价比例定出系数,再按系数的比例计算出不同等级产品应负担的联合成本。这样不同等级产品会具有不同的单位成本,等级高、售价大的产品所负担的成本多;等级低、售价小的产品所负担的成本少。

【例 8-4】 某毛纺企业 2024 年 5 月利用羊毛加工生产出一批毛料,羊毛质量问题导致产品质量存在差异。其中,一等毛料 45 万米、二等毛料 3 万米、三等毛料 2 万米。当月共发生联合成本 680 000 元,其中直接材料 500 000 万元、直接人工 100 000 万元、制造费用 80 000 万元。该毛料单位售价为一等品 50 元、二等品 40 元、三等品 30 元。

要求:根据上述资料,用系数分配法计算各等级毛料的总成本,并编制会计分录。

根据上述资料用系数分配法计算各等级毛料的总成本如表 8-12 所示。

表 8-12 　　　　　　　　　　　　　**等级产品成本计算表**

2024 年 5 月 31 日 　　　　　　　　　　　　　　　　　　　　　金额单位:元

产品 名称	实际产量 （万米）	系数 （价格）	标准 产量 （万米）	分配 比例	应负担的联合成本			
					直接材料	直接人工	制造费用	合计
一等毛料	45	1	45	92.59%	462 950	92 590	74 072	629 612
二等毛料	3	0.8	2.4	4.94%	24 700	4 940	3 952	33 592
三等毛料	2	0.6	1.2	2.47%	12 350	2 470	1 976	16 796
合　计			48.6	100%	500 000	100 000	80 000	680 000

借:库存商品——一等毛料 　　　　　　　　　　　　　　　　629 612

　　　　　——二等毛料 　　　　　　　　　　　　　　　　 33 592

　　　　　——三等毛料 　　　　　　　　　　　　　　　　 16 796

　　贷:生产成本——基本生产成本——毛料（品种） 　　　　　680 000

职业基础知识测试

一、单项选择题

1. 产品成本计算的分类法是（　　）。

A. 一种需要与基本方法结合运用的产品成本计算的辅助方法

B. 一种计算产品成本必不可少的成本计算方法

C. 一种可以单独使用的产品成本计算方法

D. 一种提高企业产品成本管理水平必不可少的产品成本计算的基本方法

2. 分类法的生产成本——基本生产成本明细账是按（　　）设置的。

A. 产品品种　　　　B. 产品批别　　　　C. 产品类别　　　　D. 生产步骤

3. 产品成本计算的分类法适用于（　　）的产品。

A. 品种、规格繁多　　　　　　　　B. 可按一定标准分类

C. 品种、规格繁多并可按一定标准分类　　D. 大量大批生产

4. 采用分类法计算产品成本的目的,在于（　　）。

A. 满足企业管理工作的需要　　　　B. 适应生产组织特点

C. 简化各类产品成本计算工作　　　　D. 简化各种产品成本计算工作

5. 采用分类法计算的各种产品成本（　　）。

A. 比较准确　　　　　　　　　　B. 比较真实

C. 能真正体现成本水平　　　　　　D. 其计算结果有着一定的假定性

6. 产品成本计算的分类法是（　　）。

A. 必须跟产品成本计算基本方法结合使用的一种方法

B. 一种可单独使用的产品成本计算基本方法

C. 计算产品成本必须采用的一种方法

D. 计算结果不准确的一种方法

7. 分类法的适用范围与企业的生产类型（　　）。

A. 没有关系　　　B. 有直接关系　　　C. 没有直接关系　　　D. 仅供参考选择

8. 材料质量或生产工艺原因造成的等级产品,应采用（　　）确定各等级产品的成本。

A. 按实物量比例法　　　　　　　B. 相对售价比例法

C. 系数法　　　　　　　　　　　D. 可实现净值比例法

9. 企业利用同种原料在同一生产过程中同时生产出来的几种地位相同的主要产品称为（　　）。

A. 联产品　　　　B. 副产品　　　　C. 等级产品　　　　D. 同类产品

10. 正确计算主副产品成本的关键是合理计算（　　）。

A. 主产品成本　　　　　　　　　B. 副产品成本

C. 主产品与副产品的比例关系　　　D. 联合成本

11. 下列各项中,属于分类法优点的是(　　)。

A. 加强成本控制　　　　　　　B. 能提高成本计算的正确性

C. 能简化产品成本的计算工作　　D. 能分品种掌握产品成本水平

12. 企业在生产主要产品的过程中,附带生产出来的一些次要产品称为(　　)。

A. 次品　　　　　　　　　　　B. 等级品

C. 副产品　　　　　　　　　　D. 联产品

二、多项选择题

1. 产品成本计算的辅助方法有(　　)。

A. 品种法　　　　B. 分批法　　　　C. 分类法　　　　D. 定额法

2. 下列关于产品成本计算分类法的说法中,正确的有(　　)。

A. 按照产品类别设置生产工艺特点明细账,归集生产费用,计算成本

B. 需要根据各类产品的生产工艺特点和管理要求,与基本方法结合运用

C. 在产品品种规格繁多,而且可以按一定标准分类的企业运用,可简化成本计算工作

D. 会计期末一般要在完工产品与月末在产品之间分配生产费用

3. 采用分类法计算产品的企业,应按(　　)将产品划分为比较相近的若干类别。

A. 产品结构　　　　　　　　　B. 所用材料

C. 工艺技术过程　　　　　　　D. 管理要求

4. 按照系数法分配同类产品中各种产品的成本的方法有(　　)。

A. 一种完工产品和月末在产品之间分配费用的方法

B. 一种在类内分配各完工产品成本的方法

C. 一种简化的分类法

D. 一种分配直接费用的方法

5. 下列各项中,属于分类法优点的有(　　)。

A. 加强成本控制　　　　　　　B. 能提高成本计算的正确性

C. 能简化产品成本的计算工作　　D. 能分类别掌握产品成本水平

三、判断题

1. 产品成本计算的分类法是指以产品的批别作为成品计算对象归集生产费用,计算产品成本的一种成本计算方法。　　　　　　　　　　　　　　　　　　　(　　)

2. 凡是产品的种类规格繁多,又可以按一定标准划分成为若干类别的企业或车间,均可以采用分类法计算产品成本。　　　　　　　　　　　　　　　　　　　(　　)

3. 分类法下,采用系数法在类内各种产品之间分配费用,所选择的标准产品,一般是产量最高的产品。　　　　　　　　　　　　　　　　　　　　　　　　　(　　)

4. 分类法不需要按照产品品种计算成本,因而可以简化成本计算工作。　(　　)

5. 分类法一般适用于产品品种、规格繁多而且可以按照一定的要求和标准划分为若干类别的企业或车间。　　　　　　　　　　　　　　　　　　　　　　　(　　)

6. 分类法可以合理准确地计算类内各种产品的实际成本。　　　　　　(　　)

7. 采用分类法计算产品成本时,类内各种产品成本的计算,都是按一定的分配标准按

比例进行分配的,因而,计算结果具有一定的假定性。　　　　　　　　　　（　　）

8. 分类法下只计算产品类别的成本,不需要计算各产品品种的成本,因而可以简化成本计算工作。　　　　　　　　　　　　　　　　　　　　　　　　　　　　　　（　　）

9. 分类法是一种辅助的成本计算方法,它必须与品种法、分批法、分步法结合使用。

（　　）

10. 联产品是企业利用同种原料经过同一加工过程,同时生产出来的具有相同性质和用途的主要产品。　　　　　　　　　　　　　　　　　　　　　　　　　　　　（　　）

11. 对联产品必须采用分类法进行成本核算。　　　　　　　　　　　　　（　　）

12. 等级产品的联合成本分配方法有实物量法和系数法。　　　　　　　　（　　）

13. 对于价值较低的副产品,若分离后不需要进一步加工,则可以不负担分离前的联合成本,或以定额成本计算其成本。　　　　　　　　　　　　　　　　　　　　　（　　）

14. 采用分类法计算产品成本的主要目的是加强成本管理。　　　　　　（　　）

15. 是否选用分类法计算产品成本与产品的生产类型无直接关系。　　　（　　）

16. 只有在联合生产过程中经过分离才能产生联产品。　　　　　　　　　（　　）

17. 采用实物量比例分配法分配联合成本适用于任何联产品。　　　　　（　　）

18. 因为副产品经济价值较小,所以在产品生产过程中没有发生耗费。　（　　）

19. 副产品和联产品可以进行严格的区分。　　　　　　　　　　　　　　（　　）

20. 等级产品是性质和用途相同的同种产品。　　　　　　　　　　　　　（　　）

21. 等级产品等同于非合格产品。　　　　　　　　　　　　　　　　　　（　　）

四、计算分析题

1. 利民皮鞋厂生产的产品规格很多,其中,A 款皮鞋和 B 款皮鞋使用的原材料相同,生产工艺技术过程接近,因而将其归并为一类,采用分类法计算成本。假定该类产品月末无在产品,2023 年 10 月,发生的生产费用为 90 000 元,其中直接材料 40 000 元、直接人工 30 000 元、制造费用 20 000 元。2023 年 10 月,A 款皮鞋和 B 款皮鞋的产量分别为 3 000 双和 2 000 双。假定 A 款皮鞋和 B 款皮鞋的定额情况为:单位产品材料耗用成本分别为 10 元、8 元;工时用量分别为 1 小时和 1.2 小时。

要求:

(1) 编制单位系数计算表(表 8-13)。

表 8-13　　　　　　　　　　　　　　分配系数计算表

2023 年 10 月 31 日　　　　　　　　　　　　　　　　　　　金额单位:元

产品名称	原材料费用定额	系数	工时消耗定额	系数
A 款鞋				
B 款鞋				

(2) 编制标准产量计算表(表 8-14)。

表 8-14　　　　　　　　　　　　　标准产量计算表

2023 年 10 月 31 日　　　　　　　　　　　　　　　金额单位：元

产品名称	产成品产量（双）	直接材料		人工制造费用	
		系数	产成品折合标准产量	系数	产成品折合标准产量
A 款鞋					
B 款鞋					
合 计					

（3）编制产品成本分配表（表 8-15）。

表 8-15　　　　　　　　　　　　　产品成本分配表

类别：A 类　　　　　　　　　　2023 年 10 月 31 日　　　　　　　　金额单位：元

摘要	产品产量（双）	标准产量		直接材料	直接人工	制造费用	合计
		直接材料	其他费用	分配率：8.695 6	分配率：5.555 6	分配率：3.703 7	
A 款鞋							
B 款鞋							
合 计							

2. 丽阳东方有限公司设有一个基本生产车间，在同一生产过程生产出联产品 A、B、C 三种产品。成本核算的管理要求为：提供完工各联产品成本。成本计算方法采用联产品的成本计算。

2024 年 9 月，发生的联合成本为 130 000 元，分别为直接材料 60 000 元、直接人工费 50 000 元和制造费用 20 000 元。该月生产出 A 产品 1 000 吨、B 产品 500 吨、C 产品 200 吨。在联产品的生产过程中无期初在产品，也无期末在产品。

要求：

（1）按系数分配法分配联产品联合成本，事先确定 A、B、C 三种产品的系数为 1、0.8、0.75，填写表 8-16。

（2）按实物量比例分配法分配联产品联合成本，填写表 8-17。

（3）按相对售价比例分配法分配联产品联合成本，填写表 8-18，假定 A、B、C 产品的每吨的销售价格分别为 800 元、400 元和 200 元。

（4）按可实现净值比例分配法分配联产品联合成本，填写表 8-19。假设 C 产品的进一步加工发生的人工费用为 1 000 元，制造费用为 500 元。

表 8-16 联产品成本计算表（系数分配法）

2024 年 9 月 30 日　　　　　　　　　　金额单位：元

产品名称	实际产量（吨）	系数	标准产量	分配比例	应负担的联合成本			
					直接材料	直接人工	制造费用	合计
A 产品								
B 产品								
C 产品								
合计								

表 8-17 联产品成本计算表（实物量比例分配法）

2024 年 9 月 30 日　　　　　　　　　　金额单位：元

项目		实际产量（吨）	应负担的联合成本			
			直接材料	直接人工	制造费用	合计
产品名称	A 产品					
	B 产品					
	C 产品					
	合计					
费用分配率						

表 8-18 联产品成本计算表（相对售价比例分配法）

2024 年 9 月 30 日　　　　　　　　　　金额单位：元

产品名称	实际产量（吨）	单价	金额	分配比例	应负担的联合成本			
					直接材料	直接人工	制造费用	合计
A 产品								
B 产品								
C 产品								
合计								

表 8-19 联产品成本计算表（可实现净值比例分配法）

2024 年 9 月 30 日　　　　　　　　　　金额单位：元

产品名称	单位	产量	单价	金额	可归属成本		可实现净值	分配比例	应负担的联合成本			
					直接人工	制造费用			直接材料	直接人工	制造费用	合计
A 产品	吨											
B 产品	吨											
C 产品	吨											
合计												

3. 江东奶制品有限公司用原奶同步加工生产出脱脂牛奶和奶油两种联产品。其中,脱脂牛奶经过再加工生产成脱脂奶粉出售。2024 年 7 月共发生联合成本 450 000 元,其中,原奶280 000 元、人工费用 100 000 元、制造费用 70 000 元。当月共生产奶油 80 吨,脱脂牛奶全部加工成脱脂奶粉共 7 000 桶,当月无期初期末在产品。脱脂奶粉的市场售价为 120 元/桶,进一步加工发生的人工费用为 80 000 元,制造费用为 59 000 元。奶油售价为 6 000 元/吨。

要求:按照可实现净值比例分配法计算各联产品成本(表 8-20),并编写会计分录。

表 8-20 联产品成本计算表(可实现净值比例分配法)

2024 年 7 月 30 日 金额单位:元

产品名称	单位	产量	单价	金额(收入)	可归属成本		可实现净值	分配比例	应负担的联合成本			合计
					直接人工	制造费用			直接材料	直接人工	制造费用	
脱脂奶粉	桶											
奶油	吨											
合　计												

4. 某洗煤厂产品核算情况如下:采用大量大批生产,对一种原煤进行洗煤加工,生产出质量和规格不同的冶炼用精煤、其他用精煤和洗块煤 3 种等级产品。成本核算的管理要求是提供不同等级产品成本,因此成本计算方法为分类法(分别按实务量比例分配和按系数比例分配)。

2024 年 8 月份的产量分别为:冶炼用精煤 80 000 吨、其他用精煤 30 000 吨和洗块煤4 000 吨,单位售价分别为 400 元/吨、300 元/吨和 200 元/吨。该月发生的联合成本为:直接材料 9 800 000 元、直接人工费 5 600 000 元、制造费用 3 000 000 元。

要求:请分别按系数分配法和实务量比例分配法进行等级产品成本的分配,如表 8-21和表 8-22 所示。

表 8-21 等级产品成本计算表(系数分配法)

2024 年 8 月 31 日 金额单位:元

产品名称	实际产量(吨)	系数	标准产量	分配比例	应负担的联合成本			
					直接材料	直接人工	制造费用	合计
冶炼用精煤								
其他用精煤								
洗块煤								
合　计								

注:以售价为标准确定系数,选择冶炼用精煤为标准产品,其系数为 1。

表 8-22　　　　　　　　　**等级产品成本计算表(实物量比例分配法)**

2024 年 8 月 31 日　　　　　　　　　　　　　　　　　　金额单位:元

产品级别	实际产量(吨)	应负担的联合成本			
		直接材料	直接人工	制造费用	合计
分配率					
冶炼用精煤					
其他用精煤					
洗块煤					
合计					

5. 江南工厂采用某原料经过同一生产过程同时生产出 A、B 产品,其中 A 产品为主产品,B 产品为副产品。2024 年 6 月发生的联合成本为 50 000 元,其中直接材料 20 000 元、直接人工 12 000 元、制造费用 18 000 元。其中生产的 A 产品 4 000 千克、B 产品 200 千克;B 产品单位定额成本为 80 元。

要求:按项目比重计算主副产品成本(表 8-23)并编写会计分录。

表 8-23　　　　　　　　　　**A、B 产品成本计算单**

2024 年 6 月 30 日　　　　　　　　　　　　　　　　　　金额单位:元

项目	应负担的联合成本			
	直接材料	直接人工	制造费用	合计
联合成本				
费用项目比重				
B 副产品成本				
A 主产品成本				
单位成本				

第九章

成本会计报表

◎ **【学习目标与知识要点】**

学习目标

知道成本报表的概念、种类,能理解成本分析的方法,明确产品生产成本表、主要产品单位成本表、制造费用明细表的结构和内容;明确产品生产成本表、主要产品单位成本表分析的内容和方法,以便能编制产品生产成本表、主要产品单位成本表、制造费用明细表;能对按成本项目反映和按产品种类反映的产品生产成本表进行分析,对主要产品单位成本表和成本项目进行分析。

知识要点

1. 成本报表的概念、分类

2. 成本报表分析的基本方法、成本分析报告的内容

3. 产品生产成本表、主要产品单位成本表及制造费用明细表的编制

4. 产品总成本表、主要产品单位成本表及制造费用明细表的分析

◎ **【思政园地】**

海底捞竞争者价值链成本管控

面临餐饮企业日趋激烈的竞争环境,海底捞虽然龙头地位较为稳固,市场空间广阔,但仍面临来自休闲火锅快餐呷哺呷哺、中式快时尚火锅九毛九等知名火锅餐饮品牌的挑战。然而,无论从多元化、差异化还是成本领先方面,海底捞均有其优势。

1. 体内孵化品牌,体外收购优质资源

面对年轻消费群体更加多样化的需求,海底捞开启多品牌发展战略,扩充产品品类满足

消费者多元化应用场景,采用体内孵化和体外收购两种方式丰富餐饮业态。一方面,海底捞自主孵化新品牌,近年来陆续成立子公司拓展业务范围。2019 年,海底捞旗下全资子公司成立 18 家餐饮管理有限公司,产品涵盖面条、早餐、茶饮、甜品等,其模式为全自助经营模式,产品多为成品和半成品,顾客从进店到自主结账仅需 1 分钟,极大减少了人工成本。另一方面,海底捞采用体外收购的方式进军快餐领域,全资收购优鼎优负责提供冒菜业务,同时对汉舍中国菜、Hao Noodle 等品牌进行重新整合,通过对优质资源的策略性收购探索餐饮多元化发展的新可能。2020 年,海底捞再次推出新品牌,主打川味盖饭的"饭饭林"和主打陕西风味餐食的"秦小贤"相继亮相,进一步扩充了企业产品品类。自主孵化和体外收购帮助海底捞拓展了业务范围,增强了不同品类之间的协同效应进而降低了成本。

2. 优化增值服务,塑造差异化品牌

海底捞以持续提升顾客就餐体验为长期发展理念,不断精进服务能力,凭借差异化的服务筑起品牌壁垒。海底捞的差异化服务主要体现在以下四个方面:第一,菜单设置人性化。所有餐品均可半份出售,为顾客提供更便利的点餐服务。第二,提供多样化服务项目。海底捞在顾客用餐之前提供美甲与桌游道具等附加服务环节缓解顾客等待的焦急情绪。第三,服务极致贴心。海底捞为过生日的顾客设计专门的细节服务等。第四,营业时间长。海底捞大部分门店会经营至凌晨 2 点,部分门店 24 小时营业。差异化的极致服务让海底捞的顾客数量爆炸式增长,促使海底捞翻台率整体维持在较高水平。2015—2019 年,海底捞整体翻台率平均保持在 4 以上,海底捞的服务顾客数量从 2015 年的 0.63 亿人次增加至 2019 年的 2.44 亿人次,复合年增长率高达 40%。根据 2021 年海底捞中期业绩报告,海底捞的会员数量为 8 500 万人。在门店飞速扩张的背景加持下,海底捞通过提供差异化服务,攻破消费者心理防线,赢得顾客认可,从而提升市场份额。

3. 高速拓展门店,扩大规模效应

相较于其他竞争企业,海底捞在企业发展初期为开展规模化经营,实现规模效益作出了巨大努力,这也为其克服成本上涨,在行业内保持优势成本地位注入一针强心剂。首先,在渠道拓展方面,海底捞拥有充裕的资金与丰富的融资来源,为其培养拓店人才与租金支付提供了强大资金支撑。其次,海底捞在食材加工、前台服务、后厨操作等一系列流程的标准化经营,亦为海底捞的规模化扩张打下坚实基础。最后,优质的供应渠道、安全的采购流程和专业的冷链运输帮助海底捞建立强大的食品安全保障。这些工作均为海底捞的门店扩张提供核心支持,推动海底捞实现规模化经营和成本效益提升。

资料来源:何瑛,赵映寒,杨琳.海底捞价值链成本管控分析[J].会计之友,2022(4):25-31.

第一节　成本会计报表和成本分析概述

一、成本会计报表的概念

成本会计报表是根据日常成本核算资料及其他有关资料,定期或不定期编制的,用来反映企业产品成本水平、构成及其升降变动情况,考核和分析企业在一定时期内成本计划执行情况及其结果的报告文件。正确、及时地编制成本会计报表是成本会计的一项重要内容。

成本会计报表属于企业内部成本管理报表。编报成本会计报表的目的是向企业管理者提供有关成本信息,便于管理者进行成本分析和成本决策。

二、成本会计报表的分类

成本会计报表是企业内部报表,一般不对外报送或公布。因此,对成本会计报表的种类,国家不作统一规定。除企业主要部门为了给国民经济管理提供所需要的成本数据,要求企业将其成本会计报表作为会计报表的附表报送和企业共同确定成本会计报表的种类外,为了满足企业内部经营管理的需要,成本会计报表的种类都是由企业自己确定的。按反映的内容不同,成本会计报表可以分为以下几个种类:

(1)反映企业产品成本水平及其构成情况的报表。反映企业产品成本水平及其构成情况的报表主要有产品生产成本表和主要产品单位成本会计报表等。企业可以通过它们分析成本计划的执行情况,及成本项目的构成情况。

(2)反映企业费用水平及其构成情况的报表。反映企业费用水平及其构成情况的报表主要有制造费用明细表、管理费用明细表、财务费用明细表和产品销售费用明细表等。这些报表可以反映企业一定时期内费用支出的总额及构成情况,及费用支出的合理程度和变动趋势。其可以用来分析企业各项指标消耗完成情况,从而为企业制定下期费用预算提供依据。

(3)反映生产经营和成本管理的专题报表。反映企业生产经营和成本管理的专题报表可以根据企业的生产特点和管理需要灵活设置,如责任成本会计报表、质量成本会计报表、生产情况表、材料耗用表、材料成本差异分析表等。这类报表属于专题报表,主要反映生产中影响产品生产成本的某些特定的重要问题,一般根据实际情况和需要设置。

三、会计成本报表分析方法

成本分析方法是完成成本分析目标的重要手段。常用的成本分析方法有比较分析法、比率分析法、因素分析法等。

1. 比较分析法

比较分析法又称对比分析法,是将两个经济内容相同、时间或空间地点不同的经济指标相减,从而进行分析的一种方法。

2. 比率分析法

比率分析法又称比重分析法,是通过计算某项指标的各个组成部分占总体的比重,即部分与全部的比率来进行分析的一种方法。

(1)相关指标比率分析法。相关指标比率分析法是计算两个性质不同而又相关的指标的比率,从而进行数量分析的一种方法。在实际工作中,企业通过计算产值成本率、营业收入成本率或成本利润率,反映各企业经济效益的好坏。

(2)构成比率分析法。构成比率分析法是计算某项指标的各个组成部分占总体的比重即部分与总体的比率,从而进行数量分析的一种方法。

（3）趋势比率分析法。趋势比率分析法是指对某项经济指标不同时期的数值进行对比,求出比率,分析其增减速度和发展趋势的一种方法。

3. 因素分析法

因素分析法是用来确定几个相互联系的因素对某个财务指标影响程度的一种方法。因素分析法分析的步骤如下:

（1）分解指标因素,确定因素替代顺序。将影响某项经济指标完成情况的因素,按其内在依存关系,分解其构成因素,并按一定的顺序排列这些因素。

（2）假定其他因素不变,逐次替代因素。每次将其中一个因素用基期数替换成分析期数,其他因素暂时不变。每个因素替换为分析期数后不再返回为基期数。后面因素的替换均是在前面因素已经替换成分析期数的基础上进行的。以此类推,有几个因素就需要替换几次,逐一进行替换。

（3）分析单个因素影响,确定影响结果。每个因素替换以后得出一个综合指标的结果,将每个因素替换以后的结果与替换以前的结果相减,即可得出该替换因素变动对综合指标的影响数额。

（4）将单个因素影响累计,汇总影响结果。将已经计算出来的各因素的影响额汇总相加,与综合指标变动的总差异进行分析,确定其计算的正确性。

替代顺序确定的一般原则为:先数量,后质量(即先替代数量指标,后替代质量指标);先实物量指标,后价值量指标;先分子,后分母。

假定某综合经济指标 N 受 A、B、C 三个因素影响,关系式为:$N = A \times B \times C$。基期指标 N_0 由 A_0、B_0、C_0 组成,报告期指标 N_1 由 A_1、B_1、C_1 组成,即

基期指标 $N_0 = A_0 \times B_0 \times C_0$

报告期指标 $N_1 = A_1 \times B_1 \times C_1$

差异额 $G = N_1 - N_0$

运用连环替代法分析三个因素变动对差异额 G 影响程度的计算程序如图 9-1 所示。

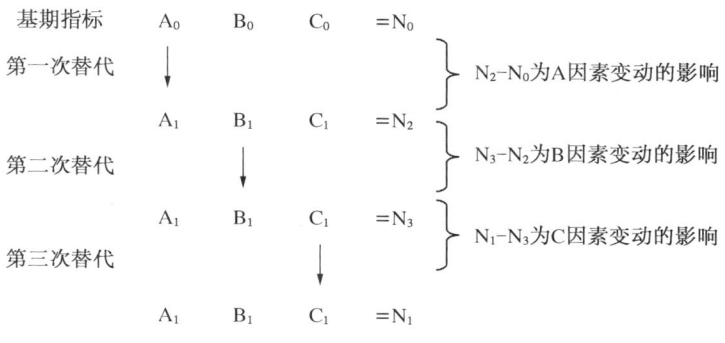

图 9-1　因素分析法示意图

将 A、B、C 三个因素变动的影响相加:

$$(N_2-N_0)+(N_3-N_2)+(N_1-N_3)=N_1-N_0=G$$

综上所述,分析结果与分析对象相符合。

【例 9-1】 鸿兴公司 2023 年 9 月与 8 月的材料消耗总额、产品产量、单耗和材料单价资料见表 9-1。

表 9-1   材料消耗情况表   金额单位:元

月份	产品产量(台)	单耗(千克)	单价	材料消耗总额
8 月	100	10	11	11 000
9 月	150	9	13	17 550
差异	50	−1	2	6 550

原材料费用是由产量、单位产品材料耗用量(单耗)和材料单价三个因素的乘积构成的,因此,先把材料费用指标分解为三个因素,再逐个分析它们对材料总额的影响程度。

采用连环替代法分析计算如下:

8 月材料费用总额:$100\times10\times11=11\,000$(元)   ①

第一次替代:$150\times10\times11=16\,500$(元)   ②

第二次替代:$150\times9\times11=14\,850$(元)   ③

第三次替代:$150\times13\times9=17\,550$(元)   ④

其中:产量增加的影响=②−①$=16\,500-11\,000=5\,500$(元)

单位产品材料消耗量增加的影响=③−②$=14\,850-16\,500=-1\,650$(元)

材料单价提高的影响=④−③$=17\,550-14\,850=2\,700$(元)

验证结果:$5\,500+(-1\,650)+2\,700=6\,550$(元)

[例 9-1]也可采用差额计算法分析如下:

产量增加的影响$=(150-100)\times10\times11=5\,500$(元)

单位产品材料消耗量增加的影响$=150\times(9-10)\times11=-1\,650$(元)

材料单价提高的影响$=150\times9\times(13-11)=2\,700$(元)

四、成本分析报告

成本分析报告是指企业在生产经营活动中,对构成产品成本的诸因素进行量化分析,即按一定的方法,利用成本计划、成本核算和其他有关资料,揭示成本计划完成情况,查明成本升降的原因,寻求降低成本的途径和方法,以求控制实际成本支出,实现用最少的消耗取得最大经济效益的研究分析报告。

通过成本分析,找准成本升降的主要原因,可为企业领导决策提供依据,也有助于提高企业的管理水平,从而为降低成本、提高企业的经济效益打下坚实的基础。

成本分析报告一般由标题、数据表格、文字分析说明和提出建议等部分组成。

(1)标题。标题由成本分析的单位、分析的时间范围、分析内容等方面构成,如《××公司××××年××月份成本分析报告》。

（2）数据表格。成本分析报告中数据表格的一般内容包括成本表、费用表、分品种的单位成本表等。

（3）文字分析说明。文字分析说明重在以表格数据为基础，查明导致成本增减变动的各项因素。一般来说，内部因素应该是分析的重点。

（4）提出建议。提出建议是从影响成本诸要素的分析入手，找出影响成本增减变动的主要原因，并针对原因提出控制成本或降低成本的有效措施，以供成本管理决策者参考。

第二节　产品生产成本表

一、产品生产成本表的编制

产品生产成本表是反映企业在报告期内生产的全部产品的总成本的报表。该表一般分为两种：一种按成本项目反映；另一种按产品种类反映。国家对该类报表的编报时间、种类、格式、内容和报送对象等方面均不作统一规定，而是由企业根据其生产特点与管理要求自行设置和调整。

1. 按产品种类反映的产品生产成本表的编制

1）按产品种类反映的产品生产成本表的格式

按产品种类反映的产品生产成本表是依据报告期内全部产品成本核算表或产品成本明细账计算填列的。

基本报表部分由实际产量、单位成本、本月总成本、本年累计总成本四部分构成，并按可比产品和不可比产品分别填列。可比产品是指以前会计期间内正式生产过，并保留有较完整的成本资料可以进行比较的产品；不可比产品是指企业在本会计期间初次生产的新产品，或者虽非初次生产，但是缺乏可比成本资料的产品，即不具备可比产品条件的产品。对不可比产品来说，其由于没有可比的成本资料，只列示本期的计划成本和实际成本。

补充资料包含可比产品成本降低额、可比产品成本降低率，写在表的下端。

【例 9-2】　聚荣公司 2023 年 12 月生产甲、乙、丙三种产品，其中甲、乙两种产品为可比产品，丙产品是 2023 年投入生产的，为不可比产品。相关成本及产量资料见表 9-2。

表 9-2　　　　　　　　　　　成本及产量资料　　　　　　　　　　金额单位：元

项目	单位成本资料				产量资料（台）		
	历史先进水平（2016 年）	上年实际成本	本年计划成本	12 月单位成本	本年计划	12 月	全年实际
甲产品	55	58	56	55.0	1 200	100	1 190
乙产品	33	36	35	35.5	2 850	230	2 800
丙产品	—	—	105	108.0	500	40	500

按产品种类编制的产品生产成本表见表 9-3。

表9-3

编制单位：聚荣公司

产品生产成本表（按产品品种类编制）

2023年12月

金额单位：元

产品名称	计量单位	实际产量		单位成本				本月总成本			本年累计总成本		
		本月①	本年累计②	上年实际平均③	本年计划④	本月实际⑤=⑨÷①	本年累计实际平均⑥=⑫÷②	按上年实际平均单位成本计算⑦=①×③	按本年计划单位成本计算⑧=①×④	本月实际⑨	按上年实际平均单位成本计算⑩=②×③	按本年计划单位成本计算⑪=②×④	本年实际⑫
可比产品													
其中：甲产品	台	100	1 190	58	56	55	55.5	5 800	5 600	5 500	69 020	66 640	66 045
乙产品	台	230	2 800	36	35	35.5	37	8 280	8 050	8 165	100 800	98 000	103 600
合计								14 080	13 650	13 665	169 820	164 640	169 645
不可比产品													
丙产品	件	40	500	—	105	108	106	—	4 200	4 320	—	52 500	53 000
总计		—	—	—	—	—	—	14 080	17 850	17 985	169 820	217 140	222 645

补充资料：

① 可比产品成本降低额：175元；② 可比产品成本降低率：0.103‰。

2）按产品种类反映的产品生产成本表的填制方法

（1）"产品名称"栏。该栏按照企业所生产的产品分为可比产品和不可比产品，按品种列示，并列明规格和计量单位。

（2）"实际产量"栏。该栏分为两个栏目反映，其中，"本月"实际产量应根据本月成本核算单或产品生产成本明细账填列；"本年累计"实际产量应根据产品生产成本明细账或产品成本表中上期该栏的数量加本月实际产量计算填列。

（3）"单位成本"栏。该栏分为四个栏目反映，其中，"上年实际平均"单位成本应根据上年年末该商品产品成本表中本年累计实际平均数填列；"本年计划"单位成本应根据本年度成本计划资料填列；"本月实际"单位成本应根据各种产品成本核算单的资料直接填列；"本年累计实际平均"单位成本应根据自年初起至本月月末的成本核算单资料或账簿资料核算填列。

（4）"本月总成本"栏。该栏分为三个栏目反映，其中，"按上年实际平均单位成本计算"和"按本年计划单位成本计算"两栏只需以本年累计实际产量分别乘以"上年实际平均"单位成本和"本年计划"单位成本后的数字填列；"本月实际"总成本则应根据本期成本核算单填列。

（5）"本年累计总成本"栏。该栏分为三个栏目反映，其中"按上年实际平均单位成本核算"和"按本年计划单位成本核算"两栏只需以本年累计实际产量分别乘以"上年实际平均单位成本"和"本年计划单位成本"后的数字填列；而"本年实际"总成本栏则应根据上期商品产品成本表此栏数字加上本月实际总成本填列。

如果有不合格品，应单列一行，并注明"不合格品"字样，不应与合格产品合并填列。

补充资料中有关数据计算公式如下：

$$\text{可比产品成本降低额}=\text{可比产品按上年实际平均单位成本核算的本年累计总成本}-\text{本年累计实际总成本}$$

$$\text{可比产品成本降低率}=\frac{\text{可比产品成本降低额}}{\text{可比产品按上年实际平均单位成本核算的本年累计总成本}}\times100\%$$

如果本年可比产品成本比上年不是降低，而是升高，则上列成本的降低额和降低率应用负数填列。如果企业可比产品品种不多，则其成本降低额和降低率也可以按产品品种分别计划和计算。

【例9-3】　沿用[例9-2]的资料，假定聚荣公司所生产的甲、乙两种产品都是主要产品，而且都是可比产品。根据上列计算公式和产品生产成本表（表9-3）所列有关资料，计算该公司甲、乙两种产品及全部可比产品的成本降低额和降低率。计算过程如下：

甲产品可比产品成本降低额＝69 020－66 045＝2 975（元）

甲产品可比产品成本降低率＝2 975÷69 020×100%＝4.31%

乙产品可比产品成本降低额＝100 800－103 600＝－2 800（元）

乙产品可比产品成本降低率＝2 800÷100 800×100%＝－2.778%

全部可比产品成本比上年降低额＝169 820－169 645＝175（元）

全部可比产品成本比上年降低率＝175÷169 820×100%＝0.103%

3）按产品种类反映的产品生产成本表的主要作用

（1）可以分析和考核产品本月与本年累计的成本计划的执行情况，对其节约或超支情况作出一般评价。

（2）可以分析和考核可比产品本月与本年累计的成本变动情况。

（3）分析和考核可比产品成本降低计划的执行情况。

（4）为进行产品单位成本分析奠定基础。

2. 按成本项目反映的产品生产成本表的编制

1）按成本项目反映的产品生产成本表的格式

按成本项目反映的产品生产成本表是按成本项目汇总反映企业在报告期内发生的全部生产成本以及产品生产成本合计额的报表。此表由生产成本和产品生产成本两部分构成。

【例 9-4】 鸿合公司按成本项目编制的产品生产成本表如表 9-4 所示。

表 9-4 产品生产成本表（按成本项目反映）

编制单位：鸿合公司　　　　　　　　2023 年 12 月　　　　　　　　单位：元

项目	上年实际	本年计划	本月实际	本年累计实际
生产成本：				
直接材料	215 030	215 218	21 416	216 462
直接人工	152 286	150 591	13 940	154 045
制造费用	104 884	101 141	8 304	99 143
生产成本合计	472 200	466 950	43 660	469 650
加：在产品、自制半成品期初余额	23 180	20 960	2 255	18 249
减：在产品、自制半成品期末余额	19 249	19 930	3 165	20 115
产品生产成本合计	476 131	467 980	42 750	467 784

2）按成本项目反映的产品生产成本表的填制方法

（1）"上年实际"栏，应根据上年 12 月本表的"本年累计实际"数填列。

（2）"本年计划"栏，应根据成本计划有关资料填列。

（3）"本月实际"栏，应根据各有关产成品成本明细账按成本项目分别填列。

（4）"本年累计实际"栏，应根据"本月实际"与上月本表的"本年累计实际"数合计填列。

（5）在产品、自制半成品的期初、期末余额，根据各种产品生产成本明细账和自制半成品明细账期初、期末余额分别汇总填列。

表中的生产成本合计，为各有关项目计算出的产品生产成本合计数。

3）按成本项目反映的产品生产成本表的作用

（1）将本年累计实际生产费用（或本年累计实际生产成本）与本年计划数和上年实际数相比较，可以分析和考核年度生产费用计划（或生产总成本计划）的执行情况，以及本年生产费用（或生产总成本）与上年相比的升降情况等。

（2）可以反映报告期内全部产品生产费用的支出情况和各种费用的构成情况,作出一般评价。

二、产品总成本分析

1. 按产品种类反映的产品生产成本表分析

按产品种类反映的生产成本表分析,一般可从以下两个方面进行:一是本期实际成本与计划成本的对比分析(即评价全部产品成本计划的完成情况);二是本期实际成本与上期实际成本的对比分析(即分析可比产品成本降低任务的完成情况)。

1）评价全部产品成本计划的完成情况

评价全部产品成本计划完成情况,可以对比本期实际成本与计划成本,确定全部产品和各主要产品实际成本与计划成本的差异,分析成本计划的执行情况,再进一步作具体深入的原因分析。

【例 9-5】　沿用[例 9-2]的资料,表 9-3 是聚荣公司 12 月按产品种类反映的产品生产成本表,全部产品本年累计实际总成本为 222 645 元,高于计划成本 217 140 元,差异为 5 505 元。总体来看,成本计划执行结果是不好的。但按产品品种来看,各种产品成本计划的执行结果并不相同。

甲产品的本月实际总成本(5 500 元)低于本月计划总成本(5 600 元);甲产品的本年累计实际总成本(66 045 元)低于本年计划总成本(66 640 元);但乙产品的本月实际总成本和本年累计总成本均高于计划成本。由此可见,乙产品的成本计划完成得不好;甲产品的成本计划从全年来看,完成得较好。据此,聚荣公司应进一步分析乙产品成本计划完成得不好的原因,以便巩固业绩、克服缺点,更好地完成成本计划。

2）分析可比产品成本降低任务的完成情况

可比产品的成本分析,除进行实际成本与计划成本的对比分析外,还可以进行本期实际成本与上期实际成本的对比分析。可比产品的成本分析一般从两方面进行:一是可比产品成本降低情况的总括分析;二是影响可比产品成本降低情况的因素分析。

第一,可比产品成本降低情况的总括分析。

一般情况下,在成本计划中已经确定了可比产品成本计划降低额和计划降低率。因此,进行可比产品成本降低计划执行情况分析,首先应该计算实际完成的降低额和降低率,然后将实际与计划进行比较,确定可比产品成本降低计划的完成情况。

这里应该注意的是,进行这方面分析时,必须正确划分可比产品与不可比产品的界限,如实反映费用情况,保证分析结果的正确性。

可比产品成本的变动情况分析,既可以按产品品种进行,也可以按全部可比产品进行。一般采用对比分析法,分析全部可比产品和各种可比产品本年实际成本与上年实际成本的差异,以确定成本升降的情况。

有关可比产品成本实际降低额和降低率的计算方法已在产品生产成本表的编制中讲述。有关可比产品成本计划降低额和降低率的计算公式如下:

$$\frac{可比产品成本}{计划降低额} = \sum 可比产品计划产量 \times \left(\frac{上年实际}{平均单位成本} - \frac{计划}{单位成本} \right)$$

$$可比产品成本\atop计划降低率 = \frac{可比产品成本计划降低额}{\sum\left(可比产品\atop计划产量 \times 上年实际\atop平均单位成本\right)} \times 100\%$$

$$可比产品成本\atop降低额完成情况 = 可比产品成本\atop实际降低额 - 可比产品成本\atop计划降低额$$

$$可比产品成本\atop降低率完成情况 = 可比产品成本\atop实际降低率 - 可比产品成本\atop计划降低率$$

【例 9-6】 星辰公司 2023 年 12 月有关可比产品的成本资料见表 9-5。

表 9-5　　　　　　　　可比产品成本计划与实际对比表　　　　　　金额单位：元

可比产品名称	计量单位	产品产量		单位成本		
		本年计划	本年实际	上年实际	本年计划	本年实际
甲	件	1 200	1 190	58	56	55.5
乙	台	2 850	2 800	36	35	37.0

根据表 9-5，可分别计算可比产品成本计划降低额、成本计划降低率、成本实际降低额、成本实际降低率等指标。

成本计划降低额 = $1\,200 \times (58-56) + 2\,850 \times (36-35) = 5\,250$（元）

成本计划降低率 = $\dfrac{5\,250}{1\,200 \times 58 + 2\,850 \times 36} \times 100\% \approx 3.048\,8\%$

成本实际降低额 = $1\,190 \times (58-55.5) + 2\,800 \times (36-37) = 175$（元）

成本实际降低率 = $\dfrac{175}{1\,190 \times 58 + 2\,800 \times 36} \times 100\% = 0.103\%$

可比产品成本降低额完成情况 = $175 - 5\,250 = -5\,075$（元）

可比产品成本降低率完成情况 = $0.103\% - 3.048\,8\% \approx -2.95\%$

从上述计算资料结果可以看出，可比产品成本实际降低额比成本计划降低额少降低 5 075 元；成本实际降低率比成本计划降低率少降低 2.95%，说明该企业没有完成可比产品成本计划降低任务，应进一步分析没有完成成本降低计划的原因。

第二，影响可比产品成本降低情况的因素分析。

影响成本降低额的因素包括产品产量、产品品种结构和单位成本；影响成本降低率的因素包括产品品种结构和单位成本。下面主要介绍影响成本降低额的因素。

（1）产品产量变动的影响。可比产品成本计划降低额是根据各种产品的计划产量确定的，实际降低额是根据实际产量计算的。在产品品种比重和产品单位成本不变的情况下，产量增减会使成本降低额发生同比例的增减。但按上年实际平均单位成本核算的本年累计总成本也发生了同比例的增减，因而不会使成本降低率发生变动（成本降低率计算公式的分子和分母发生同比例变动，其结果不变）。具体计算公式如下：

$$产量变动对成本\atop计划降低额的影响 = \left[\sum(实际产量-计划产量) \times 上年实际\atop单位成本\right] \times 成本计划\atop降低率$$

[例9-3]中,产量变动对成本计划降低额的影响

$$=[(1\,190-1\,200)\times58+(2\,800-2\,850)\times36]\times3.048\,8\%$$

$$=[-580-1\,800]\times3.048\,8\%$$

$$=-72.56(元)$$

（2）产品品种结构变动的影响。各种产品的成本降低程度不同,因而产品品种比重的变动也会使得成本降低额和降低率同时发生变动。成本降低程度大的产品比重增加会使成本降低额和降低率增加;反之则会减少。具体计算公式如下:

$$\begin{aligned}产品品种结构变动\atop对成本降低额的影响&=\sum\left[实际产量\times\left(上年实际\atop单位成本-本期计划\atop单位成本\right)\right]-\\&\quad\sum\left[\left(实际产量\times上年实际\atop单位成本\right)\times成本计划\atop降低率\right]\end{aligned}$$

$$\frac{产品品种结构变动}{对成本降低率的影响}=\frac{产品品种结构变动对成本降低额的影响}{\sum\left(实际产量\times上年实际\atop单位成本\right)}$$

[例9-6]中产品品种结构变动对成本降低额的影响

$$=1\,190\times(58-56)+2\,800\times(36-35)-(1\,190\times58+2\,800\times36)\times3.048\,8\%$$

$$\approx2.53(元)$$

[例9-6]中产品品种结构变动对成本降低率的影响

$$=2.53\div(1\,190\times58+2\,800\times36)\times100\%=0.001\,5\%$$

（3）单位成本变动的影响。可比产品成本计划降低额和实际降低额都是以上年实际成本进行对比为基础的。因此,当本年度可比产品实际单位成本相比计划单位成本降低或升高时,必然会引起降低额和降低率的变动。产品实际单位成本比计划单位成本降低得越多,成本降低额和降低率也越大,这意味着生产过程中成本消耗的节约;反之则反,意味着成本消耗的提高。具体计算公式为如下:

$$\frac{产品品种结构变动}{对成本降低额的影响}=\sum 实际产量\times\left(本期计划\atop单位成本-本期实际\atop单位成本\right)$$

$$\frac{产品品种结构变动}{对成本降低率的影响}=\frac{单位成本变动对成本降低额的影响}{\sum\left(实际产量\times本期实际\atop单位成本\right)}\times100\%$$

[例9-6]中产品单位成本变动对成本降低额的影响

$$=1\,190\times(56-55.5)+2\,800\times(35-37)=-5\,005(元)$$

[例9-6]中:

$$产品单位成本变动对成本降低率的影响=\frac{-5\,005}{1\,190\times55.5+2\,800\times37}\times100\%=-2.95\%$$

$$\frac{可比产品成本}{降低额完成情况}=\frac{产量变动对成本}{计划降低额的影响}+\frac{品种结构变动对成本}{计划降低额的影响}+\frac{产品单位成本变动对成本}{计划降低额的影响}$$

$$可比产品成本\atop 降低率完成情况 = {品种结构变动对成本\over 计划降低额的影响} + {产品单位成本变动对成本\over 计划降低额的影响}$$

[例 9-6]中,可比产品成本降低额完成情况 = (-72.56) + 2.53 + (-5 005)

$$\approx -5\ 075(元)$$

可比产品成本降低率完成情况 = 0.001 5% + (-2.95%) ≈ 2.95%

2. 按成本项目反映的产品生产成本表分析

按成本项目反映的产品生产成本表,一般可以采用对比分析法、构成比率分析法和相关指标比率分析法进行分析。

按成本项目反映的产品生产成本表(表 9-4)是 2023 年 12 月编制的,因而其本年累计实际数、本年计划数和上年实际数,都是整个年度的生产成本和产品成本,可以就产品生产成本合计数、生产成本合计数及其各项生产成本进行对比,揭示差异,以便进一步分析、查明发生差异的原因。

【例 9-7】 沿用[例 9-4]的资料,表 9-4 中的本年累计实际数低于上年实际数,但高于本年计划数。其原因是多方面的,可能是由于节约了生产耗费,相比上年降低了产品的单位成本;也可能是由于产品产量和各种产品品种比重的变动(各种产品单位成本升降的程度不同)引起的。所以,应当进一步分析具体原因,以便对产品成本总额控制情况作出评价。

就表 9-4 中的生产成本合计数来看,其本年累计数(469 650 元)低于上年实际数(472 200 元),高于本年计划数(466 950 元)。当考虑了期初期末存货成本后,产品生产成本合计的本年累计数(467 784 元)仍然低于上年实际数(476 131 元),也低于本年计划数(467 980 元)。这说明表 9-4 中产品生产成本本年合计实际数低于本年计划数,是因为有期初、期末在产品和自制半成品余额变动的因素,即计划的期初、期末在产品、自制半成品余额的差额[20 960 - 19 930 = 1 030(元),正数]大于实际的期初、期末在产品、自制半成品余额的差额[18 249 - 20 115 = -1 866(元),负数]。

就表 9-4 中的各项生产成本来看,直接材料成本、直接人工成本和制造费用的本年累计实际数与上年实际数和本年计划数相比,升降的情况和程度各不相同,应进一步查明原因。

对于各种生产成本,还可计算构成比率,并在本年实际、本月实际、本年计划和上年实际之间进行对比。

本年累计实际构成比率(保留小数点后两位小数)为:

$$直接材料成本比率 = {216\ 462\over 469\ 650} \times 100\% = 46.09\%$$

$$直接人工成本比率 = {154\ 045\over 469\ 650} \times 100\% = 32.8\%$$

$$制造费用比率 = {99\ 143\over 469\ 650} \times 100\% = 21.11\%$$

本月实际构成比率为:

$$直接材料成本比率 = {21\ 416\over 43\ 660} \times 100\% = 49.05\%$$

$$直接人工成本比率 = {13\ 940\over 43\ 660} \times 100\% = 31.93\%$$

$$制造费用比率=\frac{8\,304}{43\,660}\times100\%=19.02\%$$

本年计划构成比率为：

$$直接材料成本比率=\frac{215\,218}{466\,950}\times100\%=46.09\%$$

$$直接人工成本比率=\frac{150\,591}{466\,950}\times100\%=32.25\%$$

$$制造费用比率=\frac{101\,141}{466\,950}\times100\%=21.66\%$$

上年实际构成比率为：

$$直接材料成本比率=\frac{215\,030}{472\,200}\times100\%=45.54\%$$

$$直接人工成本比率=\frac{152\,286}{472\,200}\times100\%=32.25\%$$

$$制造费用比率=\frac{104\,884}{472\,200}\times100\%=22.21\%$$

根据上列各项构成比率可以看出，本年累计实际构成与本年计划构成相比，本年直接材料成本持平，直接人工成本的比重有所提高，而制造费用的比重有所降低；与上年实际构成相比，本年直接材料成本和直接人工成本的比重有所提高，而制造费用的比重则有所降低。本月实际构成也有较大的变动，应当进一步查明这些变动的原因以及变动是否合理。

第三节　主要产品单位成本表

主要产品单位成本表是指反映企业在报告期内(月、季、年)生产的各种主要产品单位成本构成情况的报表。此表可以反映生产各种主要产品的实际成本水平及其构成，考核各种产品单位成本计划的执行情况及升降原因，为分析各项消耗量指标的变化情况提供资料，便于与同行业同类产品成本进行对比，找出差距、挖掘潜力、降低成本。

一、主要产品单位成本表的格式

主要产品单位成本表是按成本项目反映单位产品成本水平的，它是产品成本表的补充报表，由表首、基本内容、补充资料三部分构成，主要根据成本核算表和日常积累的经济资料填列。其结构和内容见表9-6。

二、主要产品单位成本表各栏目的填列方法

(1)"本月计划产量"和"本年计划产量"分别根据本月和本年产品产量计划填列。

(2)"本月实际产量"和"本年累计实际产量"分别根据统计提供的产品产量资料或产品入库单填列。

（3）"成本项目"中，"历史先进水平"栏各项目根据有关年度的资料填列；"上年实际平均"栏各项目根据上年年末该表"本年累计实际平均"栏资料填列；"本年计划"栏各项目根据成本计划单位成本资料填列；"本月实际"栏各项目根据产品成本明细账有关资料填项列；"本年累计实际平均"栏各项目，根据年初至本月月末止的有关产品成本明细账资料采用加权平均计算后填列。

（4）"主要经济指标"应分别根据实际消耗记录、计划、上年度有关数据等业务技术资料和企业或上级机构规定的指标名称、填列方法计算填列。

（5）补充资料。该表可在基本内容后填制补充资料，补充资料主要说明某种产品的合规程度及工资水平。

主要产品单位成本如表 9-6 所示。

表 9-6 主要产品单位成本表

编制单位：聚荣公司　　　　　　　2023 年 12 月　　　　　　　金额单位：元

产品名称		甲产品		本月计划产量		105
规格		××		本月实际产量		100
计量单位		台		本年计划产量		1 200
销售单价		65		本年累计实际产量		1 190
成本项目		历史先进水平	上年实际平均	本年计划	本月实际	本年累计实际平均
直接材料		30.00	32.00	30.48	30.50	31.00
直接人工		15.00	17.00	16.96	17.00	17.22
制造费用		10.00	9.00	11.56	11.00	10.50
产品单位生产成本		55.00	58.00	59.00	58.50	58.72
主要经济指标用量	1. 材料（千克）	5.50	6.00	6.00	5.60	6.20
	2. 工时（小时）	3.90	4.20	4.00	4.10	4.20

三、主要产品单位成本表的分析

主要产品单位成本表是反映企业在报告期内生产的各种主要产品单位成本构成情况的报表。

所谓主要产品，是指企业经常生产，在企业全部产品中所占比重较大，能概况反映企业生产经营面貌的各种产品。该表应当按照主要产品分别编制，每种主要产品编制一张。该表是对产品生产成本表所列的各种主要产品成本的补充说明。该表可以按照成本项目考核和分析各种主要产品单位成本计划的执行情况；可以考核和分析各种主要产品的主要技术经济指标的执行情况，进而查明主要产品单位成本升降的具体原因；还可以按照成本项目将本月实际和本年累计实际平均单位成本与上年实际单位成本及历史先进成本水平进行对比,以便了解单位成本的变动情况。总之,该表是对按产品种类反映的产品生产成本表中某些主要产品成本的进一步反映。

主要产品单位成本表的分析应当选择成本超支或节约较多的产品有重点地进行,以更有效地降低产品的单位成本。分析方法主要有一般分析法(如分析主要产品单位成本增减变动情况)和各主要项目因素分析法(如分析各成本项目增减变动情况)等。

1. 主要产品单位成本增减变动情况分析

1)对比分析法

【例 9-8】 以表 9-6 中所列甲产品的单位成本表为例,说明对比分析的方法。该产品的本年累计实际平均成本 58.72 元和本月实际成本 58.5 元均低于本年计划成本 59 元,却高于上年实际平均成本 58 元和历史先进水平 55 元,可见成本控制实现了计划目标,但还是处于较高水平。

从上年实际平均成本高于历史先进水平可以看出,该产品的实际成本不是逐年降低的,反而可能是逐年提高的。从本年计划成本高于上年实际平均成本可以看出,制订甲产品本年度的成本计划时就可预见到成本不断提高的趋势。此外,从本月(12 月)实际成本 58.5 元低于本年累计实际平均成本 58.72 元还可以看出,在本年度内其成本增减幅度也是较大的。因此,把该产品作为重点进行单位成本分析是完全正确的。

2)趋势分析法

采用趋势分析法时,在连续的若干时期之间,可以按绝对数进行对比,也可以按相对数即比率进行对比;可以以某个时期为基期,其他各期均与该时期的基数进行对比,也可以在各个时期之间进行环比,即分别以上一时期为基期,下一时期与上一时期的基数进行对比。

【例 9-9】 沿用[例 9-8]的资料,下面通过最近 5 年的单位成本资料,对甲产品的成本进行趋势分析。其 5 年来的实际平均单位成本见表 9-7。

表 9-7　　　　　　　　　　2019—2023 年实际平均单位成本表　　　　　　　　单位:元

年份	2019	2020	2021	2022	2023
实际平均单位成本	55.80	56.20	57.80	58.00	58.72

现以 2019 年为基期,以 55.8 元为基数,计算其他各年与之相比的比率如下(保留小数点后两位小数):

2020 年:$56.2 \div 55.8 \times 100\% = 100.72\%$

2021 年:$57.8 \div 55.8 \times 100\% = 103.58\%$

2022 年:$58 \div 55.8 \times 100\% = 103.94\%$

2023 年:$58.72 \div 55.8 \times 100\% = 105.23\%$

再以上年为基数,计算各年环比的比率如下:

2020 年比 2019 年:$56.2 \div 55.8 \times 100\% = 100.72\%$

2021 年比 2020 年:$57.8 \div 56.2 \times 100\% = 102.85\%$

2022 年比 2021 年:$58 \div 57.8 \times 100\% = 100.35\%$

2023 年比 2022 年:58.72÷58×100%=101.24%

通过以上分析计算可以看出,甲产品的单位成本,如果以 2019 年为基期,之后 4 年均高于 2019 年,只是提高的程度各不相同;2023 年提高得最多,2020 年提高得最少;如果以上一年为基期逐年进行环比,2021 年比 2020 年提高得最多,2022 年比 2021 年提高得最少。由此可见,这种产品成本的变动趋势不是逐年递增,而是在总体提高的情况下,各年不同,有增有减。因此,应当进一步分析产生这些变化的具体原因,是由于物价上涨而引起材料成本增加等客观原因引起,还是由于成本管理工作弱化或强化等主观原因引起。为了查明单位成本变动的具体原因,企业还应当按照成本项目进行分析。

2. 各成本项目增减变动情况分析

企业在一定时期产品单位成本的高低,受同期生产技术水平、生产组织状况、经营管理水平和采取的技术组织措施效果的影响。为了研究成本升降的具体原因,需对单位产品成本分项目进行分析,挖掘降低成本的潜力。在可能的条件下,也可以在同行业之间对同类产品单位成本进行对比分析,找出差距,不断降低本企业的生产成本。

【例 9-10】 根据表 9-8 中的甲产品成本进行成本项目分析。

单位产品成本项目分析如表 9-8 所示。

表 9-8　　　　　　　　　　单位产品成本项目分析表

产品:甲产品　　　　　　　　　2023 年　　　　　　　　金额单位:元

成本项目	单位成本		与本年计划比	
	本年计划	本年实际	降低额	降低率
直接材料	30.48	31.00	−0.52	−1.706%
直接人工	16.96	17.22	−0.26	−1.533%
制造费用	11.56	10.50	1.06	9.17%
合计	59.00	58.72	0.28	0.474 6%

表 9-8 表明,甲产品单位产品成本的直接材料超支 0.52 元,直接人工超支 0.26 元,制造费用节约 1.06 元,是实际成本比计划成本降低 0.28 元的主要因素。因此,还应进一步对各成本项目进行深入分析,查找直接材料成本、直接人工成本超支的原因,以及制造费用降低的原因。

1) 直接材料成本分析

直接材料实际成本与计划成本之间的差额构成了直接材料成本差异。形成该差异的基本原因有两个:一是用量偏离标准;二是价格偏离标准。其中,前者按计划价格计算,称为数量差异;后者按实际用量计算,称为价格差异,具体计算公式如下:

$$材料消耗量变动的影响=(实际数量-计划数量)\times 计划价格$$
$$材料价格变动的影响=实际数量\times(实际价格-计划价格)$$

从表 9-8 中甲产品的各项成本来看,直接材料成本占产品单位成本的一半左右,比重较大,本年实际材料成本虽然比上年有所降低,但超过本年计划和历史先进水平,应当作为重点成本项目进行分析。

【例 9-11】 根据表 9-8 中的甲产品资料进行甲产品直接材料成本项目分析。

甲产品 2023 年成本计划和实际发生的材料消耗量及材料单价见表 9-9。

表 9-9 　　　　　　　　　单位甲产品直接材料计划成本与实际成本对比表

2023 年

金额单位：元

项目	材料消耗数量（千克）	单位材料价格	直接材料成本
本年计划	6.0	5.08	30.48
本年实际	6.2	5.00	31.00
直接材料成本差异	—	—	0.52

从前述甲产品单位成本表（表 9-6）和直接材料计划和实际成本对比表（表 9-9）可以看出，该产品成本中的直接材料成本本年实际比本年计划超支 0.52 元。单位产品材料成本是材料消耗数量与材料价格的乘积，其影响因素主要包括材料消耗数量差异（量差）和材料成本差异（价差）两个方面。用差额计算分析法计算这两方面因素变动对直接材料成本超支的影响如下：

材料消耗数量变动的影响 $= (6.2 - 6) \times 5.08 = 1.016$（元）

材料价格变动的影响 $= 6.2 \times (5 - 5.08) = -0.496$（元）

两因素影响程度合计 $= 1.016 + (-0.496) = 0.52$（元）

通过以上计算可以看出，甲产品的直接材料成本超支 0.52 元。分析结果表明，材料价格的降低（由 5.08 元降为 5 元）使材料成本降低了 0.496 元；材料消耗量的提高（由 6 千克提高为 6.2 千克）则使材料成本超支 1.016 元。两者相抵，净超支 0.52 元。由此可见，甲产品材料价格的降低掩盖了材料消耗量提高引起的材料成本超支。因此，应该对材料消耗量提高和材料单价降低的原因继续作深入分析。材料消耗量上升一般受工人技术水平、劳动态度、设备性能、加工工艺、材料质量、材料综合利用、产品改进设计等多种因素影响，应针对具体情况再进行深入分析。材料单价受市场调价、采购及运输等原因影响，也要认真调研，有针对性地进行分析。应根据分析寻找降低材料费用的有效途径，保证不断降低产品成本中的材料费用。

上述材料分析是实际和计划的对比分析，从本月情况看低于本年实际。但这不一定是成本管理工作的成绩，还应比照上述方法进行量差和价差的分析。

2）直接人工成本分析

直接人工实际成本与计划成本之间的差额构成了直接人工成本差异。形成该差异的基本原因包括：一是量差，即实际工时偏离计划工时，其差额按计划每小时工资成本核算确定的金额，称为单位产品所耗工时变动的影响；二是价差，即实际每小时工资成本偏离计划每小时工资成本，其差额按实际工时计算确定的金额，称为每小时工资成本变动的影响。其具体计算公式如下：

单位产品所耗工时变动的影响 = （实际工时－计划工时）×计划每小时工资成本

每小时工资成本变动的影响 = 实际工时×（实际每小时工资成本－计划每小时工资成本）

根据表9-4的资料,甲产品单位成本的直接人工成本中,本年累计实际平均数(17.22元)高于本年计划数06.96元和上年实际平均数(17元),本月实际数(17元)低于本年累计实际平均数(17.22元),但高于本年计划数(16.96元),与上年实际平均持平(均为17元),说明人工成本很难降低。该公司实行的工资制度如果是计件工资制度,则这些变动主要是由计件单价变动引起的,应该查明甲产品计件单价变动的原因。如果是计时工资制度,单位成本中的直接人工成本是根据单位产品所耗工时数和每小时的工资成本分配计入的,则可以比照直接材料成本,采用差额计算分析法进行分析(单位产品所耗工时数相当于单位产品的材料消耗数量,每小时的工资成本相当于材料单价),计算产品所耗工时数变动(量差)和每小时工资成本变动(价差)对直接人工成本变动的影响。

【例9-12】 根据表9-8中甲产品单位成本表有关数据,假定该公司实行计时工资制度,计算甲产品每件产品所耗工时数和每小时工资成本的计划数及实际数(表9-10)。

表9-10 单位甲产品直接人工成本计划与实际对比表

2023年 金额单位:元

项目	单位产品所耗工时(小时)	每小时工资成本	直接人工成本
本年计划	4.00	4.24	16.96
本年实际	4.20	4.10	17.22
直接人工成本差异	—	—	0.26

从甲产品单位成本表(表9-6)和直接人工成本计划与实际对比表(表9-10)可以看出,甲产品单位成本中的直接人工成本本年实际比本年计划提高了0.26元。采用差额计算分析法计算各因素的影响程度如下:

单位产品所耗工时变动的影响＝(4.2－4)×4.24＝0.848(元)

每小时工资成本变动的影响＝4.2×(4.1－4.24)＝－0.588(元)

两因素影响程度合计＝0.848＋(－0.588)＝0.26(元)

以上分析计算表明,甲产品直接人工成本提高了0.26元,这完全是消耗工时增加的结果。因为每小时工资成本的节约,在一定程度上抵消了由于工时消耗增加所生产甲产品的直接人工成本的提高。企业应当进一步查明单位产品工时消耗升高和每小时工资成本降低的原因。

单位产品所耗工时的增加,一般是由生产工人生产效率降低引起的,但也不排除是由于加强质量管理,工人为了追求产品质量而放慢了生产速度。因此,应查明增加工时以后产品质量是否提高了。为了节约工时而降低产品质量,是不被允许的。

每小时工资成本是以生产工资总额除以生产工时总额计算求出的。工资总额控制得好,生产工资总额减少,会节约每小时工资成本;否则会使每小时工资成本超支。对生产工资总额变动的分析,可以与前述按成本项目反映的产品生产成本表(表9-7)中直接人工成本的分析结合起来进行。

在工时总额固定的情况下,非生产工时控制得好,减少非生产工时、增加生产工时总额,会节约每小时工资成本;否则会使每小时工资成本超支。因此,要查明每小时工资成本变动的具体原因,还应对生产工时的利用情况进行调查研究。

　　3)制造费用分析

　　制造费用是以分配的方式计入产品成本的,其分配的标准通常是工时消耗量。因此,影响产品成本中制造费用多少的基本因素有两个:单位产品工时耗用量和每小时制造费用分配率。单位产品生产工时消耗量越多,小时费用分配率越高,该产品成本中的制造费用也越多,具体计算公式如下:

$$\begin{matrix}\text{工时消耗量}\\\text{变动的影响}\end{matrix}=\left(\begin{matrix}\text{实际单位}\\\text{工时消耗量}\end{matrix}-\begin{matrix}\text{计划单位}\\\text{工时消耗量}\end{matrix}\right)\times\begin{matrix}\text{计划小时}\\\text{费用分配率}\end{matrix}$$

$$\text{费用分配率}=\begin{matrix}\text{实际单位}\\\text{工时消耗量}\end{matrix}\times\left(\begin{matrix}\text{实际小时}\\\text{费用分配率}\end{matrix}-\begin{matrix}\text{计划小时}\\\text{费用分配率}\end{matrix}\right)$$

　　【例 9-13】　仍根据表 9-6 中甲产品单位成本表有关数据,甲产品每件产品所耗工时数和每小时工资成本的计划数和实际数见表 9-11。

表 9-11　　　　　　　　　　单位甲产品制造费用计划与实际对比表

2023 年

金额单位:元

项目	单位产品所耗工时(小时)	每小时工资成本	直接人工成本
本年计划	4.00	2.89	11.56
本年实际	4.20	2.50	10.50
直接人工成本差异			−1.06

　　从甲产品单位成本表(表 9-6)和制造费用计划与实际对比表(表 9-11)可以看出,甲产品单位成本中的制造费用本年实际比本年计划降低了−1.06 元。采用差额计算分析法计算各因素的影响程度如下:

　　单位产品所耗工时变动的影响＝(4.2−4)×2.89＝0.578(元)

　　每小时制造费用变动的影响＝4.2×(2.5−2.89)＝−1.638(元)

　　两因素影响程度合计＝0.578+(−1.638)＝−1.06(元)

　　以上分析计算表明,甲产品制造费用实际成本比计划成本降低了−1.06 元。这是每小时制造费用降低的结果,因单位产品所耗工时增加,抵消了部分每小时制造费用降低额。企业应当进一步查明单位产品工时消耗升高和每小时制造费用降低的原因。

第四节　制造费用明细表

一、制造费用明细表的编制

　　制造费用明细表是具体反映工业企业在报告期内发生的各项制造费用及其构成情况的

成本报表。制造费用明细表一般只反映基本生产车间的制造费用情况。

通过制造费用明细表可以了解制造费用的实际发生情况、构成及增减变动情况,分析和考核制造费用预算的执行情况及其结果,充分揭示差异及其产生原因。制造费用明细表由表首和基本内容两部分构成,其基本内容分为"本年计划数""上年同期实际数""本月实际数"和"本年累计实际数"四个部分。各部分按制造费用明细项目逐项反映。制造费用明细表的格式见表9-12。

表 9-12 制造费用明细表

编制单位: 年 月 单位:元

成本项目	本年计划数	上年同期实际数	本月实际数	本年累计实际数
机物料消耗				
职工薪酬				
折旧费				
办公费				
水电费				
停工损失				
其他				
合计				

该表的填制方法如下。

制造费用明细表主要是根据制造费用明细账发生额分析计算汇总填列的。通常制造费用明细账按车间或分厂设置,账内按照制造费用项目设置专栏,以归集当期发生的各种制造费用。所以,制造费用明细表实际上是对当期制造费用明细账的分项汇总,具体如下:

(1)"本年计划数",应根据本年制造费用计划填列。

(2)"上年同期实际数",应根据上年同期本表的本月实际数填列。

(3)"本月实际数",应根据"制造费用"科目所属各基本生产车间制造费用明细账的本月合计数汇总计算填列。

(4)"本年累计实际数",应根据这些制造费用明细账本月月末的累计数汇总计算填列。

如果需要,也可以根据制造费用的分月计划,在表中加列"本月计划数"。

制造费用明细表的主要作用是,利用该表,可以按费用项目分析制造费用本年累计实际数相比上年同期累计实际数的增减变化情况;可以按费用项目,分析制造费用年度计划的执行情况及其原因;可以分析本月实际数和本年累计实际制造费用的构成情况,并与上年同期实际构成情况和计划构成情况进行比较,分析制造费用构成的变化趋势及其原因。

二、制造费用明细表的分析

1. 对比分析法

在采用对比分析法进行分析时,通常先将本月实际数与上年同期实际数进行对比,揭示本月实际与上月同期实际之间的增减变化。在表中列有本月计划数的情况下，则应先进行这两者的对比，以便分析和考核制造费用月份计划的执行结果。在将本年累计实际数与本年计划数进行对比时，如果该表不是12月的报表，这两者的差异只是反映年度内计划执行的情况，可以据以发出信号，提醒人们应该注意的问题。例如，如果该表是7月的报表，而其本年累计实际数已经接近、达到甚至超过本年计划的半数时，就应注意节约以后各月的成本，以免全年的实际数超过计划数。如果该表是12月报表，则本年累计实际数与本年计划数的差异，就是全年制造费用计划执行的结果。为了具体分析制造费用增减变动和计划执行好坏的情况和原因，上述对比分析应该按照成本项目进行。由于制造费用的项目很多，分析时应选择超支或节约数额较大或者成本比重较大的项目进行重点分析。

需要说明的是，由于各项制造费用的性质和用途不同，评价各项目成本超支或节约时应联系成本的性质和用途进行具体分析，不能简单地将一切超支都看成是不合理的、不利的，也不能简单地将一切节约都看成是合理的、有利的。例如，职工薪酬的节约，可能缺少必要的劳动保护措施，影响安全生产。又如，机物料消耗的超支也可能是由于追加了生产计划，增加了开工班次，相应增加了机物料消耗。这样的超支也是合理的，不是成本管理的责任。此外，在分项目进行制造费用分析时，还应特别注意"停工损失"项目的分析，分析其发生额是否是生产管理不良造成的。

2. 构成比率分析法

在采用构成比率法进行制造费用分析时，可以计算某项成本占制造费用合计数的构成比率，也可将制造费用分为与机器设备使用有关的成本（例如，机器设备的折旧费、机物料消耗等，如果动力成本不专设成本项目，还应包括动力成本）、与机器设备使用无关的成本（例如，车间管理人员职工薪酬、办公费等），以及非生产性损失等，分别计算其占制造费用合计数的构成比率。可以将这些构成比率与企业或车间的生产、技术特点联系起来，分析其构成是否合理；也可以将本月实际和本年累计实际的构成比率与本年计划的构成比率和上年同期实际的构成比率进行对比，揭示其差异和与上年同期的增减变化，分析其差异和增减变化是否合理。

 **知识点链接**

成本会计报表与财务会计报表的区别

成本会计报表和财务会计报表在目的和内容等方面上存在明显的区别。其主要区别如下：

（1）目的不同。成本会计报表主要用于企业内部管理，反映企业生产费用与产品成本的构成及其变动情况，以考核成本计划执行结果。而财务会计报表是企业对外提供的报表，用于反映企业的财务状况和经营成果，包括资产负债表、利润表、现金流量表等。

（2）内容不同。成本会计报表集中展示产品的直接成本、间接成本及其他与产品相关的成本信息，如原材料费用、人工费用、制造费用等，并可能包括各成本中心的详细成本分析。财务会计报表则包括了资产、负债、所有者权益、收入、费用等综合性财务信息，并提供了一系列标准化的财务指标，供外部利益相关者使用。

（3）使用对象不同。成本会计报表主要服务于企业内部管理层,帮助管理者进行成本控制、决策支持和业绩评估。而财务会计报表的主要使用者包括投资者、债权人、监管机构和其他外部利益相关者,他们利用财务会计报表来评价公司的财务健康状况、盈利能力和发展潜力。

（4）编制频率不同。成本会计报表根据管理需要可以按月、按季或按年编报,甚至可以根据特殊任务临时编制。而财务会计报表通常按照一定的周期(如季度、年度)编制,以满足法规要求和市场惯例。

综上所述,成本会计报表侧重于反映企业内部的成本信息,为内部管理和决策提供依据;而财务会计报表则侧重于面向外部用户,提供全面的财务信息,以反映企业的整体财务状况和经营成果。两者都是会计报告体系中重要的组成部分,但服务的目的、内容和使用对象有所不同。

职业基础知识测试

一、单项选择题

1. 某企业生产 W 产品,属于可比产品,上年实际平均单位成本为 125 元,上年实际产量为 990 件,本年实际产量为 1 100 件,本年实际平均单位成本为 123.35 元,则本年 W 产品可比产品成本降低率为(　　)。

A. 0.15%　　　　　B. 1.21%　　　　　C. 1.32%　　　　　D. 2.13%

2. 某企业生产甲产品,属于可比产品,上年实际平均单位成本为 75 元,上年实际产量为 2 200 件,本年实际产量为 2 100 件,本年实际平均单位成本为 73.5 元,则本年甲产品可比产品成本降低额为(　　)元。

A. 1 000　　　　　B. 2 000　　　　　C. 3 150　　　　　D. 6 000

3. 同时影响可比产品降低额和降低率变动的因素是(　　)。

A. 产品产量和产品单位成本　　　　　B. 产品单位成本和产品品种比重

C. 产品产量和产品品种比重　　　　　D. 产品品种比重和产品单位售价

4. 分析原材料支出成本占总成本的比重,该方法属于(　　)。

A. 相关指标比率分析法　　　　　B. 构成比率分析法

C. 趋势比率分析法　　　　　D. 因素分析法

5. 成本会计报表是(　　)。

A. 对外报表　　　　　B. 对内报表(或称内部报表)

C. 既是对外报表,又是对内报表　　　　　D. 对内报表还是对外报表,由企业自行决定

6. 成本报表属于内部报表,成本报表种类、格式、项目、指标的设计和编制方法、编报日报期、具体报送对象,由(　　)。

A. 企业自行决定　　　　　B. 国家统一规定

C. 国家相关原则规定　　　　　D. 上级主管机关规定

7. 可比产品是指(　　),有完整的成本资料可以进行比较的产品。

A. 试制过 　　　　　　　　　　 B. 国内正式生产过

C. 企业曾经正式生产过 　　　　 D. 企业曾经试制过

8. 可比产品成本降低额是指可比产品累计实际总成本比按(　　)计算的累计总成本降低的数额。

A. 本年计划单位成本 　　　　　 B. 上年实际平均单位成本

C. 上年计划单位成本 　　　　　 D. 国内同类产品实际平均单位成本

9. 技术经济指标变动对产品成本的影响主要表现在对(　　)的影响。

A. 产品总成本 　　　　　　　　 B. 产品产量

C. 产品单位成本 　　　　　　　 D. 产品总成本和产品产量

10. 产量变动之所以影响产品单位成本,是由于(　　)。

A. 在产品全部成本中包括了一部分变动费用

B. 在产品全部成本中包括了一部分相对固定的费用

C. 产品总成本不变

D. 产品产量增长超过产品总成本增长

二、多项选择题

1. 影响可比产品成本降低率变动的因素有(　　)。

A. 产品产量 　　　 B. 产品品种构成 　 C. 产品价格 　　　 D. 产品单位成本

2. 主要产品单位成本表反映的单位成本,包括(　　)单位成本。

A. 本月实际 　　　　　　　　　 B. 同行业同类产品实际

C. 本年计划 　　　　　　　　　 D. 上年实际平均

3. 下列指标中,属于产品生产成本表提供的有(　　)。

A. 按产品种类反映的上年实际平均单位成本

B. 按成本项目反映的本月实际生产费用

C. 按产品种类反映的本年累计实际总成本

D. 按产品种类反映的本月和本年累计的实际产量

4. 不同时影响可比产品降低额和降低率变动的因素有(　　)。

A. 产品产量和产品单位成本 　　 B. 产品单位成本和产品品种比重

C. 产品产量和产品品种比重 　　 D. 产品品种比重和产品单位售价

5. 制造费用明细表不反映工业企业(　　)。

A. 基本生产和辅助生产的制造费用 　 B. 基本生产的制造费用

C. 各生产单位的制造费用 　　　　　 D. 辅助生产的制造费用

三、判断题

1. 产品品种比重和产品单位售价是同时影响可比产品成本降低额与可比产品成本降低率变动的因素。　　　　　　　　　　　　　　　　　　　　(　　)

2. 制造费用明细表反映工业企业各生产单位的制造费用。　　　　　(　　)

3. 成本报表既是对外报表,又是对内报表。　　　　　　　　　　　(　　)

4. 成本报表属于内部报表,成本报表种类、格式、项目、指标的设计和编制方法、编报日报期、具体报送对象,由企业自行决定。 （　　）

5. 可比产品是指企业曾经正式生产过,有完整的成本资料可以进行比较的产品。 （　　）

6. 按产品种类反映的上年实际平均单位成本、按成本项目反映的本月实际生产费用、按产品种类反映的本年累计实际总成本及按产品种类反映的本月和本年累计的实际产量,是由产品生产成本表提供的。 （　　）

7. 对比分析法只适用于同质指标的数量对比。 （　　）

8. 对直接材料进行差异分析,比较价格差异时,使用的数量指标是计划的,比较数量差异时,使用的价格指标是实际的。 （　　）

9. 某企业 2022 年的营业收入成本率为 87.5%,2023 年增加了 3.7 个百分点,这表明企业的经济效益进一步提高。 （　　）

10. 可比产品的计划降低额是根据各种产品的计划产量确定的,实际降低额是根据实际产量计算的。 （　　）

四、计算分析题

1. 某企业生产甲产品,本月份产量及其他有关材料费用的资料如表 9-13 所示。

表 9-13　　　　　　　　　　　产量及其他有关资料表　　　　　　　　　金额单位:元

项目	计划数	实际数
产品产量(件)	250	200
单位产品材料消耗量(千克)	48	50
材料单价	9	10
材料费用	108 000	100 000

要求:采用因素分析法,分析各因素对材料费用差异的影响。

2. 本月生产甲产品 1 000 件,实际耗用人工工时 3 000 小时,车间的实际工资率为每小时 18 元。该产品工时的用量标准为 2.5 小时/件,标准工资率为每小时 20 元,求其人工工时工资率差异、效率差异和总差异。

3. 本月生产甲产品 1 000 件,实际耗用 A 材料 3 000 千克,其实际价格为每千克 18 元。该产品 A 材料的用量标准为 2.5 千克/件,标准价格为每千克 20 元,求其直接材料用量差异、价格差异和总差异。

第十章

作业成本法成本核算

【学习目标与知识要点】

学习目标

知道作业成本法的概念及主要特点,掌握作业成本法的相关概念及核算程序;能够运用作业成本法计算产品成本,提升分析问题因果关系的能力。

知识要点

1. 作业成本法的含义、核心概念和主要特点
2. 作业成本法核算的基本程序和应用
3. 作业成本法核算的优点

【思政园地】

长安汽车作业成本法试点探索有成效

重庆长安汽车股份有限公司(以下简称长安汽车)以产品盈利为核心,以达成公司整体盈利能力提升为目标,在运用传统管理工具的同时,根据企业内部管理需求,改革创新,积极应用高效智能的管理会计工具,如财务 BI(Business Intelligence,商务智能)、作业成本管理等,取得良好效果。

长安汽车选定江北工厂冲压车间作为作业成本法试点单位。江北工厂是长安汽车生产的发源地,其冲压车间业务层面基础管理工作相对完善,工艺简单,作业标准;冲压工艺是整车生产的第一道工艺,上下游业务之间的界线清晰,行业标杆信息易于采集。为推行作业成本,长安汽车成立了以总会计师为组长、财务部部长为副组长的推进领导小组。财务部全面牵头,深入事业部、工厂调研,将作业成本法的试点范围进一步扩大,正式在冲压工艺、铸造

工艺中进行推广。各实施单位每周召开例会,跟踪工作进展情况,控制项目风险,保证推进工作的顺利开展。财务部每半月组织召开月度例会,通报各实施单位作业成本试点工作的推进情况,总结项目推进方法,指导后续推进工作的顺利开展。

长安汽车通过探索尝试作业成本工具在江北工厂冲压车间的实施运用,初步表现出阶段性实施效果。一是调整产品结构,持续降低成本。按照最优成本结构的方案,逐步优化生产线排产,提升低成本生产线利用率,降低单冲次成本。二是优化改善流程,提升作业效率。通过有针对性的业务技能培训,作业效率得到提高,换模时间减少;车间设备团队通过跟踪生产线换模步骤,找出制约换模时间的因素;加强模具预防维护,提高模具使用质量。三是消除不增值作业,降低库房管理成本。减少原材料重复吊运现象,避免原材料多次吊运;合理安排生产,降低实物库存,减少半成品保管成本;减少计划调整频率,固化生产周计划,减少计划对接次数,达到按计划配送的目的。四是减少浪费,提高资产利用率。通过对设备作业时间的分析,提出建议措施,提高设备利用率。

资料来源:王锟,等.长安汽车作业成本法试点探索[J].财务与会计,2015(3):28-29.

第一节　作业成本法概述

随着经济的快速发展,企业间的竞争越来越激烈,谁掌握了先进的管理技术和方法,谁就能趋于领先地位。因此,企业管理者越来越强调成本信息的准确性。传统成本法的一个重要缺点是误导决策的成本信息,把产品成本划分为直接材料、直接人工和制造费用三部分,并将制造费用划分为间接费用,通过直接人工工资、直接人工工时或机器工时的比例等方法分配计入产品成本。实际上,有许多制造费用项目不是人工或工时的函数,而与生产批次等其他变量存在因果关系。作业成本法就是针对传统成本法的这一缺点提出来的。《企业产品成本核算制度(试行)》第三十六条规定,制造企业可以根据自身经营管理特点和条件,利用现代信息技术,采用作业成本法对不能直接归属于成本核算对象的成本进行归集和分配。

一、作业成本法的含义

作业成本法(activity-based costing,ABC)是以作业为核算对象,通过成本动因确认和计量作业量,将间接费用和辅助费用更准确地分配到产品和服务中的一种成本核算方法。

依据作业成本法的概念,企业的全部经营活动是由一系列相互关联的作业组成的,企业每进行一项作业,都要耗用一定的资源;而企业生产的产品(包括提供的服务)需要通过一系列的作业来完成。因而,产品的成本实际上就是企业全部作业所消耗资源的总和。在计算成本时,首先按经营活动中发生的各项作业来归集成本,计算作业成本;然后再按各项作业成本与成本对象(产品或服务)之间的因果关系,将作业成本追溯到成本对象,最终完成成本核算过程。

在作业成本法下,直接成本可以直接计入有关产品,与传统的成本核算方法并无差异,只是直接成本的范围比传统成本法下的计算要大,凡是可方便追溯到产品的材料、人工和其他成本都可以直接归属于特定产品,尽量减少不准确的分配;不能追溯到产品的成本,则先追溯有关作业或分配到有关作业,计算作业成本,再将作业成本分配到有关产品。

 **知识点链接**

作业成本法的诞生历史

　　1941 年美国会计学家埃里克·科勒(Eric Kohler)第一次将作业的观念引入会计和管理。乔治·斯托布斯(George Stauhus)在其 1971 年出版的《作业成本计算和投入产出会计》一书中首次在作业的基础上设计出了一套成本管理系统,对作业、成本、作业会计、作业投入产出系统等概念作了全面系统的阐述,标志着作业成本法的萌芽和成型。对 ABC 给予明确解释的是哈佛大学的罗宾·库珀(Robin Cooper)和罗伯特·卡普兰(Robert Kaplan),他们发展了斯托布斯的思想,提出了以作业为基础的成本计算,又称作业成本计算。1988 年,库珀在夏季号《成本管理》杂志上发表了《一论作业成本法的兴起:什么是作业成本法系统》。库珀认为,产品成本就是制造和运送产品所需的全部作业成本的总和,成本计算的最基本对象是作业。同年,库珀又在秋季号和冬季号《成本管理》杂志上两论 ABC,即《二论作业成本法的兴起:何时需要作业成本法系统》和《三论作业成本法的兴起:需要多少成本动因并如何选择》。库珀在三论 ABC 的同时,与卡普兰联手在《哈佛商业评论》上发表了《正确计量成本才能做出正确决策》一文。1989 年春,库珀又写了《四论作业成本法的兴起:作业成本法系统到底看起来像什么》。从 1988 年夏季到 1989 年春季,库珀通过讨论 ABC 兴起的 4 篇论文以及和卡普兰的合作,对 ABC 的现实需要、运行程序、成本动因的选择、成本库的建立等作了全面分析。其发表的这些文献指出了作业成本计算的两阶段归集步骤,即产品消耗作业、作业消耗资源,并提出了"成本动因"理论。从此,作业成本法开始得到会计界的普遍重视。可以说,库珀与卡普兰的这些文献,标志着作业成本法的产生,基本上奠定了作业成本法的理论基础。

二、作业成本法的核心概念

作业成本法的核心概念是作业和成本动因。

1. 作业

作业是企业中特定的组织(成本中心、部门或产品线)重复执行的任务或工作,即提供产品或劳务过程中的各个工作程序或工作环节,其也是所消耗的人力、技术、原材料、方法和环境的集合体。如签订材料采购合同、将材料运达仓库、对材料进行质量检验、办理入库手续、登记材料明细账等,都属于作业。其中每一项具体活动就是一项作业。一项作业对于任何加工或服务对象,都必须是重复执行特定的或标准化的过程和办法。例如,轴承制造企业的车工作业,无论加工何种规格、型号的轴承外套,都须经过先将加工对象(工件)的毛坯固定在车床的卡盘上,开动机器进行切削,再将加工完毕的工件从卡盘上取下等相同的特定动作和方法。执行任何一项作业都需要耗费一定的资源。又如,上述车工作业,需要耗费人工、材料(如机物料等)、能源(电力)和资本(车床和厂房等)。一项作业可能是一项非常具体的活动,如车工作业;也可能泛指一类活动,如机加工车间的车、铣、刨、磨等所有作业可以统称为机加工作业;甚至可以将机加工作业、产品组装作业等统称为生产作业(相对于产品研发、设计、销售等作业而言)。任何一项产品的形成都要消耗一定的作业。作业中所耗费的资源包括人工、能源和资本(车床和厂房等)。

2. 成本动因

成本动因也称成本驱动因素,是指引起相关成本对象的总成本发生变动的因素。例如,产量增加时,直接材料成本就会相应增加,产量是直接材料成本的驱动因素,即直接材料的成本动因。在作业成本核算中,成本动因可分为资源成本动因和作业成本动因。

1)资源成本动因

资源成本动因是引起作业成本增加的驱动因素。资源成本动因被用来计量各项作业对资源的耗用,运用资源成本动因可以将资源成本分配给各有关作业。例如,产品质量检验工作(作业)需要有检验人员、专用的设备,并耗用一定的能源(电力)等。检验作业作为成本对象,耗用的各项资源,构成了检验作业的成本。其中,检验人员的工资、专用设备的折旧费等成本,一般可以直接计入检验作业;而能源成本往往不能直接计入(除非为设备专门安装电表进行电力耗费记录),需要根据设备额定功率(或根据历史资料统计的每小时平均耗电数量)和设备开动时间来分配。这里的设备的额定功率乘以开动时间就是能源成本的动因。设备开动导致能源成本发生,设备的功率乘以开动时间的数值(即动因数量)越大,耗用的能源越多。按设备的额定功率乘以开动时间这一动因作为能源成本的分配基础,可以将检验专用设备耗用的能源成本分配到检验作业中。

2)作业成本动因

作业成本动因是衡量一个成本对象(产品或服务)需要的作业量,是产品成本增加的驱动因素。作业成本动因计量各种产品对作业耗用的情况,并被用来作为作业成本的分配基础。比如,某车间生产若干种产品,每种产品又分若干批次完成,每批产品完工后都需进行质量检验。假定对任何产品的每一批次进行质量检验所发生的成本相同,则检验的"次数"就是检验成本的作业动因,它是引起产品检验成本变动的因素。某一会计期间发生的检验作业总成本(包括检验人工成本、设备折旧、能源成本等)除以检验的次数,即为每次检验所发生的成本。某种产品应承担的检验作业成本,等于该种产品的批次乘以每次检验发生的成本。产品完成的批次越多,则需要进行检验的次数越多,应承担的检验作业成本越多;反之,则应承担的检验作业成本越少。

三、作业成本法的主要特点

作业成本法的主要特点,是相对于以产量为基础的传统成本核算方法而言的。

1. 成本核算分为两个阶段

传统的成本核算方法中,首先将直接成本追溯到产品,同时将制造费用追溯到生产部门(如车间、分厂等),然后将制造费用分摊到有关产品。传统的成本核算方法分两步进行:第一步,除了把直接成本追溯到产品,还要把不同性质的各种间接费用按部门归集在一起。第二步,以产量为基础,将制造费用分摊到各种产品(图 10-1)。

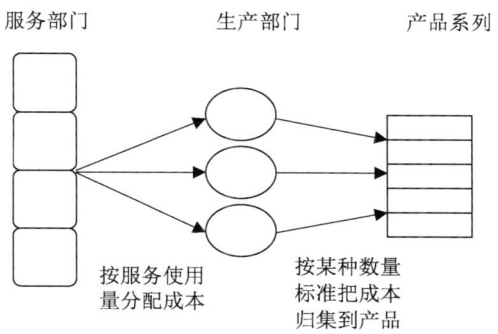

图 10-1　传统成本核算程序

作业成本法的基本指导思想为,产品消耗作业,作业消耗资源。

根据这一指导思想,作业成本法把成本核算过程划分为两个阶段(图 10-2)。

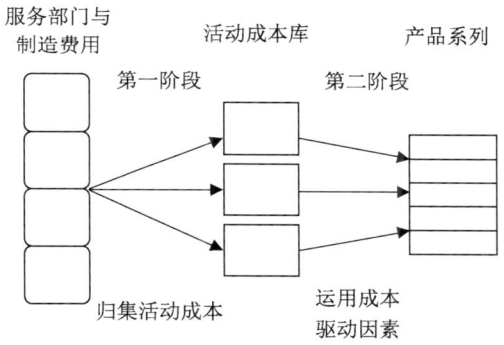

图 10-2　ABC 方法的实施步骤

第一阶段,将作业执行中耗费的资源追溯到作业,计算作业的成本并根据作业动因计算作业成本分配率。

第二阶段,根据第一阶段计算的作业成本分配率和产品所耗费作业的数量,将作业成本追溯到各有关产品。

传统方法下的成本核算过程虽然也分为两步,但实际上是把生产活动中发生的资源耗费,通过直接计入和分摊两种方式计入产品成本,即"资源→产品"。而作业成本法下成本核算的第一阶段,除把直接成本追溯到产品外,还要将各项间接费用分配到各有关作业,并把作业看成是按产品生产需求重新组合的"资源",而在第二阶段,要按照作业消耗与产品之间不同的因果关系,将作业成本分配到产品。因此,作业成本法的基本原理如图 10-3 所示。

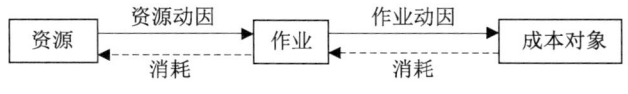

图 10-3　作业成本法基本原理

2. 成本分配强调因果关系

作业成本法认为,将成本分配到成本对象有三种不同的形式:成本追溯、动因分配和分摊。作业成本法的一个突出特点,就是强调以直接追溯或动因追溯的方式计入产品成本,而尽量避免分摊方式。

1) 成本追溯

成本追溯是指将成本直接确认分配到某一成本对象的过程。这一过程是可以实地观察的。例如,确认一台电视机耗用的显像管、集成电路板、扬声器及其他零部件的数量,是可以通过观察实现的。又如,确认某种产品专用生产线所耗用的人工工时数,也可以通过观察投入该生产线的工人人数和工作时间实现。显然,使用直接追溯方式最能真实地确认产品成本。

2) 动因分配

动因分配是指根据成本动因将成本分配到各成本对象的过程。生产活动中耗费的各项资源,其成本不是都能追溯到成本对象的。对不能直接追溯的成本,作业成本法强调使用动因(包括资源成本动因和作业动因)追溯方式,将成本分配到有关成本对象(作业或产品)。采用动因追溯方式分配成本,首先必须找到引起成本变动的真正原因,即成本与成本动因之间的因果关系。例如,前面所说到的检验作业应承担的能源成本,是以设备单位时间耗电数量和设备开动时间(即耗电量)作为资源成本动因进行分配,这是因为设备单位时间耗电量和开动时间与检验作业应承担的能源成本之间存在因果关系。又如,各种产品应承担的检验成本,以产品投产的批次数(即质量检验次数)作为作业动因进行分配,是因为检验次数与产品应承担的检验成本之间存在因果关系。动因追溯虽然不像直接追溯那样准确,但只要因果关系建立恰当,成本分配的结果同样可以达到较高的准确程度。

3) 分摊

有些成本既不能追溯,也不能合理方便地找到成本动因,只好使用产量作为分配基础,将其强制分配给成本对象。分摊是一种简便易行且成本较低的成本分配方式。这种成本分配方式建立在某种特定的假设前提之下。当这一特定的假设前提符合成本与成本对象之间的因果关系时,分配的结果是相对准确的;否则,就会扭曲成本,影响成本的真实性。

作业成本分摊模型见图10-4。

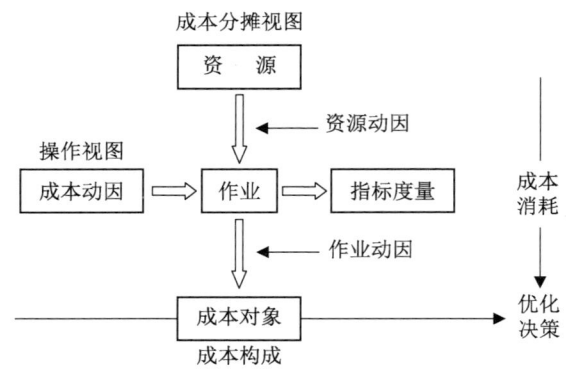

图10-4 作业成本分摊模型

3. 成本追溯使用众多不同层面的作业动因

在传统的成本核算方法下,产量被认为是能够解释产品成本变动的唯一动因,并以此作为分配基础进行间接费用的分配。而制造费用是一个由多种不同性质的间接费用组成的集合,这些性质不同的费用有些是随产量变动的,但多数并不随产量变动,因此用单一的产量作为分配制造费用的基础显然是不合适的。

作业成本法的独到之处,在于它把资源的消耗首先追溯到作业,然后使用不同层面和数量众多的作业动因将作业成本追溯到产品。采用不同层面和数量众多的成本动因进行成本分配,要比采用单一分配基础更加合理,更能保证成本的准确性。

第二节　作业成本法核算

一、作业成本法核算的基本程序

作业成本法在核算产品成本时,不以产品作为核算对象,而以作业作为核算对象;其通过对作业成本的核算,追踪成本的形成和积累过程,从而取得产品成本。

1. 确认作业

作业是企业为了特定的目的而消耗的活动或事项。企业可编制从收到原材料到完成产品检测全过程的详细作业流程图,对记录在流程图中的每项作业进行分析,确认产品生产的各项作业。

确认作业有两种形式:一种形式是根据企业总的生产流程,自上而下进行分解;另一种形式是通过与员工和经理进行交谈,自下而上地确定他们所做的工作,并逐一认定各项作业。例如,根据生产流程分析和工厂的布局可知,由于原材料仓库与生产车间之间有 0.5 千米的距离,必然存在材料搬运作业,这项作业就是将生产用的原材料从仓库运送到生产车间。通过另一种形式,即与从事相关作业的员工或经理交谈,也可以识别和认定该项作业。例如,与进行搬运作业的员工进行交谈,问"你是做什么的",也很容易得出生产过程中有这样一项搬运作业,它的主要作用是把原材料从仓库运往车间。在实务中,自上而下和自下而上这两种方式往往需要结合起来运用。经过这样的程序,就可以把生产过程中的全部作业一一识别出来,并加以认定。为了对认定的作业进一步分析、归类,在作业认定后,需按顺序列出作业清单。表 10-1 是一个以变速箱制造企业为背景的作业清单示例。需要说明的是,这仅仅是一个示例,实际上任何一个企业生产过程中的作业都会比表 10-1 中所列的作业数量多,一般来说,一个企业认定 200～300 项作业并非罕见。

表 10-1 　　　　　　　　　　某变速箱制造企业作业清单

作业名称	作业说明
材料订购	包括选择供应商、签订合同、明确供应方式等
材料检验	对每批购入的材料进行质量、数量检验

(续表)

作业名称	作业说明
生产准备	每批产品投产前,进行设备、工装调整等准备工作
发放材料	每批产品投产前,将生产所需材料发往各生产车间
材料切割	将管材、圆钢切割成适于机加工的毛坯工件
车床加工	使用车床加工零件(轴和连杆)
锐床加工	使用锐床加工零件(齿轮)
刨床加工	使用刨床加工零件(变速箱外壳)
产品组装	人工装配变速箱
产品质量检验	人工检验产品质量
包装	用木箱将产品包装
车间管理	组织和管理车间生产、提供维持生产的条件

作业认定后,接下来的工作是将作业组织划分为互相排斥的作业类别,包括单位(数量)级作业、批次级作业、产品(品种)级作业和生产(能力)维持级作业四类。不同类别的作业成本见图 10-5。

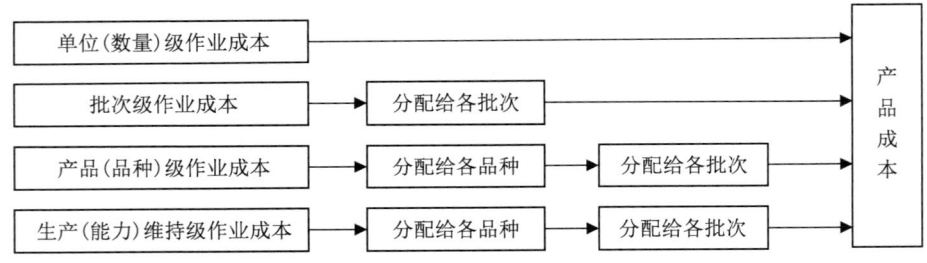

图 10-5 不同类别的作业成本

1) 单位(数量)级作业

单位(数量)级作业是指每一单位产品至少要执行一次的作业。例如,机器加工、组装等。作业对每个产品都必须执行。这类作业的成本包括直接材料、直接人工工时、机器成本和直接能源消耗等。

单位(数量)级作业成本是直接成本,可以追溯到每个单位产品上,即直接计入成本对象的成本核算单。单位级作业成本随产量变动呈正比例变动。

单位(数量)级作业是每产出一个单位的产品(或零部件等)便需进行一次的作业。如使用普通车床生产某种产品的零件,每加工一个零件,都要完成将工件固定在车床的卡盘上、进行切削、用卡尺自测质量、将零件从卡盘上卸下等一系列动作,完成这一系列的动作就是执行一次作业。这类作业的产出一般是以产品或零部件的件数来计量的。在多种产品、多种零件生产的情况下,单位(数量)级作业一般是以机器工时或人工工时等来计量的。这类作业是随着产量变动而变动的。

2）批次级作业

批次级作业是指同时服务于每批产品或许多产品的作业。例如,生产前机器调试、成批产品转移至下一工序的运输、成批采购和检验等。它们的成本取决于批次,而不是每批次中单位产品的数量。

批次级作业成本需要单独进行归集,计算每一批的成本,然后分配给不同批次(如某订单),最后根据产品的数量在单个产品之间进行分配。这类作业是随着产品批次数的变动而变动的。

3）产品(品种)级作业

产品(品种)级作业是指服务于某种型号或样式产品的作业。例如,产品设计、产品生产工艺规程制定、工艺改造、产品更新等。这些作业的成本依赖于某一产品线的存在,而不是产品数量或批次。

产品(品种)级作业成本仅仅因为某个特定的产品线存在而发生,随产品品种数而变化,不随产量、批次数而变化。产品(品种)级作业成本可以按零件数量为基础分配至每一种产品,然后再分配给不同的批次(如某订单),最后根据产品的数量在单个产品之间进行分配。例如,维护某一产品的工程师的数量取决于产品的复杂程度,而生产的复杂程度是产品零件多少的函数。

4）生产(能力)维持级作业

生产(能力)维持级作业是指服务于整个工厂的作业。例如,工厂保安、维修、行政管理、保险、财产税等。它们是为了维护生产能力而进行的作业,不依赖于产品的数量、批次和种类。这类作业是作业成本法实施中的一个难题,它们的产出很难计量,也很难明确是被哪些产品消耗。事实上,它们属于固定成本,不随产量、批次、品种等的变动而变动,应该作为期间成本处理。但是,某些调查资料显示,在实务中,大多数实行作业成本制度的公司,还是将这项作业分摊到了各产品。其分摊时则按照传统的成本核算方法,采用设备数量、厂房面积等作为分摊的基础。

无法追溯到单位产品,并且和产品批次、产品品种无明显关系的成本,都属于生产(能力)维持级成本。这些成本首先被分配到不同产品品种,然后分配到成本对象(某订单),最后分配到单个产品。当然,这是一种不准确的成本分摊。

2. 资源成本分配到作业

资源成本借助于资源成本动因,可以分配到各项作业。资源成本动因和作业成本之间一定要有因果关系。作业的资源成本动因如表 10-2 所示。

表 10-2　　　　　　　　　　作业的资源成本动因表

作业类别	具体作业动因示例
单位(数量)级作业	产品或零部件产量、机器工时、人工工时、耗电千瓦时数等
批次级作业	采购次数、机器调整次数、生产准备次数、材料或半成品转移次数、抽样检验次数等

(续表)

作业类别	具体作业动因示例
产品(品种)级作业	按产品品种计算的图纸制作份数,按产品品种计算的生产工艺改变次数,模具、样板制作数量,计算机控制系统和产品测试程序的开发,按品种下达的生产计划书份数等
生产(能力)维持级作业	设备数量、厂房面积等

例如,常用的资源成本动因如表 10-3 所示。

表 10-3　　　　　　　　　常用作业的资源成本动因表

作业	资源成本动因
机器运行作业	机器小时
安装作业	安装小时
清洁作业	平方米
材料移动作业	搬运次数、搬运距离、吨公里
人事管理作业	雇员人数、工作时间
能源消耗	电表、流盘表、装机功率和运行时间
制作订单作业	订单数量
顾客服务作业	服务电话次数、服务产品品种数、服务的时间

3. 作业成本分配到成本对象

在确定作业成本之后,应先根据作业成本动因计算单位作业成本,再根据作业量计算成本对象应负担的作业成本。

$$单位作业成本=\frac{本期作业成本库归集总成本}{作业量}$$

作业量的计量单位将作业成本动因分为三类:业务动因、持续动因和强度动因。

1)业务动因

业务动因通常以执行的次数作为作业动因,并假定执行每次作业的成本(包括耗用的时间和单位时间耗用的资源)相等,如前面我们所说的检验完工产品质量作业的次数就属于业务动因的范畴。

$$分配率=\frac{归集期内作业成本总成本}{归集期内总作业次数}$$

$$某产品应分配的作业成本=分配率\times该产品耗用的作业次数$$

2)持续动因

持续动因是指执行一项作业所需的时间标准。在不同产品所需作业量差异较大的情况下,如检验不同产品所耗用的时间长短不一,则不宜采用业务动因作为分配成本的基础,而应改用持续动因作为分配的基础,否则会直接影响作业成本分配的准确性。持续动因的假设前提是,执行作业的单位时间内耗用的资源是相等的。以持续动因作为分配基础,分配不同产品应负担的作业成本,计算公式如下:

$$分配率 = \frac{归集期内作业成本总成本}{归集期内总作业时间}$$

$$某产品应分配的作业成本 = 分配率 \times 该产品耗用的作业时间$$

3)强度动因

强度动因是在某些特殊情况下,将作业执行中实际耗用的全部资源单独归集,并将该项单独归集的作业成本直接计入某一特定的产品。强度动因一般适用于某一特殊订单或某种新产品试制等,用产品订单或工作单记录每次执行作业时耗用的所有资源及其成本,订单或工作单记录的全部作业成本就是应计入该订单产品的成本。

在上述三类作业动因中,业务动因的精确度最差,但执行成本最低;强度动因的精确度最高,但执行成本最昂贵;而持续动因的精确度和成本则居中。

如同传统成本核算法一样,作业成本分配时可采用实际分配率或者预算分配率。采用预算分配率时,发生的成本差异可以直接结转本期营业成本,也可以计算作业成本差异率,并据以分配给有关产品。

二、作业成本法的优点

1. 可以提供相对准确的成本信息

作业成本法缩小了传统的制造费用分配范围,从按生产部门统一分配改为按费用性质分设若干个成本库;同时,与传统成本核算方法相比,作业成本法分配基础(成本动因)发生了质变。它不再采用单一的数量分配基准,而是采用多元分配基准;同时其集财务变量与非财务变量于一体,并且特别强调非财务变量(如调整准备次数、运输距离、质量检测次数等)。因此,作业成本法提高了成本的可归属性,可以为成本管理提供相对准确的产品或劳务成本信息。

2. 可以有效地改进企业战略决策

在作业成本法下,间接成本不是均衡地在产品间进行分配,因而有助于改进产品定价决策,并为是否停产老产品、引进新产品和指导销售提供准确的信息。此外,其还有助于对竞争对手"价格——产量决策"作出适当的反应。所以说,作业成本法不仅是一种先进的成本核算方法,也是管理咨询的工具,更是一种提高企业发展能力、获利能力、工作效率的管理技术。

3. 有利于改善企业成本控制

作业成本法对成本的控制落实到每一项作业。作业成本法在费用控制方面的重要作用体现为从以人工为基础的弹性预算转向以作业为基础的弹性预算。按作业编制预算,把以差异分析为基础的变动预算转向以成本动因为基础的变动预算,可以解决传统预算编制中责任不清、预算标准欠合理的问题,使预算真正成为控制成本的重要工具。

三、作业成本法的应用

作业成本法是一种先进、科学的方法,但它并非适用于所有的企业。规模小、产品范围窄、间接费用低、作业类型不稳定的企业,不宜采用作业成本法。概括起来,采用作业成本法必须满足以下几个条件。

1. 企业规模大,产品种类繁多

第一,规模较大的企业可以有效地实行劳动分工和实现机器设备的专业化,从而大大提高工人和机器设备完成作业的质量和效率,降低原材料和活劳动的消耗,提高产品质量,使单位产品的成本大大降低。同时企业大规模生产会引发企业大规模的材料采购和大量产品销售,使单位采购成本和销售费用大大降低;而大规模生产也大大降低了单位产品负担的研究开发费用和一般的管理费用。所以,一般来讲,大规模企业相比小规模企业单位产品成本更低,具备采用作业成本法的条件。

第二,企业或企业的一个车间只生产单一品种的产品、为生产该产品而发生的直接材料、直接人工、制造费用最终都由该种产品来负担,不存在生产费用在几种产品之间进行分配的问题,从这一点上看,采用传统的成本核算方法和采用作业成本法,其结果没有什么不同。只有在产品种类繁多、各种产品耗用作业量不同的情况下,采用作业成本法,先将制造费用按作业中心归集,再根据各种产品耗用作业量的不同比例向产品进行分配,才能使计算的产品成本比较准确,从而帮助决策者作出正确的决策。

2. 在产品成本构成中,制造费用比重大

作业成本法主要是为了解决制造费用传统分配方法的不合理而产生的。随着科学技术和经济的发展,产品成本中间接费用的比重较以往有大幅度提高,且这些费用与各种产品生产工时的直接相关性大大降低,它们并不随着产品生产工时的增减而增减,这时如果再采用传统的生产工时比例法进行制造费用的分配,必然造成成本核算的不正确,进而影响决策效果。当然,如果制造费用在产品成本中所占的比重不大,应用何种成本核算方法分配制造费用对产品成本正确性的影响都不大,就没有必要采用作业成本法。

3. 产品工艺过程复杂,作业环节多

在企业或企业的某一个车间生产产品的结构、工艺制造过程复杂,所需经过的工序、作业环节较多的情况下,传统的成本核算方法不考虑各种产品耗用不同作业的比例,统一采用一个标准分配,严重扭曲了成本资料,无法反映正确的成本信息。而作业成本法按照成本动因进行费用的分配,使直接归属于某种产品的成本比重大大增加,而按照人为标准分配于某种产品成本的比重大大减少。在产品工艺过程复杂、作业环节多、各产品耗用不同作业的比例各不相同的条件下,作业成本法充分体现出其优越性。

4. 会计电算化程度要求较高

作业成本法是一种较为烦琐的成本核算系统。与传统的成本核算方法相比,其除按各种产品归集费用、计算各种产品的成本外,还要以各作业中心为成本核算对象,归集成本。作业成本法下,成本核算对象的数量明显增加,程序复杂了,工作量也大大增加;同时成本核算的及时性要求也提高了,如果完全靠手工是无法实现的,必须借助于现代化的计算和账务处理手段,以保证成本核算准确、可靠、及时。

 **知识点链接**

作业成本法管理的二维观

作业成本管理是一种符合战略管理思想要求的现代成本计算和管理模式。它既是精确的成本计算系统,也是改进业绩的工具。作业成本管理包含两个维度的含义:成本分配观和成本流程观。

(1)成本分配观,说明成本对象引起作业需求,而作业需求又引起资源的需求。因此,成本分配是从资源到作业,再从作业到成本对象,而这一流程正是作业成本计算的核心。

(2)成本流程观,为企业提供引起作业的原因(成本动因)以及作业完成情况(业绩计量)的信息。流程观关注的是确认作业成本的根源、评价已经完成的工作和已实现的结果。企业利用这些信息,可以改进作业链。

流程价值分析关心的是作业的责任,包括成本动因分析、作业分析和业绩考核三个部分。其基本思想是,以作业来识别资源,将作业分为增值作业和非增值作业,并把作业和流程联系起来,确认流程的成本动因,计量流程的业绩,从而促进流程的持续改进。

【例10-1】　某企业生产甲、乙两种产品。在生产过程中,发生机器调试成本50 000元,其中生产甲产品调试400次,生产乙产品调试100次;发生产品验收成本40 000元,其中生产甲产品验收250次,生产乙产品验收150次;发生设备维修成本30 000元,其中生产甲产品维修工时350小时,生产乙产品维修工时150小时;发生生产订单成本70 000元,其中甲产品订单400份,乙产品订单300份;发生材料订单成本40 000元,其中生产甲产品材料订单400份,生产乙产品材料订单100份;发生生产协调成本36 000元,其中甲产品协调35次,乙产品协调25次。其他有关资料如表10-4所示。

表10-4　　　　　　　　　　甲、乙两种产品相关资料表　　　　　　　　　金额单位:元

项目	甲	乙
产量(件)	15 000	5 000
机器制造工时(小时)	3 320	2 000
直接人工成本	225 000	50 000
直接材料成本	225 000	75 000
制造费用总额	266 000	

要求:分别按照传统成本法和作业成本法计算甲、乙两产品的总成本与单位成本。

第一,按照传统成本计算方法。

$$制造费用分配率 = \frac{266\,000}{3\,320 + 2\,000} = 50(元/小时)$$

甲产品应分配制造费用 = 50 × 3 320 = 166 000(元)

乙产品应分配制造费用＝50×2 000＝100 000（元）

甲产品总成本＝225 000＋225 000＋166 000＝616 000（元）

甲产品单位成本＝616 000÷15 000＝41.07（元/件）

乙产品总成本＝50 000＋75 000＋100 000＝225 000（元）

乙产品单位成本＝225 000÷5 000＝45（元/件）

第二，按照作业成本法计算。

（1）以成本动因为标准，按作业中心归集成本，并计算出成本动因分配率，如表10-5所示。

表10-5　　　　　　　　　　　成本动因分配率表　　　　　　　　　　金额单位：元

项目	成本动因	待分配制造费用	作业量（件）			成本动因分配率
			甲	乙	合计	
机器调试成本	调试次数（次）	50 000	400	100	500	100
产品验收成本	验收次数（次）	40 000	250	150	400	100
设备维修成本	维修工时（小时）	30 000	350	150	500	60
生产订单成本	订单份数（份）	70 000	400	300	700	100
材料订单成本	订单份数（份）	40 000	400	100	500	80
生产协调成本	协调次数（次）	36 000	35	25	60	600

（2）计算出甲、乙两种产品应分配的作业成本，如表10-6所示。

表10-6　　　　　　　　　　甲、乙产品应分配的作业成本表　　　　　　　　单位：元

项目	成本动因分配率	甲		乙		作业成本合计
		作业量（件）	作业成本	作业量（件）	作业成本	
机器调试成本	100	400	40 000	100	10 000	50 000
产品验收成本	100	250	25 000	150	15 000	40 000
设备维修成本	60	350	21 000	150	9 000	30 000
生产订单成本	100	400	40 000	300	30 000	70 000
材料订单成本	80	400	32 000	100	8 000	40 000
生产协调成本	600	35	21 000	25	15 000	36 000
合计			179 000		87 000	266 000
产量（件）			15 000		5 000	
单位产品应分摊的作业成本			11.93		17.40	

（3）计算出甲、乙产品的总成本和单位成本。

甲产品总成本＝225 000＋225 000＋179 000＝629 000（元）

甲产品的单位成本＝629 000÷15 000＝41.93（元/件）

乙产品总成本＝50 000＋75 000＋87 000＝212 000（元）

乙产品单位成本＝212 000÷5 000＝42.40（元/件）

（4）传统成本法与作业成本法的比较如表10-7所示。

表10-7　　　　　传统成本法与作业成本法计算结果比较表　　　　　单位：元

产品单位成本	传统成本法	作业成本法	差值
甲产品	41.07	41.93	−0.86
乙产品	45.00	42.40	2.60

【例10-2】　吉祥公司生产三种产品，分别是甲、乙和丙产品。甲产品是三种产品中工艺最简单的一种，公司每年销售12 000件；乙产品工艺相对复杂一些，公司每年销售20 000件，在三种产品中销售量最大；丙产品工艺最复杂，公司每年销售6 000件。公司设有一个生产车间，主要工序包括零部件排序准备、自动插件、手工插件、压焊、技术冲洗及烘干、质量检测和包装。原材料和零部件均外购。吉祥公司一直采用传统成本计算法计算产品成本。

第一，传统成本计算法。

（1）公司有关成本资料如表10-8所示。

表10-8　　　　　　　　　成本资料表　　　　　　　　金额单位：元

项目	甲产品	乙产品	丙产品	合计
产量（件）	12 000	20 000	6 000	
直接材料	600 000	1 800 000	100 000	2 500 000
直接人工	660 000	1 600 000	200 000	2 460 000
制造费用				3 900 000
机器工时（小时）	40 000	80 000	10 000	130 000

（2）在传统成本计算法下，吉祥公司以机器工时为基础分配制造费用，如表10-9所示。

表10-9　　　　　　　　　制造费用分配表　　　　　　　　金额单位：元

项目	甲产品	乙产品	丙产品	合计
机器工时（小时）	40 000	80 000	10 000	130 000
分配率	3 900 000÷130 000＝30			
制造费用	1 200 000	2 400 000	300 000	3 900 000

（3）采用传统成本法计算的产品成本资料如表10-10所示。

表 10-10   成本资料表   金额单位：元

项目	甲产品	乙产品	丙产品
直接材料	600 000	1 800 000	100 000
直接人工	660 000	1 600 000	200 000
制造费用	1 200 000	2 400 000	300 000
合计	2 460 000	5 800 000	600 000
产量(件)	12 000	20 000	6 000
单位产品成本	205	290	100

第二，公司的定价策略及产品销售方面出现的问题。

（1）公司的定价策略。公司采用成本加成定价法作为定价策略，按照产品成本的120%设定目标售价，如表10-11所示。

表 10-11   成本加成法资料表   单位：元

项目	甲产品	乙产品	丙产品
产品成本	205	290	100
目标售价(产品成本×120%)	246	348	120
实际售价	246	310	220

（2）产品销售方面出现的问题。管理人员分析发现，公司在销售方面存在严重问题。甲产品按目标售价出售，而乙产品的实际售价310元低于其目标售价348元。丙产品因市场上供不应求，实际售价远高于其目标售价。上述情况表明，甲产品的销售及盈利状况正常，丙产品是一种高盈利、低产量的优势产品，而乙产品是公司的主要产品，年销售量最高，但是其盈利能力却达不到管理人员的预期，因此乙产品成为公司管理人员关注的焦点。在分析过程中，管理人员对传统成本计算法提供的资料的准确性产生了质疑，他们决定使用作业成本法重新计算产品成本。

第三，作业成本法的计算。

（1）管理人员经过分析，认定了公司发生的主要作业，相关资料如表10-12所示。

表 10-12   作业资料表

制造费用	金额(元)
装配	1 200 000
启动准备	5 000
物料处理	700 000
质量检测	600 000

(续表)

制造费用	金额（元）
包装	395 000
设备调整	200 000
工程处理	800 000
合计	3 900 000

成本动因如表10-13所示。

表10-13　　　　　　　　　　成本动因表

制造费用	成本动因	作业量			
		甲产品	乙产品	丙产品	合计
装配	机器小时（小时）	12 000	26 000	10 000	48 000
启动准备	准备次数（次）	1 000	4 000	5 000	10 000
物料处理	材料移动（次）	800	3 000	6 200	10 000
质量检测	检测小时（小时）	5 000	10 000	10 000	25 000
包装	包装次数（次）	500	4 000	5 500	10 000
设备调整	调整次数（次）	200	300	500	1 000
工程处理	过程处理时间（小时）	12 000	20 000	18 000	50 000

（2）计算作业率，如表10-14所示。

表10-14　　　　　　　　　　作业率表

作业	作业成本动因	成本	作业消耗	作业率
装配	机器小时（小时）	1 200 000	48 000	25.0
启动准备	准备次数（次）	5 000	10 000	0.5
物料处理	材料移动（次）	700 000	10 000	70.0
质量检测	检测小时（小时）	600 000	25 000	24.0
包装	包装次数（次）	395 000	10 000	39.5
设备调整	调整次数（次）	200 000	1 000	200.0
工程处理	工程处理时间（小时）	800 000	50 000	16.0

（3）将制造费用按作业率分配到各产品中,分配结果如表10-15所示。

表10-15 　　　　　　　　　　　　　　　　　**分配结果表** 　　　　　　　　　　　金额单位:元

项目	作业率	甲产品		乙产品		丙产品	
		作业量(小时)	作业成本	作业量(小时)	作业成本	作业量(小时)	作业成本
装配	25.0	12 000	300 000	26 000	650 000	10 000	250 000
启动准备	0.5	1 000	500	4 000	2 000	5 000	2 500
物料处理	70.0	800	56 000	3 000	210 000	6 200	434 000
质量检测	24.0	5 000	120 000	10 000	240 000	10 000	240 000
包装	39.5	500	19 750	4 000	158 000	5 500	217 250
设备调整	200.0	200	40 000	300	60 000	500	100 000
工程处理	16.0	12 000	192 000	20 000	320 000	18 000	288 000
合计	—	—	728 250	—	1 640 000	—	1 531 750

（4）经过上述重新计算,得到产品成本资料(结果保留两位小数),如表10-16所示。

表10-16 　　　　　　　　　　　　　　　　**产品成本资料表** 　　　　　　　　　　　金额单位:元

项目	甲产品	乙产品	丙产品
直接材料	600 000	1 800 000	100 000
直接人工	660 000	1 600 000	200 000
制造费用	728 250	1 640 000	1 531 750
合计	1 988 250	5 040 000	1 831 750
产品(件)	12 000	20 000	6 000
单位产品成本	165.69	252.00	305.29

第四,问题得到解决。

传统成本核算与作业成本核算对比如表10-17所示。

表10-17 　　　　　　　　　　　**传统成本核算与作业成本核算对比表** 　　　　　　　　单位:元

项目	甲产品	乙产品	丙产品
单位产品成本(传统)	205.00	290.00	100.00
单位产品成本(作业)	165.69	252.00	305.29
目标售价(传统×120%)	246.00	348.00	120.00
目标售价(作业×120%)	198.83	302.40	366.35
实际售价	246.00	310.00	220.00

比较传统成本法计算的单位产品成本与作业成本法计算的单位产品成本可知,在作业成本法下计算的甲产品和乙产品的成本都明显低于采用传统成本法计算的单位产品成本,而丙产品的情况则恰恰相反。根据作业成本法计算的产品成本,乙产品的目标售价应为302.4元,比原定目标售价要低,并且与实际售价基本吻合,说明乙产品的销售并无问题。甲产品的实际售价远高于其成本,说明它是一种高盈利的产品。丙产品在传统成本法下计算的产品成本远低于作业成本法下的产品成本,并且其实际售价远低于其产品成本,公司的问题就出在这里。如果不能采取措施提高售价或降低产品成本,则公司应考虑放弃丙产品的生产和销售。

这仅仅是作业成本法在实际应用中的一个方面。作业成本法能够提供更加准确、可靠的成本资料,帮助公司管理层作出符合公司情况的正确决策。

职业基础知识测试

一、单项选择题

1. 按产出方式的不同,企业的作业可以分为四类。其中,随产量变动成比例变动的作业是( )。

A. 单位级作业 　　B. 批次级作业 　　C. 品种级作业 　　D. 生产维持级作业

2. 下列关于作业认定的表述中,不正确的是( )。

A. 建立作业成本系统应从作业认定开始

B. 作业的认定需要对每项消耗资源的作业进行定义

C. 在实务中,作业认定根据企业总的生产流程自上而下进行分解

D. 为了对认定的作业进一步分析和归类,在作业认定后需按顺序列出作业清单

3. 下列关于作业成本法的说法中,不正确的是( )。

A. 产品成本是全部作业所消耗资源的总和,产品是消耗全部作业的成果

B. 成本动因分为资源成本动因和作业成本动因

C. 作业成本法下,所有成本都需要先分配到有关作业,再将作业成本分配到有关产品

D. 作业成本法下,直接成本的范围较传统成本核算的范围要大

4. 作业成本法的主要特点不包括( )。

A. 成本分配使用相同的成本动因 　　　　B. 成本核算分为两个阶段

C. 成本分配强调因果关系 　　　　　　　D. 成本分配使用众多不同层面的成本动因

5. 下列将成本分配到成本对象的形式中,最能真实反映产品成本的是( )。

A. 追溯 　　B. 间接分配 　　C. 动因分配 　　D. 分摊

6. 适用于某一特殊订单或某种新产品试制的作业计量单位是( )。

A. 业务动因 　　B. 持续动因 　　C. 强度动因 　　D. 资源动因

7. 作业成本法的一个特点是强调因果关系,要求在成本分配中尽量避免使用( )。

A. 追溯 　　B. 间接分配 　　C. 动因分配 　　D. 分摊

8. 在作业成本法下,引起产品成本增加的驱动因素是(　　)。

A. 资源成本动因　　B. 作业成本动因　　C. 数量动因　　　　D. 产品动因

二、多项选择题

1. 下列有关"资源动因"的表述中,正确的有(　　)。

A. 它是引起作业成本变动的因素

B. 它是引起产品成本变动的因素

C. 它被用来计量各项作业对资源的耗用,运用它可以将资源成本分配给各有关作业

D. 它是计量各种产品对作业耗用的情况,并被用来作为作业成本的分配基础

2. 下列关于作业成本法的说法中,正确的有(　　)。

A. 作业成本法强调使用不同层面和数量众多的资源动因将作业成本追溯到产品

B. 作业成本法是将间接成本和辅助费用更准确地分配到产品和服务的一种成本核算方法

C. 作业成本法的基本思想是"产品消耗作业,作业消耗资源"

D. 作业成本法强调使用追溯和动因分配方式来分配成本

3. 下列各项中,适合作为单位级作业的作业动因有(　　)。

A. 生产准备次数　　B. 零部件产量　　　C. 采购次数　　　　D. 耗电千瓦时数

4. 下列作业成本动因中,有关精确度与执行成本间关系表述正确的有(　　)。

A. 业务动因的精确度最差,但其执行成本最低

B. 强度动因的精确度最高,但其执行成本最昂贵

C. 持续动因的精确度和执行成本居中

D. 业务动因的精确度最高,但其执行成本最昂贵

5. 下列有关作业成本法的表述中,不正确的有(　　)。

A. 作业成本法提高了会计数据对管理控制的有用性

B. 与规模小的公司作业环节简便相比较,规模大的公司更愿意采用作业成本法

C. 相对于传统成本核算,作业成本法减少了决策失误引起的成本

D. 作业成本法为实施责任会计和业绩评价提供了方便

三、判断题

1. 作业成本法下的成本核算过程可以概括为"资源→作业→产品"。　　　　　　(　　)

2. 资源成本动因是指一个成本对象(产品或服务)需要的作业量,是产品成本增加的驱动因素。　　　　　　　　　　　　　　　　　　　　　　　　　　　　　(　　)

3. 强度动因的精确度最差,但其执行成本最低;业务动因的精确度最高,但其执行成本最昂贵;而持续动因的精确度和成本则居中。　　　　　　　　　　　　　　　(　　)

4. 作业成本核算法是指以产品为核算对象,通过成本动因确认和计量作业量分配间接费用的一种成本核算方法。　　　　　　　　　　　　　　　　　　　　　　(　　)

5. 作业成本法的成本分派主要使用追溯和动因分配,尽可能减少不准确的分摊,因此能够提供更加真实、准确的成本信息。　　　　　　　　　　　　　　　　　(　　)

四、计算分析题

1. K 企业专门从事甲、乙两种产品的生产,有关这两种产品的基本资料如表 10-18 所示。

表 10-18　　　　　　　　　　甲、乙两种产品的基本资料　　　　　　　　　金额单位:元

产品名称	产量(件)	单位产品机器小时	直接材料单位成本	直接人工单位成本
甲	1 000	4	5	10
乙	4 000	4	12	4

K 企业每年制造费用总额为 20 000 元,甲、乙两种产品复杂程度不一样,耗用的作业量也不一样。K 企业与制造费用相关的作业有 5 个,为此设置了 5 个成本库,有关制造费用作业成本的资料如表 10-19 所示。

表 10-19　　　　　　　　　　制造费用作业成本资料　　　　　　　　　　　单位:元

作业名称	成本动因	作业成本	作业动因		
			甲产品	乙产品	合计
设备维护	维护次数(次)	6 000	8	2	10
订单处理	生产订单份数(份)	4 000	70	30	100
机器调整准备	机器调整准备次数(次)	3 600	30	10	40
机器运行	机器小时数(小时)	4 000	400	1 600	2 000
质量检验	检验次数(次)	2 400	60	40	100
合计	—	20 000	—	—	—

要求:

(1)采用作业成本法计算两种产品的制造费用。

(2)采用传统成本计算法计算两种产品的制造费用(采用"机器小时数"作为制造费用分配依据)。

(3)分别采用传统成本计算法和作业成本法计算上述两种产品的总成本和单位成本。

(4)针对两种成本计算方法在计算甲、乙两种产品应分配的制造费用及单位成本的差异进行原因分析。

2. 某企业同时生产 A、B、C 三种产品。其中,A 是老产品,已经有多年的生产历史,比较稳定,每批大量生产 10 000 件以备顾客订货需要,年产 A 产品 12 万件;B 产品是应顾客要求改进的产品,每批生产 100 件,年产 B 产品 6 万件;C 产品是一种新的复杂产品,每批生产10 件,年产 C 产品 1.2 万件。

三种产品有关生产成本资料如表 10-20 所示。

表 10-20   某企业产品生产成本表   单位：元

成本项目	A 产品	B 产品	C 产品	总 计
直接材料	600 000	360 000	96 000	1 056 000
直接人工	240 000	120 000	36 000	396 000
制造费用	1 200 000	600 000	180 000	1 980 000
合计	2 040 000	1 080 000	312 000	3 432 000

依据不同的成本库,归集制造费用如表 10-21 所示。

表 10-21   依据成本库归集的制造费用表   单位：元

制造费用项目	数额
间接人工：	
整备工作	320 000
材料处理	280 000
检验人员	200 000
采购人员	210 000
产品分类人员	100 000
工厂管理人员	160 000
小计	1 270 000
其他制造费用：	
热和照明	80 000
房屋占用	190 000
材料处理、设备折旧	80 000
机器能量	140 000
供应商（检验）	70 000
供应商（购买）	60 000
供应商（产品分类）	40 000
供应商（全面管理）	50 000
小计	710 000
合计	1 980 000

假设作业成本法下的成本动因资料如下：

（1）A、B、C 产品的单位机器小时比例分别为 1∶1.5∶3.5。

（2）每批次需要一次标准的整理准备工作。

（3）每批标准检验单位为：A 产品每批 50 件，B 产品每批 5 件，C 产品每批 2 件。

（4）A、B、C 产品每批材料移动次数分别为 25、50、100。

（5）A、B、C 产品每件购货订单数分别为 200、400、1 400。

（6）A、B、C 产品每件产品分类次数分别为 50、75、200。

要求：分析按传统成本法和作业成本法下的单位成本的异同。

第十一章

批发主营业务成本核算

◎ 【学习目标与知识要点】

学习目标

了解批发业的定义及经营特点,掌握进价金额法中个别计价法、先进先出法、一次加权平均法、移动加权平均法和毛利率法的成本核算,为更好地从事批发业会计核算工作奠定基础。

知识要点

1. 批发业的定义和经营特点
2. 进价金额法下需设置的科目
3. 进价金额法核算

◎ 【思政园地】

被淘汰出局的后进先出法

2006 年《企业会计准则》规定,企业应当采用先进先出法、加权平均法或个别计价法确定发出存货的实际成本。而原先允许使用的后进先出法在新企业会计准则实施后则被禁止使用了。企业会计准则的这一变化引起了广泛的关注。《新京报》的一篇文章分析说,取消后进先出法,主要是为了去除企业粉饰报表的伎俩,遏制企业操纵利润的行为。

《中华人民共和国会计法》第一条规定,为了规范会计行为,保证会计资料真实、完整,加强经济管理和财务管理,提高经济效益,维护社会主义市场经济秩序,制定本法。第二条规定,国家机关、社会团体、公司、企业、事业单位和其他组织(以下统称单位)必须依照本法办理会计事务。第三条规定,各单位必须依法设置会计账簿,并保证其真实、完整。第四条规定,单位负责人对本单位的会计工作和会计资料的真实性、完整性负责。第四条规定,单位负责人对本单位的会计工作和会计资料的真实性、完整性负责。

企业应当以实际发生的交易或者事项为依据进行会计确认、计量和报告的这一要求,具体到存货发出这一事项,就是要求存货的成本流转应当与存货的实物流转相一致。从理论上来讲,企业的实物流转和成本流转也应当一致。虽然在实际工作中,由于企业的存货进出量很大,品种繁多,成本多变,保证各种存货的成本流转与实物流转完全一致是难以做到的,但先进先出法、加权平均法和个别计价法都能比较好地体现了成本流转与实物流转的一致性。个别计价法无需多论,它能完全保证成本流转与实物流转的一致性。由于同一种存货尽管价格不同,但均能满足销售或生产需要,在存货减少时,无须辨别是哪一批实物被发出,因此加权平均法也基本上能满足成本流转与实物流转的一致性的要求。至于先进先出法,大多企业的实物发出顺序都是先进先出,成本流转按照先进先出法来计量,也符合成本流转与实物流转的一致性要求。

依据后进先出法计算的存货项目的金额不能准确地反映期末存货的实际价值,在持续通货膨胀的情况下尤为如此。后进先出法按照后入库的存货先发出的原则计算发出存货和期末存货的成本。其结果是"存货"项目的金额反映的是最初取得存货的成本,远离存货的最近成本,背离存货的实际成本。尤其是在持续通货膨胀的情况下,后进先出法会严重歪曲存货的实际价值。后进先出法依据的成本流转与实物流动一致的假设,即假定最后取得的存货最先售出,期末保留的存货是最先取得的存货。这种假设与实际情理不符,在实际生活中很难找到存货后进先出的例子。存货一般存在陈旧贬值的趋势,特别受高新技术影响的存货,如果允许存货后进先出,可能导致存货的积压,影响存货的质量,最终影响企业的长远利益。同时,支持后进先出法存在的依据难以成立,因为后进先出法可能影响企业财务状况和经营成果的真实反映,决定了其不宜作为发出存货的计价方法。

综上所述,如果允许使用后进先出法,就会有不少居心不良的企业"钻空子"。无论是什么职业,均应保持良好的职业道德,对规则持有敬畏之心。

参考资料:根据现行企业会计准则、注册会计师资格考试教材《会计》等资料整理。

第一节　认识批发业

一、批发业的定义

批发业是指批发商向批发、零售单位及其他企业、事业、机关批量销售生活用品和生产资料的活动,以及从事进出口贸易和贸易经纪与代理的活动。批发商可以对所批发的货物拥有所有权,并以本单位、公司的名义进行交易活动;也可以不拥有货物的所有权,而以中介身份做代理销售商。批发业还包括各类商品批发市场中固定摊位的批发活动。

二、批发业的经营特点

批发业主要有以下经营特点:

（1）批发业的交易额一般较大。批发业基本属于资本密集型行业,对于批发业而言,资金较劳动更为重要,资金问题往往是决定批发商经营成败的关键。

（2）批发业的商圈比较大。中小批发商业一般集中在地方性的中小城市,但经营范围会辐射到周围地区;大型批发商业往往分布于全国性的大城市,经营范围可以涵盖整个国内市场,有些还可以开展进出口业务,其商业圈可以突破国界。

（3）服务项目相对较少。批发业的服务对象主要是组织购买者而非个人消费者,因此相对而言,批发业的服务项目要较零售业少。批发业经营着重于通信、储运、信息、融资等方面,表现为组织对组织的服务,交易往往具有理性化特征。

由于批发业经营具有以上这些特点,故其企业对销售的商品一般采用进价金额核算法。

第二节 进价金额核算法

进价金额核算法又称为"进价记账、盘存计销"核算法,是指库存商品的总分类科目和明细分类科目都只反映进价金额、不反映实物数量的一种核算方法。由于这种方法不记实物数量,所以必须通过对库存商品的实地盘点计算出期末结存金额,才能倒轧出已销商品的销售成本。进价金额核算法主要包括个别计价法、先进先出法、一次加权平均法、移动加权平均法和毛利率法。

一、进价金额核算法的科目设置

商业批发业采用进价金额核算,需要设置以下会计科目。

1."在途物资"科目

该科目核算商品企业购入材料、商品的采购成本。当企业购入材料、商品时,按其采购成本,借记该科目;当所购材料、商品到达验收入库时,借记"原材料""库存商品——进价"等科目,贷记该科目。该科目期末借方余额,反映企业已付款或已开出、承兑商业汇票,但尚未到达或尚未验收入库的在途材料、商品的采购成本。

购入商品抵达仓库前发生的包装费、运杂费,运输存储过程中的保险费、装卸费,运输途中的合理损耗和入库前的挑选整理费用等采购费用金额较小的,可以直接计入当期销售费用。

2."库存商品"科目

该科目核算企业库存的各种商品的实际成本(或进价)或计划成本(或售价),包括库存产成品、外购商品、存放在门市部准备出售的商品、发出展览的商品及寄存在外的商品等。接受外来原材料加工制造的代制品和为外单位加工修理的代修品,在制造和修理完成验收入库后,视同企业的产成品,也通过该科目核算。已经完成销售手续并确认销售收入,但购买单位在月末未提取的商品,应当作为代管商品,单独设置"代管商品"备查簿进行登记。该科目应当按照库存商品的种类、品种和规格进行明细核算。

3."发出商品"科目

该科目核算企业商品销售不满足收入确认条件但已发出商品的实际成本(或进价)或计

划成本(或售价)。企业采用支付手续费方式委托其他单位代销的商品,也在该科目核算,并按照受托单位进行明细核算。该科目应当按照购货单位及商品类别和品种进行明细核算。

二、商品采购成本及入库金额的核算

1. 个别计价法

个别计价法又称分批实际进价法,是指认定每一件或每一批商品的实际进价,计算该件或该批商品销售成本的计算方法。在整批购进分批销售时,据以根据该批商品的实际购进单价,乘以销售数量计算商品销售成本。其计算公式如下:

$$商品销售成本＝商品销售数量×该件(批次)商品购进单价 \tag{11-1}$$

采用个别计价法,需要对每次销售的商品分别存放,并分户登记库存商品明细账。对于每次销售的商品,应在增值税专用发票上注明进货件别或批次,便于按照该件或该批的实际购进单价计算商品销售成本。

采用个别计价法计算商品销售成本,可以逐日结转商品销售成本。这种方法计算的商品销售成本最为准确,但计算起来工作量最为繁重,适用于能分清进货件别或批次的库存商品、直运商品、委托代销商品和发出商品等。

2. 先进先出法

先进先出法是指根据先购进先销售的原则,先购进商品的价格先作为商品销售成本的计算方法。这种方法根据需要,可以用顺算成本的方法逐日结转成本,也可以用逆算成本的方法定期结转成本。

先进先出法是指以先入库的商品先发出这一假定为依据,并根据这种假定的成本流转顺序来确定发出商品实际成本的计算方法。采用这种方法,计算手续比较烦琐,但该方法可及时计算每种商品的发出与结存金额,便于管理部门及时掌握商品资金的动态,加快结账的进度。

【例 11-1】 乐源百货公司 2023 年 6 月份女式皮鞋的增减变动及成本结算情况如表 11-1 所示。

表 11-1　　　　　　　　库存商品明细账(先进先出法)

类别:皮鞋　　　　品名:女鞋　　　　规格:36 号　　　　计量单位:双　　　　金额单位:元

2023 年		摘要	增加			减少			结存		
月	日		数量	单价	金额	数量	单价	金额	数量	单价	金额
6	1	上期结存							1 400	38.00	53 200
	5	购进	1 200	38.70	46 440				2 600		99 640
	8	销售				1 000		38 000	1 600		61 640
	15	购进	1 800	38.20	68 760				3 400		130 400
	20	销售				2 000		76 920	1 400		53 480
	25	购进	1 000	38.50	38 500				2 400		91 980
	28	销售				1 600		61 180	800		30 800
6	30	本月合计	4 000		153 700	4 600		176 100	800	38.50	30 800

分析：

6月8日销售商品成本＝1 000×38＝38 000(元)

6月20日销售商品成本＝400×38＋1 200×38.70＋400×38.20＝76 920(元)

6月28日销售商品成本＝1 400×38.2＋200×38.5＝61 180(元)

6月份销售商品总成本＝38 000＋76 920＋61 180＝176 100(元)

2023年6月,乐源百货公司结转销售成本账务处理如下：

借：主营业务成本   176 100

    贷：库存商品   176 100

3. 一次加权平均法

一次加权平均法是以数量为权数计算各种商品的平均单位成本,从而确定销售商品实际成本的计算方法。在实际工作中,企业通常根据本月购入商品及月初结存商品的数量和单价,于月末一次计算加权平均单价。加权平均法一般以公历一个月为一个计算周期,通过先综合计算每种商品的加权平均单价,再乘以销售数量,计算商品销售成本。加权平均单价的计算如式(11-2)所示。

$$加权平均单价＝\frac{期初结存商品金额＋本期收入商品金额－本期非销售发出商品金额}{期初结存商品数量＋本期收入商品数量－本期非销售发出商品数量} \tag{11-2}$$

在式(11-2)中：本期非销售发出商品数量和金额是指除销售以外其他的商品发出,包括予以转销,所以在期末计算加权平均单价时要剔除这些因素。

当然,在非销售发出商品较少的情况下进行简便处理,往往也可以采用式(11-3)进行计算。

$$加权平均单价＝\frac{期初结存商品金额＋本期收入商品金额}{期初结存商品数量＋本期收入商品数量} \tag{11-3}$$

在日常工作中,由于计算加权平均单价往往不能整除,计算的结果必然会产生尾差。为了证明期末库存商品数额的准确性,所以采用逆算成本的方法,如式(11-4)和式(11-5)所示。

$$期末结存商品金额＝期末结存商品数量×加权平均单价 \tag{11-4}$$

$$\begin{aligned}本期商品\\销售成本\end{aligned}＝\begin{aligned}期初结存\\商品金额\end{aligned}＋\begin{aligned}本期收入\\商品金额\end{aligned}－\begin{aligned}本期非销售发出\\的商品金额\end{aligned}－\begin{aligned}期末结存\\商品金额\end{aligned} \tag{11-5}$$

采用加权平均法,每月计算一次平均单价,核算简便而且较合理。但在这种方式下,商品平均单价要等到月末才能计算出来,有时会影响核算的及时性。

加权平均法计算出来的商品销售成本较为均衡,也较为准确,但计算的工作量较大。其一般适用于经营品种较少,或者前后购进的商品的单价相差幅度较大,并定期结转商品销售成本的企业。

【例11-2】 承[例11-1],设该公司采用加权平均法计算销售商品成本,则6月女式皮鞋的销售成本可计算如下：

女鞋加权平均单价＝(53 200＋153 700)÷(1 400＋4 000)＝38.31(元/双)

女鞋本月销售成本＝4 600×38.31＝176 226(元)

2023年6月份乐源百货公司结转销售成本账务处理如下：

借：主营业务成本　　　　　　　　　　　　　　　　　　　　　　　　　176 226

　　贷：库存商品　　　　　　　　　　　　　　　　　　　　　　　　　　　176 226

4. 移动加权平均法

移动加权平均法是指以各次收入数量和金额与各次收入前的数量和金额为基础,计算出移动加权平均单价,再乘以销售数量,计算商品销售成本的计算方法,其计算如式(11-6)所示。

$$移动加权平均单价＝\frac{本次收入前结存商品金额＋本次收入商品金额}{本次收入前结存商品数量＋本次收入商品数量}$$

$$商品销售成本＝商品销售数量×移动加权平均单价 \qquad (11-6)$$

采用移动加权平均法计算出来的商品销售成本比加权平均法更为准确,但其计算起来工作量大,一般适用于经营品种不多,或者前后购进商品的单价相差幅度较大并逐日结转商品销售成本的企业。

【例11-3】 乐源百货公司采用移动加权平均法计算销售商品成本。2023年9月份,男鞋收发存具体计算资料如表11-2所示。

表11-2　　　　　　　　　库存商品明细账(移动加权法)

类别：皮鞋　　　　品名：男鞋　　　　规格：48号　　　　计量单位：双　　　　金额单位：元

2023年		摘要	收入			发出			结存		
月	日		数量	单价	金额	数量	单价	金额	数量	单价	金额
9	1	期初结存							150	60	9 000
	8	销售				70	60	4 200	80	60	4 800
	15	购进	100	62	6 200				180	61.11	11 000
	20	销售				50	61.11	3 056	130	61.11	7 944
	24	销售				90	61.11	5 500	40	61.11	2 444
	28	购进	200	68	13 600				240	66.85	16 044
	30	销售				60	66.85	4 011	180	66.85	12 033
		本期销售成本				270		16 767			

(1) 9月15日,购入后的移动加权平均单价为：

(4 800＋6 200)÷(80＋100)＝61.11(元/双)

(2) 9月28日,购入后的移动加权平均单价为：

平均单价＝(2 444＋13 600)÷(40＋200)＝66.85(元/双)

9 月销售商品总成本＝16 767(元)

2023 年 9 月,乐源百货公司结转销售成本账务处理如下:

借:主营业务成本　　　　　　　　　　　　　　　　　　　　　16 767

　　贷:库存商品　　　　　　　　　　　　　　　　　　　　　　　16 767

5. 毛利率法

毛利率法是指根据本期商品销售收入乘以上季度实际毛利率或本季度计划毛利率,推算出商品销售毛利,进而推算出成本的计算方法,其计算如式(11-7)和式(11-8)所示。

$$本期商品销售毛利＝本期商品销售收入×上季度实际毛利率 \qquad (11-7)$$
$$本期主营业务成本＝本期商品销售收入－本期商品销售毛利 \qquad (11-8)$$

或:本月主营业务成本＝本月销售收入总额×(1－上季实际或本季计划毛利率)

相对来说,采用毛利率法计算商品的销售成本比较简便。但是,同一类别商品的毛利率不尽相同,或前后期的实际毛利率变化较大,因此毛利率法计算出来的商品销售主营业务成本往往不够准确。该方法一般适用于经营商品品种较多、按月计算商品销售成本较为困难的企业。

【例 11-4】　乐源百货公司采用毛利率法计算销售商品成本。该公司 2023 年第一季度的实际毛利率为 30%,2023 年 4 月,三批女式皮鞋商品的销售收入分别为 48 260 元、101 520 元和 76 540 元。则 4 月女式皮鞋的销售成本可计算如下:

4 月主营业务成本＝(48 260＋101 520＋76 540)×(1－30%)＝158 424(元)

2023 年 4 月,乐源百货公司结转销售成本账务处理如下:

借:主营业务成本　　　　　　　　　　　　　　　　　　　　　158 424

　　贷:库存商品　　　　　　　　　　　　　　　　　　　　　　　158 424

 **知识点链接**

"发出商品"科目的账务处理

(1) 对于不满足收入确认条件的发出商品,应按发出商品的实际成本(或进价)或计划成本(或售价),借记该科目,贷记"库存商品"科目。发出商品满足收入确认条件时,应结转销售成本,借记"主营业务成本"科目,贷记该科目。

(2) 采用计划成本或售价核算的,还应结转应分摊的产品成本差异或商品进销差价,借记"产品成本差异"或"商品进销差价"科目,贷记"主营业务成本"科目;实际成本大于计划成本的差异,作相反的会计分录。

(3) 发出商品如发生退回,应按退回商品的实际成本(或进价)或计划成本(或售价),借记"库存商品"科目,贷记该科目。

该科目期末借方余额,反映企业商品销售中,不满足收入确认条件的已发出商品的实际成本(或进价)或计划成本(或售价)。

职业基础知识测试

一、单项选择题

1. 根据批发业经营的特点,对销售的商品,一般采用的核算方法是(　　)。

A. 进价金额法　　　B. 计划成本法　　　C. 售价金额法　　　D. 实际成本法

2. 商业批发业采用进价金额核算,一般不需要设置(　　)科目。

A. "在途物资"　　　B. "库存商品"　　　C. "发出商品"　　　D. "工程物资"

3. 进价金额核算法不包括(　　)。

A. 个别计价法　　　B. 先进先出法　　　C. 一次加权平均法　　D. 联合单位法

4. 某企业为增值税一般纳税人,2023 年 4 月购入 A 材料 1 000 千克,增值税专用发票上注明价款 30 000 元,增值税额 3 900 元,该批材料在运输途中发生 1% 的合理损耗,实际验收入库 990 千克,入库前发生挑选整理费用 300 元。该批入库 A 材料的实际总成本为(　　)元。

A. 29 700　　　　B. 29 997　　　　C. 30 300　　　　D. 34 200

5. 某商品流通企业(一般纳税人)采购甲商品 100 件,每件售价 2 万元,取得的增值税专用发票上注明的增值税 26 万元,另支付采购费用 10 万元(金额较大)。该企业采购的该批商品的单位成本是(　　)万元。

A. 2　　　　　B. 2.1　　　　　C. 2.26　　　　　D. 2.44

6. 某企业原材料按实际成本进行日常核算。2023 年 3 月 1 日,结存甲材料 300 千克,每千克实际成本为 20 元;3 月 15 日,购入甲材料 280 千克,每千克实际成本为 25 元;3 月 31 日,发出甲材料 200 千克。按先进出法计算 3 月份发出甲材料的实际成本为(　　)元。

A. 400　　　　B. 500　　　　C. 4 000　　　　D. 1 400

7. 某企业 2024 年 3 月 1 日存货结存数量为 200 件,单价为 4 元;3 月 2 日,发出存货 150 件;3 月 5 日,购进存货 200 件,单价为 4.4 元;3 月 7 日,发出存货 100 件。在对存货发出采用移动加权平均法的情况下,3 月 7 日,结存存货的实际成本为(　　)元。

A. 648　　　　B. 432　　　　C. 1 080　　　　D. 1 032

8. 某商场采用毛利率法对商品的发出和结存进行日常核算。2023 年 7 月,甲类商品期初库存余额为 15 万元。该类商品本月购进为 20 万元,本月销售收入为 25 万元,本月销售折让为 1 万元。上月该类商品按扣除销售折让后计算的毛利率为 20%。假定不考虑相关税费,2023 年 7 月,该类商品月末库存成本为(　　)万元。

A. 10　　　　B. 15.8　　　　C. 15　　　　D. 19.2

9. 商品流通企业购入商品时发生的如下支出中,应当直接计入当期损益的是(　　)。

A. 运输费　　　　　　　　　B. 保险费

C. 买价中包含的消费税　　　D. 享受的现金折扣

10. 甲公司存货的日常核算采用毛利率计算发出存货成本。该企业 2023 年 4 月销售收入为 500 万元,销售成本为 460 万元,4 月月末存货成本为 300 万元。2023 年 5 月,购入存货为 700 万元,本月销售收入为 600 万元,发生销售退回 40 万元。假定不考虑相关税费,该企业 2023 年 5 月月末的存货成本为( )万元。

  A. 448   B. 484.8   C. 540   D. 440

二、多项选择题

  1. 下列项目中,应计入材料采购成本的有( )。

  A. 制造费用

  B. 进口关税

  C. 运输途中的合理损耗

  D. 一般纳税人购入材料支付的可以抵扣的增值税

  2. 企业对发出存货的实际成本进行计价的方法有( )。

  A. 个别计价法   B. 加权平均法   C. 先进先出法   D. 后进先出法

  3. 下列各项与存货相关的费用中,应计入存货成本的有( )。

  A. 材料采购过程中发生的保险费

  B. 材料入库前发生的挑选整理费

  C. 在生产过程中为达到下一个生产阶段所必需的仓储费用

  D. 非正常消耗的直接材料

  4. 下列关于个别计价法的说法中,正确的有( )。

  A. 个别计价法又称分批实际进价法,是指认定每一件或每一批商品的实际进价,计算该件或该批商品销售成本的计算方法

  B. 在整批购进分批销售时,据以根据该批商品的实际购进单价,乘以销售数量计算商品销售成本

  C. 采用个别计价法,需对每次销售的商品分别存放,并分户登记库存商品明细

  D. 采用个别计价法计算商品销售成本,可以逐日结转商品销售成本

  5. 下列关于先进先出法的说法中,正确的有( )。

  A. 先进先出法是指根据先购进先销售的原则,先购进商品的价格先作为商品销售成本的计算方法

  B. 只用顺算成本的方法逐日结转成本

  C. 先进先出法是以先入库的商品先发出这一假定为依据

  D. 计算手续比较烦琐,但可及时计算每种商品的发出与结存金额,便于管理部门及时掌握商品资金的动态,加快用结账的进度

三、判断题

  1. 商品流通企业在采购商品过程中发生的采购费用,不计入商品成本。 ( )

  2. 购入材料在运输途中发生的合理损耗不需要单独进行账务处理。 ( )

  3. 存货计价方法的选择,不仅影响着资产负债表中资产总额的多少,而且也影响利润表中的净利润。 ( )

  4. 属于非常损失造成的存货毁损,应按该存货的实际成本计入营业外支出。 ( )

5. 企业对于为建造固定资产等各项工程而储备的材料,在资产负债表的"存货"项目中。　　　　　　　　　　　　　　　　　　　　　　　　　　　　　　　　（　　）

6. 存货发出采用先进先出法时,发出存货的成本比较接近其重置成本。　　（　　）

7. 对不同的材料可以采用不同的计价方法,但计价方法一经确定,不得随意变更。　　　　　　　　　　　　　　　　　　　　　　　　　　　　　　　　　　　　（　　）

8. 在物价波动的情况下,用先进先出法计算的期末存货的价值较接近于目前的价格水平。　　　　　　　　　　　　　　　　　　　　　　　　　　　　　　　　　　　（　　）

9. 小规模纳税企业,其采购货物支付的增值税,无论是否在发票上单独列明,一律计入所购货物的采购成本。　　　　　　　　　　　　　　　　　　　　　　　　　　（　　）

10. 批发业对销售的商品,一般采用进价金额核算法。　　　　　　　　　　（　　）

四、计算分析题

1. 盛世百货批发公司 2023 年第三季度各大类商品的销售收入和上季度实际毛利率如表 11-3 所示。

表 11-3　　　　　　　　　　　　　　收入明细及毛利率表　　　　　　　　　金额单位:元

销售收入	家电类	服装类	食品类	玩具类
7 月	2 210 000	1 676 600	5 201 600	193 160
8 月	327 400	1 933 800	7 133 500	2 477 100
9 月	5 127 100	1 717 200	8 200 760	2 267 540
第二季度毛利率	30%	38%	27%	33%

要求:应用毛利率法,按商品大类计算第三季度各月份的商品销售成本。

2. 龙城电器批发公司 2023 年 3 月份有关电锅期初余额、进销业务记录等的资料如表 11-4 和表 11-5 所示。

表 11-4　　　　　　　　　　　　　　　期初余额表　　　　　　　　　　　　金额单位:元

商品类别	批次	品名	规格	计量单位	数量	单价	金额	销售牌价
烧锅类	511	电锅	18 cm	只	2 400	16.75	40 200	18.2

表 11-5　　　　　　　　　　　　　　本月份进销业务记录表　　　　　　　　金额单位:元

2023 年		业务	购进				销售			
月	日	号数	批次	数量(只)	单价	金额	批次	数量(只)	单价	金额
3	1	1					511	1 000	18.2	18 200
	3	2	512	3 000	16.8	50 400				
	6	3					512	1 500	18.2	27 300

(续表)

2023年		业务	购进				销售			
月	日	号数	批次	数量(只)	单价	金额	批次	数量(只)	单价	金额
	9	4					511	1 000	18.2	32 760
							512	800		
	12	5	513	4 000	16.85	67 400				
	15	6					513	1 400	18.2	25 480
	17	7					511	400	18.2	36 400
							513	1 600		
	20	8	514	3 000	16.88	50 640				
	21	9					514	1 200	18.2	21 840
3	30	10					512	690	18.2	23 478
							514	600		
		合计								

要求：分别用先进先出法、移动加权平均法和一次加权平均法计算和结转商品销售成本。

第十二章

零售主营业务
成本核算

零售主营业务
成本核算

◎ 【学习目标与知识要点】

学习目标

了解零售业的定义及经营特点,掌握售价金额法下关于将进货费用直接计入采购成本、单独归集和直接计入销售费用三种方法下主营业务成本的核算,为更好地从事零售业会计核算工作奠定基础。

知识要点

1. 零售业定义和经营特点
2. 售价金额法下需设置的会计科目
3. 售价金额法核算

◎ 【思政园地】

夯实零售业中台与底层基础,助力未来发展

2022年7月,中国连锁经营协会与全球管理咨询公司麦肯锡共同深入访谈了20多家中国零售商,并对30多位CXO进行调研,对商超、便利店、购物百货中心、专业专卖店等各零售业态数字化转型的发展阶段、面临的独特挑战,以及应通过哪些数字化能力建设实现破局等主题进行了详细探讨。此外,在与领先的零售企业CXO的访谈中,麦肯锡发现,零售企业不约而同地认为"夯实中台和底层基础"是转型进程中最重要、最具挑战的部分。

中台能力建设:零售中台包括业务中台、数据中台和技术中台,它将可共享的业务能力、数据、技术进行沉淀,打造有服务意识的"经营实体"。中台搭建已从互联网行业逐渐渗透至零售行业。但相较于前端线上渠道和自有平台的搭建,中台能力无论是在关注度还是能力

建设上,都略显劣势。在中台各业务模块中,与流量相关的用户运营是各零售企业的发力重点,而商品运营、门店运营、供应链管理等模块的能力建设相对较弱。未来,如何组建中台能力,并将之有效赋能前台业务运营,将会是零售企业必须攻克的挑战。

数据分析和零售科技:推动零售数字化转型从前端"建渠道、构触点"转向中后端"精运营、提效率",要求企业修炼在数据、科技、系统等方面的"内功"。本次调研发现,45%的受访领先的零售企业CXO认为当前"大数据和高级分析"能力尚不足以支撑数字化转型,且是能力成熟度最薄弱的环节。

麦肯锡全球资深董事合伙人艾力(Alex)表示,合理地运用零售科技和高级数据分析可以帮助企业实现持续性的价值创造,如门店选址、用户偏好洞察、组货和定价优化等。他们观察到,以数据分析和技术应用见长的零售企业,已经从试点个别用例的"单点突破",转向于以数据和科技来重塑端到端的业务流程、人员分工和管理模式,将技术在全公司内进行体系化的推广和落地,以"系统制胜"。对于一些领先企业,也已经不满足于大数据分析来支持和驱动现有业务的优化,而是期望通过人工智能和零售科技来打造新的业务模式和生态体系。

数字化组织:伴随业务和科技的组织边界融合,"敏捷"基因的全面内化是数字化组织转型的核心要求。企业的数字化转型需要多个领域的步调一致,包括数字化战略举措规划、业务运作模式及流程、组织架构与权责调整、人才与技术投资,以及文化与绩效管理。其中,组织的转型和升级尤为重要,这是数字化转型成功的必备条件,往往也是转型进程迟缓、推进困难的"瓶颈"所在。对于传统零售企业而言,"敏捷"转型需要针对不同业务场景、组织形态选择差异化敏捷工作机制,在组织上下稳妥推进。同时,数字化组织转型需要领导层拥抱"角色转换",企业文化自内而外深度变革,以充分焕新企业活力、重新激发增长动能。

放眼未来,零售业数字化、全渠道的大趋势不可逆转,但如何达成可持续、有盈利的增长,前路尚未明朗。疫情持续带来不确定性,企业更应关注通过数字化降低成本,以维持健康的现金流。另外,创新零售科技的涌现,以及数字化解决方案的进一步成熟,也将助力零售业数字化进程提速。

中国连锁经营协会秘书长彭建真表示,他们持续对行业进行观察,已欣喜地看到,零售商们面对数字化转型课题越来越化被动为主动,从'跟随者'变成'引领者'。未来,他们期望行业能进一步积极思考自身战略、目标和重点,不断尝试最新零售科技,大胆推动全价值链业务运营的数据化、智能化和自动化,并从数据与技术基础、组织、文化、业务模式等本质层面'脱胎换骨',成为真正的数字化企业。

参考资料:中国连锁经营协会《2022年中国零售数字化白皮书》.http://www.ccfa.org.cn/portal/cn/xiangxi.jsp?id=443889&type=33.

第一节 认识零售业

一、零售业的含义

零售业是指从工农业生产者、批发贸易业或居民购进商品,转卖给城乡居民作为生活消费和卖给社会集团作为公共消费的行业。零售业中,百货商店、超级市场、专门零售商店、品牌专卖店、售货摊等从事主要面向最终消费者(如居民等)的销售活动。零售业的形式既包括互联网、邮政、电话、售货机等形式的销售活动,也包括在同一地点,后面加工生产、前面销售的店铺(如面包房)。

二、零售业的经营特点

(1)零售业的交易对象是为直接消费而购买商品的最终消费者,包括个人消费者和集团消费者。消费者从零售商处购买商品的目的不是用于转卖或生产,而是自己消费。

(2)零售贸易的标的物不仅有商品,还有劳务,即还要为顾客提供各种服务,如送货、安装、维修等。随着市场竞争的激烈加剧,零售提供的售前、售中与售后服务已成为重要的竞争手段或领域。

(3)零售贸易的交易量分散,交易次数频繁,每次成交额较小,未成交次数占有较大比重。正由于零售贸易平均每笔交易量少,交易次数频繁,因此,零售商必须严格控制库存量。

(4)零售贸易受消费者购买行为的影响较大。零售贸易的对象是最终消费者,大多数消费者在购买商品时表现为无计划的冲动型或情绪型。面对着这种随机性购买行为明显的消费者,零售商欲达到扩大销售之目的,特别要注意激发消费者的购买欲望。为吸引顾客,零售商一定要有自己的经营特色,备货要充足,品种要丰富,花色、规格应齐全。

(5)零售贸易大多在店内进行,网点规模大小不一,分布较广。由于消费者具有广泛性、分散性、多样性、复杂性,为了满足广大消费者的需要,在一个地区仅设置少数几个零售点是根本不够的。零售网点无论是从规模还是布局上,都必须以满足消费者需要为出发点,适应消费者购物、观光、浏览、休闲等多种需求。

(6)零售贸易必须依靠周转速度取胜。相对于批发贸易,零售贸易每次交易额较小,因此,零售商必须尽可能在同一时间内使贸易资本周转更快、更有效率,做到薄利多销、快买快卖。

由于零售经营具备以上这些特点,故其对销售的商品一般采用售价金额核算法。

第二节　售价金额核算法

采用售价金额核算法时,商品零售企业采购商品的入库和销售商品的发出,先按售价进行核算,而将售价与进价之间的差额通过"商品进销差价"科目进行核算。其在商品销售以后,再按进销差价率将进销差价分配给已销商品,从而将已销商品的售价成本调整为进价成本,最后计算出损益。

一、售价金额核算法的科目设置

商业零售业采用售价金额核算,需要设置以下会计科目。

1."商品采购"科目

该科目用来核算商品流通企业商品采购中发生的采购成本。商品流通企业的采购成本包括采购价款和进货费用两部分,但如果将进货费用进行单独归集或将进货费用直接计入销售费用,则该科目核算的采购成本只包括商品的买价,而不包括进货费用。

该科目借方登记商品的采购成本,贷方登记到达并验收入库商品的采购成本,期末借方余额反映的是企业已经收到发票账单,但商品尚未到达或尚未验收入库在途商品的实际成本。该科目可按商品品种设置明细账进行明细核算。该科目也可用"在途商品"科目代替。

2."库存商品"科目

该科目的借方登记入库商品的销售金额(售价金额是在进价的基础上加上一定的毛利,再加上销售商品应收取的增值税),贷方登记结转的已销售商品的含增值税售价金额,期末借方余额反映的是库存商品(包括库房存和柜台存)含应收取的增值税在内的售价金额。

也就是说,在售价金额核算法下,库存商品的增减变动和结存情况均按售价记载。

该科目应按实物负责人(或柜组)分户,设置明细账。总账与明细账都只记金额,通过金额控制,而不需登记实物数量。

3."商品进销差价"科目

"商品进销差价"科目是库存商品的调整科目,用来核算企业采用售价核算的商品售价与进价之间的差额。其贷方登记购进商品的售价大于进价的差额,如对库存商品调高价格,调高部分的价款也登记在贷方,借方登记已销售商品应分摊的商品进销差价。如对库存商品调低价格,调低部分的价款也登记在借方。

4."进货费用"科目

按照现行企业会计准则的要求,商品流通企业在采购商品过程中发生的进货费用,包括运输费、装卸费、保险费等运杂费,应当计入存货采购成本,也可以先进行归集,期末根据所购商品的存销情况进行分摊。进货费用金额较小的,可以在发生当期即计入销售费用。

考虑到零售商业每次进货往往品种多而杂,如果将进货费用分配到各种商品的成本上,工作量太大,因此,可以对进货费用设置"进货费用"科目进行单独归集,或直接计入销售费用。

现行企业会计准则规定将进货费用计入采购成本或进行单独归集,这一规定主要是考虑,在进货费用较大而且期末库存商品金额较大的情况下,进货费用应由当期已销售商品和期末库存商品共同分担,如果将进货费用全部计入当期销售费用,全部由当期已销售的商品承担,是不尽合理的。所以在进货费用金额较大的情况下,应将进货费用计入商品的采购成本,或单独进行归集,期末在已销商品和期末库存商品之间进行分配。购进商品的进货费用如果单独归集,则可以设置该科目。

该科目属于成本类科目,其借方登记本期发生的进货费用,贷方登记期末已销售商品分摊的进货费用,即向主营业务成本结转的进货费用,期末借方余额反映的是期末库存商品应承担的进货费用。

二、商品采购成本及入库金额的核算

商品的采购成本是指商品采购的实际成本。商品的采购成本应该包括商品的买价和进货费用等。

按现行企业会计准则,商业企业购入商品发生的进货费用,如运输费、装卸费、保险费等,有三种不同的处理方式:一是将进货费用直接计入商品采购成本;二是单独归集,期末在已销商品和期末库存商品之间进行分配;三是进货费用如果金额较小,可在发生的当期直接计入销售费用。

在售价金额核算法下,商品的入库金额是商品的售价金额。售价金额是在采购成本或采购价格的基础上加上一定的毛利,再加上销售商品的增值税销项税额所形成的销售价格。

1. 将进货费用直接计入采购成本情况下的商品采购及入库

1) 商品购入

【例 12-1】　德乐百货公司为增值税一般纳税人,2023 年 6 月 16 日,从异地购入一批百货 M,数量为 1 000 个,单价为 210 元/个,价款为 210 000 元,增值税额为 27 300 元,取得增值税专用发票;支付运费总价款 10 900 元,其中增值税额为 900 元,取得运输业增值税专用发票;支付装卸费和保险费 2 000 元。货款尚未支付。

"商品采购"科目金额＝商品采购价款＋运费＋装卸费和保险费＝222 000(元)

"应交税费——应交增值税"科目金额＝27 300＋900＝28 200(元)

德乐百货公司应作账务处理如下:

借:商品采购——M　　　　　　　　　　　　　　　　　　　　　　　222 000
　　应交税费——应交增值税(进项税额)　　　　　　　　　　　　　　28 200
　　贷:应付账款　　　　　　　　　　　　　　　　　　　　　　　　250 200

2) 商品入库

在售价金额核算法下,商品按售价金额入库,并将售价金额与采购成本之间的差额记入"商品进销差价"科目。

$$商品的售价金额＝采购成本×(1＋增值税税率)÷(1－规定的毛利率)$$

$$毛利率＝毛利÷不含税销售价格$$

上述"采购成本÷(1－规定的毛利率)"得出的是不含税售价。

上述"采购成本×(1＋增值税税率)÷(1－规定的毛利率)"得出的是含增值税销项税额的售价。

按[例 12-1],假定企业规定的商品毛利率为 20%,货物增值税税率为 13%。

商品的售价金额＝222 000×(1＋13%)÷(1－20%)＝313 575(元)

该批商品入库时,应作会计分录如下:

借:库存商品——M　　　　　　　　　　　　　　　　　　　　　　　313 575
　　贷:商品采购——M　　　　　　　　　　　　　　　　　　　　　　222 000
　　　　商品进销差价　　　　　　　　　　　　　　　　　　　　　　　91 575

以上是将采购商品的进货费用直接计入采购成本情况下的商品采购及商品入库的核算。

2. 将进货费用进行单独归集的情况下商品采购及入库

将进货费用进行单独归集,需要单独设置"进货费用"科目,将进货的买价记入"商品采购"科目,而将进货费用单独归集到"进货费用"科目。期末,再将进货费用在已销商品和期末库存商品之间进行分配。

1) 商品购入

【例12-2】 承[例12-1],若将进货费用单独归集,则成本核算及账务处理如下:

"进货费用"科目=运费+装卸费和保险费=12 000(元)

借:商品采购——M		210 000
应交税费——应交增值税(进项税额)		28 200
进货费用		12 000
贷:应付账款		250 200

2) 商品入库

商品入库时,应该按销售价格计入库存商品。相关计算公式如下:

$$商品的销售价格=采购价款×(1+增值税税率)÷(1-规定的毛利率)$$
$$毛利率=毛利÷不含税销售价格$$

上述[例12-2]本月购入的商品已经入库。商品入库时,假定毛利率为25%(在进货费用不直接计入采购成本的情况下,因计算销售价格的基数有所减少,所以可以适当提高毛利率,以将进货费用加到销售价格中去)。

入库价格=210 000×(1+13%)÷(1-25%)=316 400(元)

借:库存商品——M		316 400
贷:商品采购——M		210 000
商品进销差价		106 400

3. 将进货费用直接计入销售费用情况下商品购入及入库

1) 商品购入

【例12-3】 承[例12-1],将进货费用直接计入销售费用。

"销售费用"科目金额=运费+装卸费和保险费=12 000(元)

相关账务处理如下:

借:商品采购——M		210 000
应交税费——应交增值税(进项税)		28 200
销售费用		12 000
贷:应付账款		250 200

2) 商品入库

商品入库时,入库价格的计算与将进货费用进行单独归集的情况下的价格计算是一样的。假定毛利率定为25%(将进货费用计入销售费用,也应适当提高毛利率,从而将进货费用加到售价中去)。

按[例12-1],相关处理如下:

入库价格＝210 000×(1＋13%)÷(1−25%)＝316 400(元)

借：库存商品——M　　　　　　　　　　　　　　　　　　　　　　　316 400
　　贷：商品采购——M　　　　　　　　　　　　　　　　　　　　　210 000
　　　　商品进销差价　　　　　　　　　　　　　　　　　　　　　　106 400

三、售价金额核算法下商品销售的会计处理

各柜台进行零售商品的销售,其收款方式有两种:一种是"一手钱,一手货"。即由营业员发货时直接收款。每日终了,营业员将当日销售的货款交门店收银员。另一种是"集中收款,货款分管"。即消费者选好商品后,由营业员填制销货凭证,由门店收银台收银员集中收款,营业员再根据收款凭证发货。

每日终了,门店收银员将所收款项按不同柜组进行汇总后,填写"商品销售收入缴款单"一式两联,将款项一并交给财务部门。财务部门收款后,一联退还门店收银员,另一联作为记账凭证,据以记账。

【例 12-4】　承[例 12-1],假设德乐百货公司将进货费用直接计入采购成本。2023 年7 月,销售 M 百货 200 个,单价为 252 元(毛利率为 20%),实现销售收入 50 400 元,增值税税率为 13%,现款销售。实现销售时,应作会计分录如下:

确认收入时:

借：银行存款　　　　　　　　　　　　　　　　　　　　　　　　　56 952
　　贷：主营业务收入　　　　　　　　　　　　　　　　　　　　　50 400
　　　　应交税费——应交增值税(销项税额)　　　　　　　　　　　　6 552

结转成本时:

借：主营业务成本　　　　　　　　　　　　　　　　　　　　　　　44 400
　　商品进销差价　　　　　　　　　　　　　　　　　　　　　　　18 315
　　贷：库存商品——M　　　　　　　　　　　　　　　　　　　　62 715

【例 12-5】　承[例 12-1],假设德乐百货公司将进货费用单独归集。2023 年 7 月,销售 M 百货 200 个,单价为 262.5 元(毛利率为 25%),实现销售收入 52 500 元,增值税税率为 13%,现款销售。实现销售时,应作会计分录如下:

确认收入时:

借：银行存款　　　　　　　　　　　　　　　　　　　　　　　　　59 325
　　贷：主营业务收入　　　　　　　　　　　　　　　　　　　　　52 500
　　　　应交税费——应交增值税(销项税额)　　　　　　　　　　　　6 825

结转成本时:

借：主营业务成本　　　　　　　　　　　　　　　　　　　　　　　44 400
　　贷：库存商品——M　　　　　　　　　　　　　　　　　　　　42 000
　　　　进货费用　　　　　　　　　　　　　　　　　　　　　　　2 400

【例 12-6】 承[例 12-1],假设德乐百货公司将进货费用直接计入销售费用。2023 年 7 月,销售 M 百货 200 个,单价为 262.5 元(毛利率为 25％),实现销售收入 52 500 元,增值税税率为 13％,现款销售。实现销售时,应作会计分录如下:

确认收入时:

借:银行存款	59 325
贷:主营业务收入	52 500
应交税费——应交增值税(销项税额)	6 825

结转成本时:

借:主营业务成本	42 000
贷:库存商品——M	42 000

 **知识点链接**

综合差价率推算法和分柜组差价率推算法

商品零售业成本核算除售价金额法外,还有综合差价率推算法和分柜组差价率推算法。

综合差价率推算法是按全部商品的存销比例,推算本期销售商品应分摊进销差价的一种方法。综合差价率是指按企业全部商品的销售及库存比例计算的差价率。

具体的计算方法是先将期末结转前的"商品进销差价"科目余额,除以期末"库存商品"科目余额、"受托代销商品"科目余额与本期商品销售收入之和,计算出本期商品的综合差价率,再乘以本期商品销售收入,计算出已销商品的进销差价。其计算公式如下:

$$\frac{\text{综合}}{\text{差价率}}=\frac{\text{结转前商品进销差价科目余额}}{\text{期末库存商品科目余额}+\text{期末受托代销商品科目余额}+\text{本期商品销售收入}}\times100\%$$

$$\text{本期已销商品进销差价}=\text{本期商品销售收入}\times\text{综合差价率}$$

通过计算已销商品应分摊的进销差价,将"商品销售成本"科目期末余额调整为本期已销商品的实际成本,"商品进销差价"科目的期末余额则是期末库存商品应分摊的进销差价。

采用综合差价率计算法确定商品的销售成本,计算手续比较简便,但只适用于商品种类较少、商品的进销差价比较接近的企业。

分柜组差价率推算法是按各营业柜组或门市部商品的存销比例,推算本期销售商品应摊销商品应摊进销差价的一种方法。分类(柜组)差价率是按企业各类商品或各营业柜组的销售及库存比例计算的差价率。它要求按营业柜组分别进行计算,其计算方法与综合差价率推算法相同,财会部门可编制"已销商品进销差价计算表"进行计算。其计算公式如下:

$$\text{分类(柜组)差价率}=\frac{\text{某类(柜组)商品月末"商品进销差价"科目余额(分摊前)}}{\text{某类柜组商品}}$$

采用分类(柜组)差价率计算法时,"库存商品""商品进销差价""商品销售收入""受托代销商品"等科目均应按商品大类(柜组)设置明细账,以此确定商品的销售成本。其计算结果能够较准确地反映实际情况,在实际工作中应重点应用此种方法。

职业基础知识测试

一、单项选择题

1. （　　）是指商品零售企业采购商品的入库和销售商品的发出，都按售价进行核算。

A. 售价金额核算法　　　　　　　　B. 实际进价法

C. 毛利率法　　　　　　　　　　　D. 联合单位法

2. 售价金额核算法将售价与进价之间的差额通过（　　）科目进行核算。

A. "商品进销差价"　　　　　　　　B. "材料成本差异"

C. "管理费用"　　　　　　　　　　D. "主营业务成本"

3. 零售业对销售的商品，一般采用（　　）。

A. 售价金额核算法　　　　　　　　B. 计划成本法

C. 进价金额法　　　　　　　　　　D. 实际成本法

4. "进货费用"属于（　　）科目。

A. 资产类　　　　B. 损益类　　　　C. 成本类　　　　D. 共同类

5. （　　）科目用来核算商品流通企业商品采购中所发生的采购成本。

A. "商品采购"　　　　　　　　　　B. "库存商品"

C. "商品进销差价"　　　　　　　　D. "进货费用"

6. "商品进销差价"科目是（　　）的调整科目。

A. "原材料"　　　B. "在途物资"　　　C. "商品采购"　　　D. "库存商品"

7. 按照现行企业会计准则的要求，商品流通企业在采购商品过程中发生的进货费用不应计入存货采购成本或销售费用的是（　　）。

A. 运输费　　　　B. 装卸费　　　　C. 招待费　　　　D. 报销费

8. 某商场库存商品采用售价金额核算法进行核算。2024年5月月初，库存商品的进价成本为34万元，售价总额为45万元。当月购进商品的进价成本为126万元，售价总额为155万元。当月销售收入为130万元。月末结存商品的实际成本为（　　）万元。

A. 30　　　　　　B. 56　　　　　　C. 104　　　　　　D. 130

9. 某商场采用售价金额法核算库存商品。2024年3月1日，该商场库存商品的进价成本总额为180万元，售价总额为250万元；本月购入商品的进价成本总额为500万元，售价总额为750万元；本月实现的销售收入总额为600万元。不考虑其他因素，2024年3月31日，该商场库存商品的成本总额为（　　）万元。

A. 408　　　　　　B. 400　　　　　　C. 272　　　　　　D. 192

10. 商业企业购进商品进货费用较小的，可以直接计入（　　）。

A. 营业外支出　　　B. 销售费用　　　C. 主营业务成本　　　D. 管理费用

二、多项选择题

1. 下列属于零售业经营特点的有（　　）。

A. 交易对象是为直接消费而购买商品的最终消费者

B. 零售贸易的标的物不仅有商品,还有劳务

C. 零售贸易的交易量分散,交易次数频繁

D. 零售贸易受消费者购买行为的影响比较大

2. 下列关于售价金额法的说法中,正确的有(　　　)。

A. 商品零售企业采购商品的入库和销售商品的发出,都按售价进行核算

B. 售价与进价之间的差额通过"商品进销差价"科目进行核算

C. 在商品销售以后,再按进销差价率将进销差价分配给已销商品,从而将已销商品的售价成本调整为进价成本

D. 售价与进价之间的差额通过"材料成本差异"科目进行核算

3. 商业零售业采用售价金额核算,需要设置(　　　)科目。

A. "商品采购"　　　B. "库存商品"　　　C. "商品进销差价"　D. "进货费用"

4. 下列关于"商品采购"科目的说法中,正确的有(　　　)。

A. 该科目用来核算商品流通企业商品采购中发生的采购成本

B. 该科目用来核算的采购成本只包括商品的买价,而不包括进货费用

C. 该科目的借方登记商品的采购成本,贷方登记到达并验收入库商品的采购成本

D. 该科目也可用"在途商品"科目代替

5. 下列关于"库存商品"科目的说法中,正确的有(　　　)。

A. 该科目的借方登记入库商品的销售金额

B. 贷方登记结转的已销售商品的含增值税售价金额

C. 期末借方余额反映的是库存商品(包括库房存和柜台存)含应收取的增值税在内的售价金额

D. 在售价金额核算法下,库存商品的增减变动和结存情况均按售价记载

三、判断题

1. 采用售价金额核算法核算库存商品时,期末结存商品的实际成本为本期商品销售收入乘以商品进销差价率。　　　　　　　　　　　　　　　　　　　　　(　　)

2. 商品的采购成本仅包括商品的买价。　　　　　　　　　　　　　　　(　　)

3. 进货费用如果金额较小,则可在发生的当期直接计入营业外支出。　　(　　)

4. "商品进销差价"科目是库存商品的备抵科目。　　　　　　　　　　(　　)

5. "商品采购"科目核算的采购成本只包括商品的买价,而不包括进货费用。(　　)

6. 在售价金额核算法下,库存商品的增减变动和结存情况均按进价记载。(　　)

7. "库存商品"科目的贷方登记结转的已销售商品的含增值税售价金额。(　　)

8. 购进商品的进货费用如果单独归集,则可以设置"进货费用"科目。　(　　)

9. 商品零售业成本核算除售价金额法外,没有其他核算方法。　　　　(　　)

10. 商品的采购成本指的是商品采购的实际成本。　　　　　　　　　　(　　)

四、计算分析题

1. 誉城超市采用将进货费用直接计入采购成本。2023 年 12 月 31 日,各有关资料见

表12-1和表12-2。服装柜和食品柜库存商品盘存与百货柜和服装柜的受托代销商品盘存表均从略。根据各营业柜组的库存商品盘存表和受托代销商品盘存表编制商品盘存汇总表。已知百货柜、服装柜、食品柜年末"商品进销差价"科目余额分别为 72 601 元、70 672 元和 55 335 元。

表 12-1　　　　　　　　　　　　　　　**库存商品盘存表**

部门：百货柜　　　　　　　　　　　　2023 年 12 月 31 日　　　　　　　　　　　　金额单位：元

品名	规格（cm）	计量单位	盘存数量	销售价格		购进价格	
				单价	金额	单价	金额
童棉毛内衣	70	套	96	18	1 728	13.5	1 296
女棉毛内衣	90	套	120	20	2 400	15	1 800
男棉毛内衣	110	套	104	22	2 288	16.5	1 716
小计		套			6 416		4 812
合计					119 400		90 588.78

表 12-2　　　　　　　　　　　　　　　**商品盘存汇总表**

2023 年 12 月 31 日　　　　　　　　　　　　　　　单位：元

部门	库存商品售价金额	库存商品进价金额	受托代销商品售价金额	受托代销商品进价金额	商品进销差价
百货柜	119 400	90 588.78	32 000	24 278.40	36 532.82
服装柜	118 000	88 205.98	24 000	17 942.00	35 851.42
食品柜	101 400	74 801.30			26 598.70
合计	338 800	253 596.06	56 000	42 221.00	98 982.94

要求：以柜为成本核算对象，计算本期已销商品进销差价并列出相关分录。

2. 美肤零售公司化妆品柜在 2023 年 12 月 31 日对其库存商品进行实地盘点，其结果见表 12-3。该柜组年末"库存商品"账余额为 406 600 元，"商品进销差价"账余额为 225 000 元。

表 12-3　　　　　　　　　　　　**商品盘存及进销价格计算表**

柜组：化妆品　　　　　　　　　　　　2023 年 12 月 31 日　　　　　　　　　　　　金额单位：元

商品品种	单位	盘存数量	购进价		零售价	
			单价	金额	单价	金额
A	瓶	1 200	23.50	28 200	32.1	38 520
B	套	2 000	13.68	27 360	47.8	95 600

（续表）

商品品种	单位	盘存数量	购进价		零售价	
			单价	金额	单价	金额
C	瓶	1 400	46.60	65 240	60.1	84 140
D	套	500	150.90	75 450	199.2	99 600
E	瓶	1 800	38.50	69 300	49.3	88 740
合计		—	—	265 550	—	406 600

要求：根据表 12-3 资料计算库存商品进销差价和已销商品应分摊的进销差价并进行相关账务处理。

参考文献

［1］于富生,黎来芳.成本会计学［M］.北京:中国人民大学出版社,2009.

［2］王仲兵.成本会计学［M］.大连:东北财经大学出版社,2009.

［3］杨淑娥.成本会计［M］.西安:西安交通大学出版社,2012.

［4］冯巧根.成本会计［M］.北京:北京师范大学出版社,2007.

［5］杨洛新,胥来军.成本会计学［M］.武汉:武汉理工大学出版社,2007.

［6］杨玉红.成本会计学［M］.上海:立信会计出版社,2009.

［7］曲明荣.成本会计［M］.东营:中国石油大学出版社,2010.

［8］杨西平.成本会计［M］.北京:北京理工大学出版社,2012.

［9］朱崇资.成本会计［M］.上海:上海财经大学出版社,2011.

［10］郑卫茂.成本会计学［M］.上海:上海财经大学出版社,2000.

［11］王立彦.成本会计［M］.上海:复旦大学出版社,2005.

［12］耿建新.行业会计比较［M］.大连:东北财经大学出版社,2011.

［13］乐艳芬.成本会计［M］.上海:上海财经大学出版社,2012.

［14］罗飞.成本会计学［M］.北京:高等教育出版社,2009.

［15］何义山.成本核算实务［M］.北京:中国劳动社会保障出版社,2018.